# NIGHTWING™

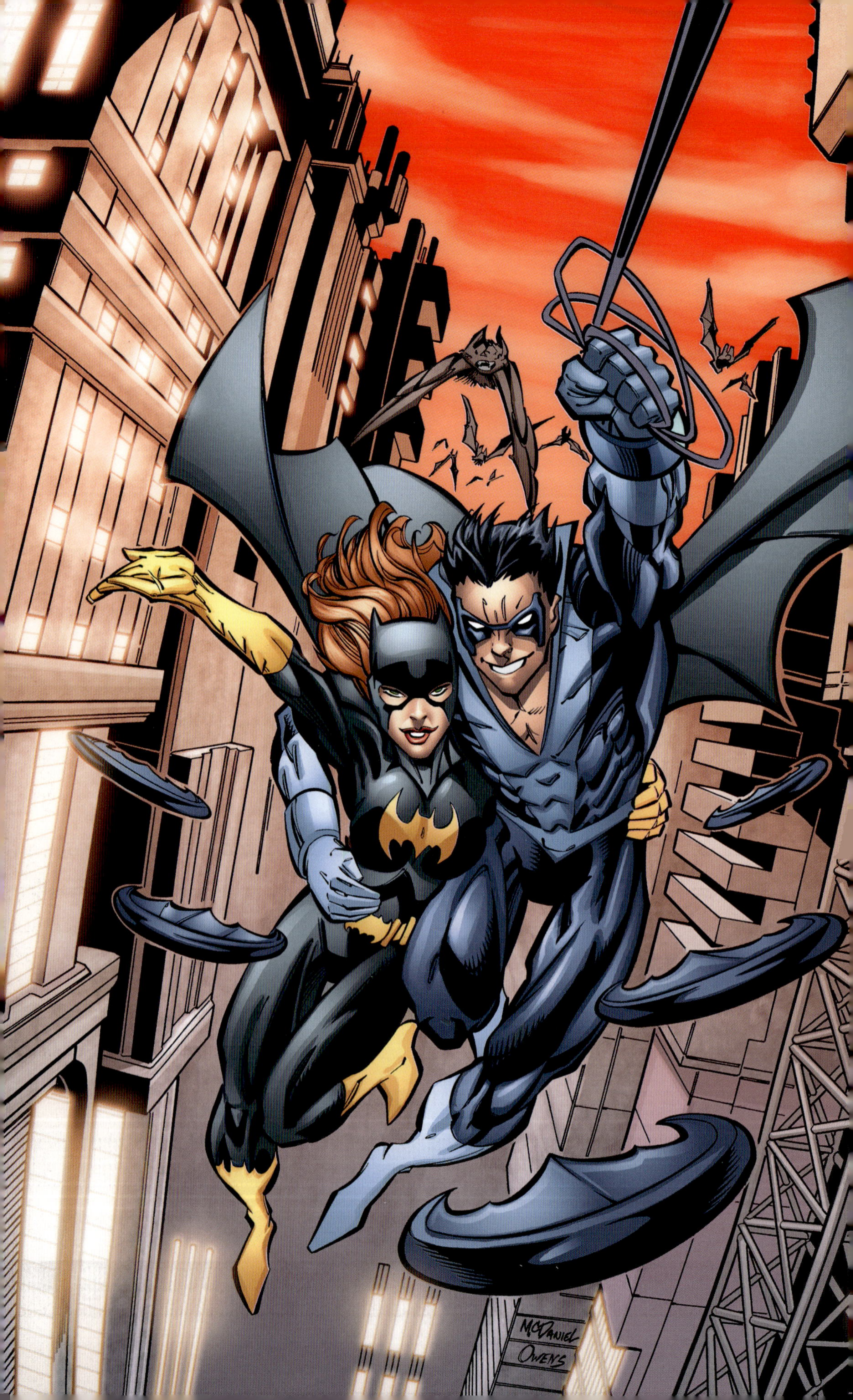
McDaniel
Owens

# NIGHTWING™

## DAS ERSTE JAHR

**SCOTT BEATTY**
**CHUCK DIXON**
Story

**SCOTT McDANIEL**
Zeichnungen

**ANDY OWENS**
Tusche

**GREGORY WRIGHT**
Farben

**SCOTT McDANIEL**
Original-Cover

**ANDREAS KASPRZAK**
Übersetzung

**STUDIO RAM**
Lettering

**NACHIE CASTRO**
**JEB WOODARD**
Redaktion USA

**BATMAN** geschaffen von **BOB KANE** mit **BILL FINGER.**

# NIGHTWINGS ERSTER FLUG

von **Christian Endres**

Anfang der 2000er taten sich die Autoren **Chuck Dixon** und **Scott Beatty** für die modernen Meisterwerke ROBIN: DAS ERSTE JAHR und BATGIRL: DAS ERSTE JAHR zusammen. In diesen ursprünglichen Heft-Miniserien, die seitdem immer wieder in Sammelbandform wiederaufgelegt werden, erzählten sie mit den Ausnahmezeichnern **Marcos Martín** und **Javier Pulido** die Anfänge von **Batmans** Gehilfen **Dick Grayson** als **Robin** und von **Barbara Gordon** als **Batgirl** neu. 2005 nutzten Dixon und Beatty außerdem eine Handvoll US-Hefte in NIGHTWINGS erster Comic-Soloserie, um Dicks Verwandlung von Robin in **Nightwing** neu zu inszenieren. Für diese Rückschau wurden sogar Dixon und Zeichner **Scott McDaniel** wiedervereint, die ein paar Jahre zuvor zu einem der dominantesten Nightwing-Kreativteams aller Zeiten geworden waren (so wie Dixon generell zu den präsentesten Autoren der Batman-Historie und der Superhelden-Neunziger gehört).

Für NIGHTWING: DAS ERSTE JAHR schöpfen Dixon, Beatty und Co. aus allen möglichen Quellen. Natürlich aus ihren vorangegangenen Reisen in die Vergangenheit der **Bat-Familie**, wo **Bruce Waynes** Butler **Alfred Pennyworth** stets eine Konstante in der **Bat-Höhle** war. Doch sie verbanden auch Elemente aus der klassischen Ära vor dem legendären Event **Crisis on Infinite Earths**, das die DC Comics-Realität neu startete, mit den ersten Meilensteinen nach der Crisis: etwa mit der revolutionären **Teen Titans**-Saga von **Marv Wolfman** und **George Pérez**, die Dick zum Anführer der Nachwuchshelden um **Donna Troy** machten und ihn 1984 erstmals ins blaue Nightwing-Kostüm schlüpfen ließen; mit dem Einstand von **Jason Todd** als zweitem Robin, der von **Max Allan Collins** nach Storys von **Gerry Conway**, **Don Newton** und **Jim Starlin** vor der Crisis binnen kürzester Zeit neu ausgerichtet wurde; und mit **Frank Millers** und **David Mazzucchellis** Klassiker BATMAN: DAS ERSTE JAHR von 1987, in dem diese Bruce Waynes erstes Jahr als Held beleuchteten. Selbst Elemente aus den Bat-Animationsserien der 1990er fanden Einfluss in diese Neubetrachtung von Dick Graysons Werdegang. Viel Vergnügen mit diesem Blick auf eine der wichtigsten Transformationen des Bat-Mythos!

**NIGHTWING: DAS ERSTE JAHR** erscheint bei **PANINI COMICS**, Schloßstraße 76, D-70176 Stuttgart. Druck: Lito Terrazzi Industria Grafica. Pressevertrieb: Stella Distribution GmbH, D-22297 Hamburg. Direkt-Abos auf **www.paninicomics.de**. Anzeigenverkauf: BLAUFEUER VERLAGSVERTRETUNGEN GmbH, info@blaufeuer.com. Es gelten die Anzeigenpreise gemäß der Mediadaten 2023. Geschäftsführer **Hermann Paul**, Publishing Director Europe **Marco M. Lupoi**, Finanzen/Logistik **Felix Bauer**, Marketing Director **Holger Wiest**, Marketing **Thorsten Kleinheinz**, Vertrieb **Alexander Bubenheimer**, PR/Presse **Steffen Volkmer**, Publishing Manager **Lisa Pancaldi**, Redaktion **Tommaso Caretti**, **Christian Endres**, **Christian Grass**, **Ilaria Tavoni**, **Peter Thannisch**, **Monika Trost**, **Daniela Uhlmann**, Übersetzung **Andreas Kasprzak**, Proofreading **Marion Bergmann**, Lettering **Studio RAM**, grafische Gestaltung **Rudy Remitti**, **Nicola Spano**, Art Director **Alessandro Gucciardo**, Redaktion Panini Comics **Annalisa Califano**, **Beatrice Doti**, Prepress **Francesca Aiello**, **Andrea Bisi**, Repro/Packager **Alessandro Nalli** (coordinator), **Anna Boselli**, **Mario Da Rin Zanco**, **Valentina Esposito**, **Luca Ficarelli**, **Linda Leporati**. 
Cover von **Scott McDaniel**, *Nightwing: Year One The Deluxe Edition*. Variant-Cover von **Scott McDaniel**, *Nightwing* 104.

**Digitale Ausgaben:**
ISBN 978-3-7367-9655-3 (.pdf) / ISBN 978-3-7367-9656-0 (.epub) / ISBN 978-3-7367-9654-6 (.mobi)

**Bibliografische Information der Deutschen Nationalbibliothek**
Die Deutsche Nationalbibliothek verzeichnet diese Publikation in der Deutschen Nationalbibliografie; detaillierte bibliografische Daten sind im Internet über dnb.d-nb.de abrufbar.

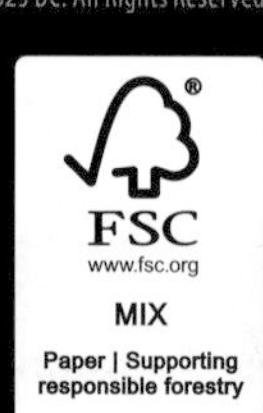

# INHALT

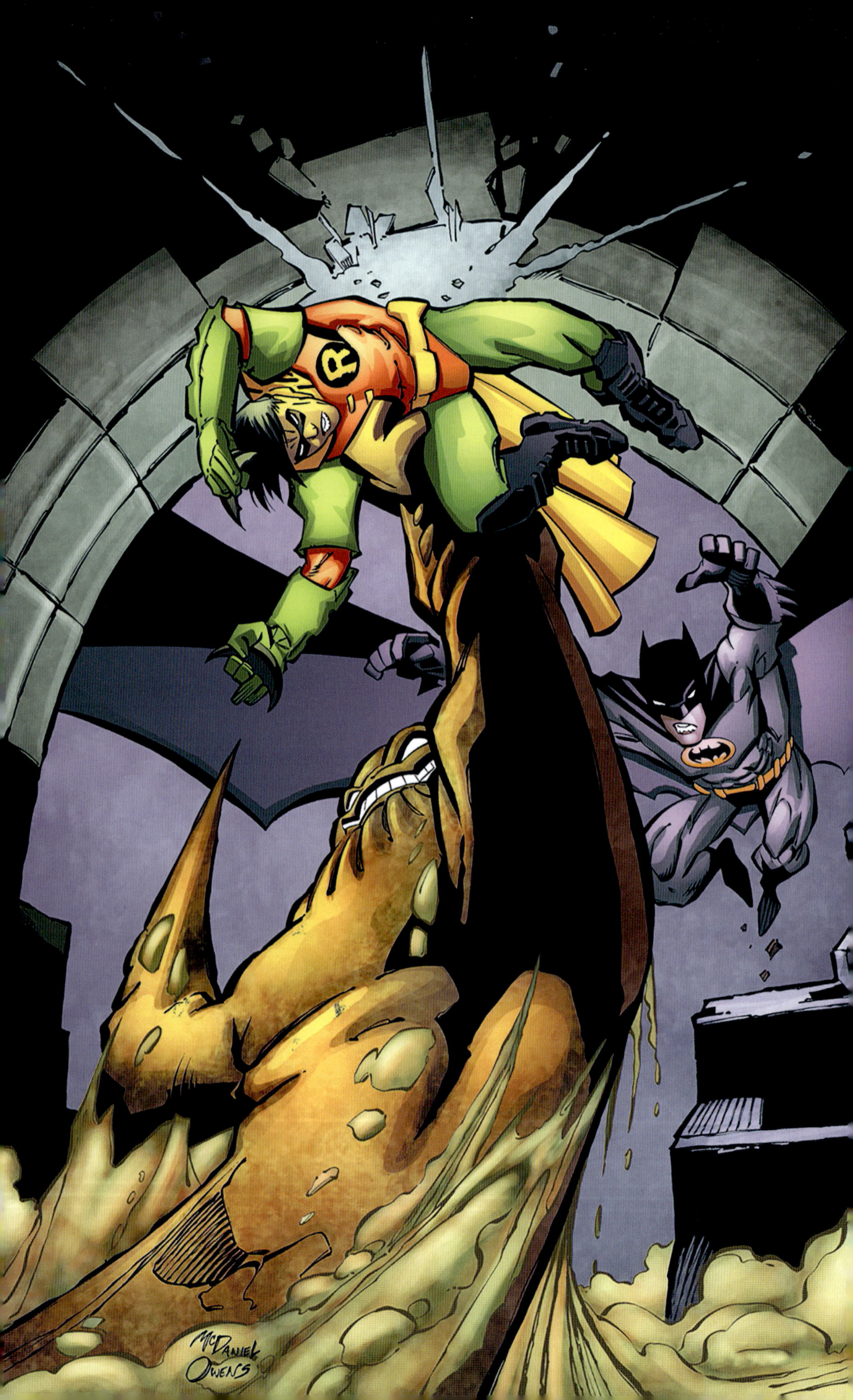
McDaniel
Owens

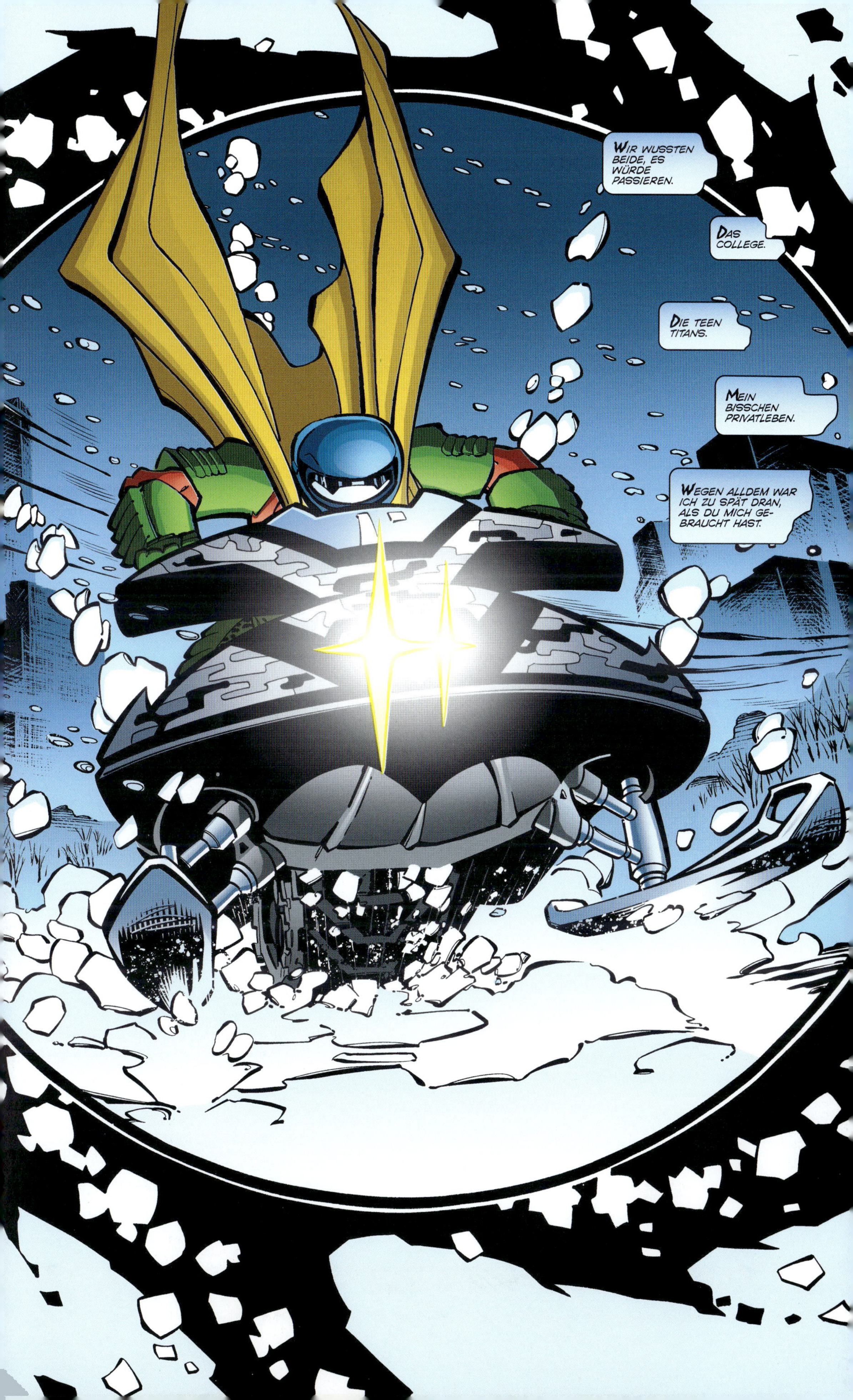
WIR WUSSTEN BEIDE, ES WÜRDE PASSIEREN.
DAS COLLEGE.
DIE TEEN TITANS.
MEIN BISSCHEN PRIVATLEBEN.
WEGEN ALLDEM WAR ICH ZU SPÄT DRAN, ALS DU MICH GE-BRAUCHT HAST.

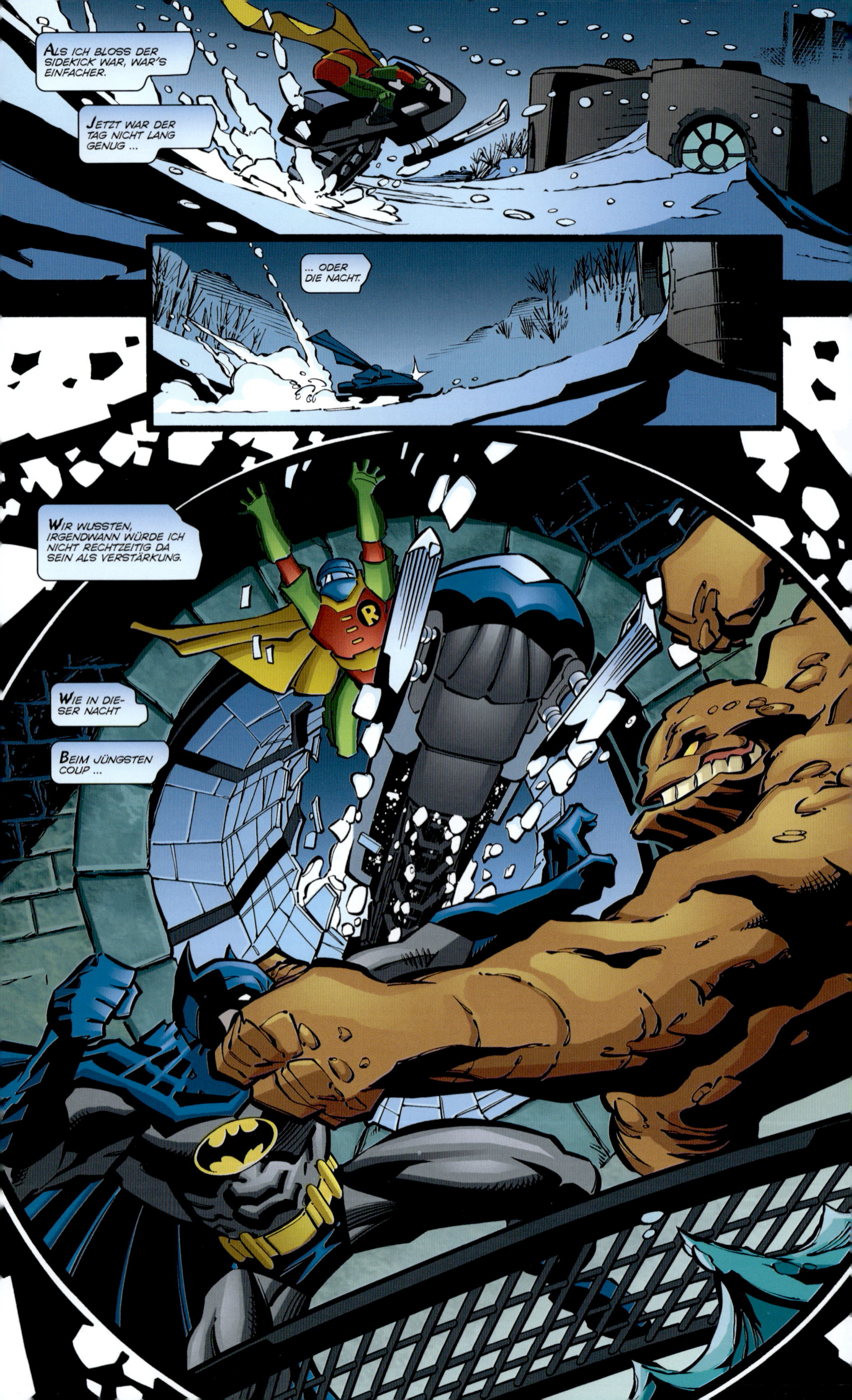
Als ich bloss der Sidekick war, war's einfacher.
Jetzt war der Tag nicht lang genug ...
... oder die Nacht.
Wir wussten, irgendwann würde ich nicht rechtzeitig da sein als Verstärkung.
Wie in dieser Nacht
Beim jüngsten Coup ...

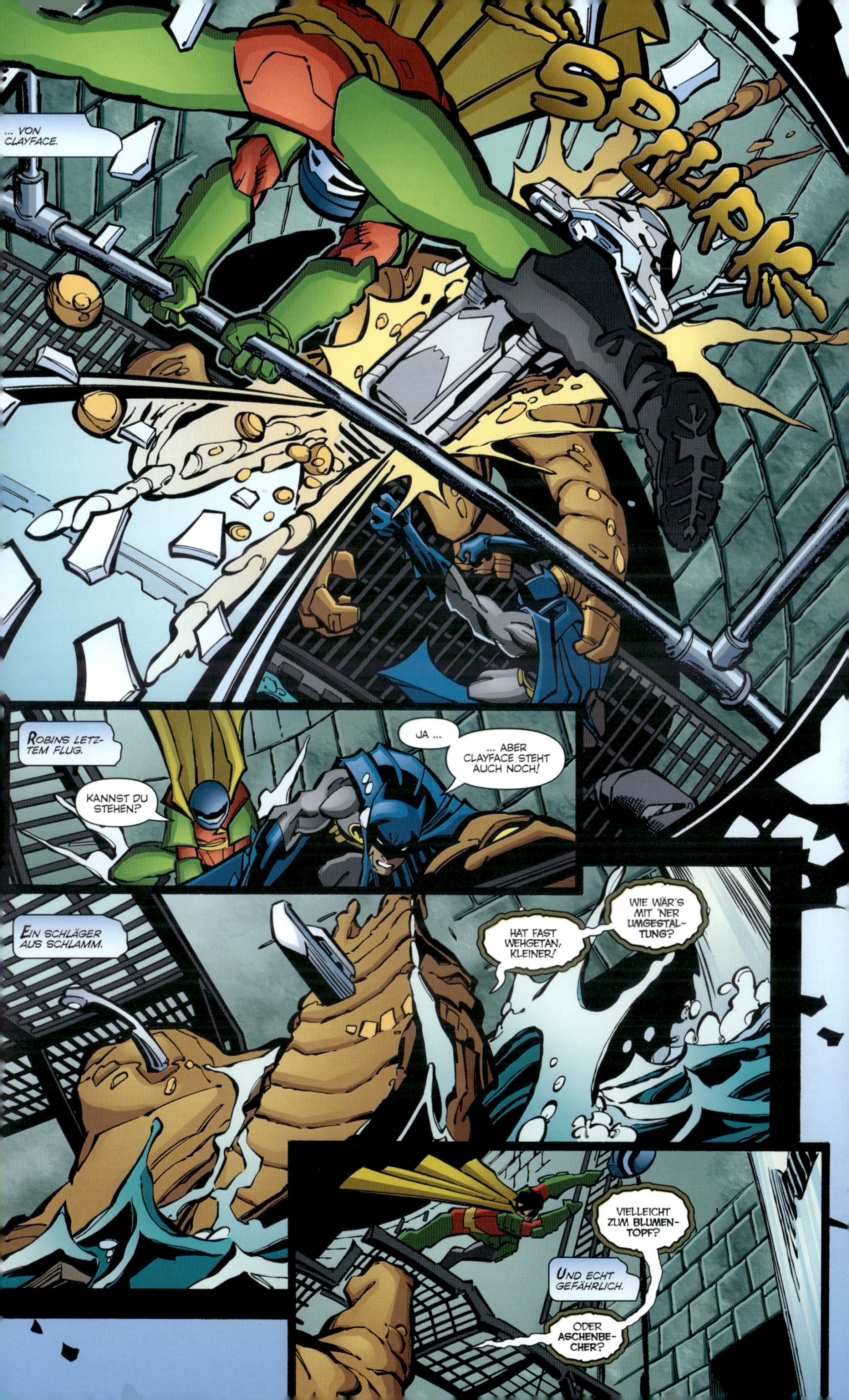

... VON CLAYFACE.
SPLURK
ROBINS LETZTEM FLUG.
KANNST DU STEHEN?
JA ...
... ABER CLAYFACE STEHT AUCH NOCH!
EIN SCHLÄGER AUS SCHLAMM.
HAT FAST WEHGETAN, KLEINER!
WIE WÄR'S MIT 'NER UMGESTALTUNG?
VIELLEICHT ZUM BLUMENTOPF?
UND ECHT GEFÄHRLICH.
ODER ASCHENBECHER?

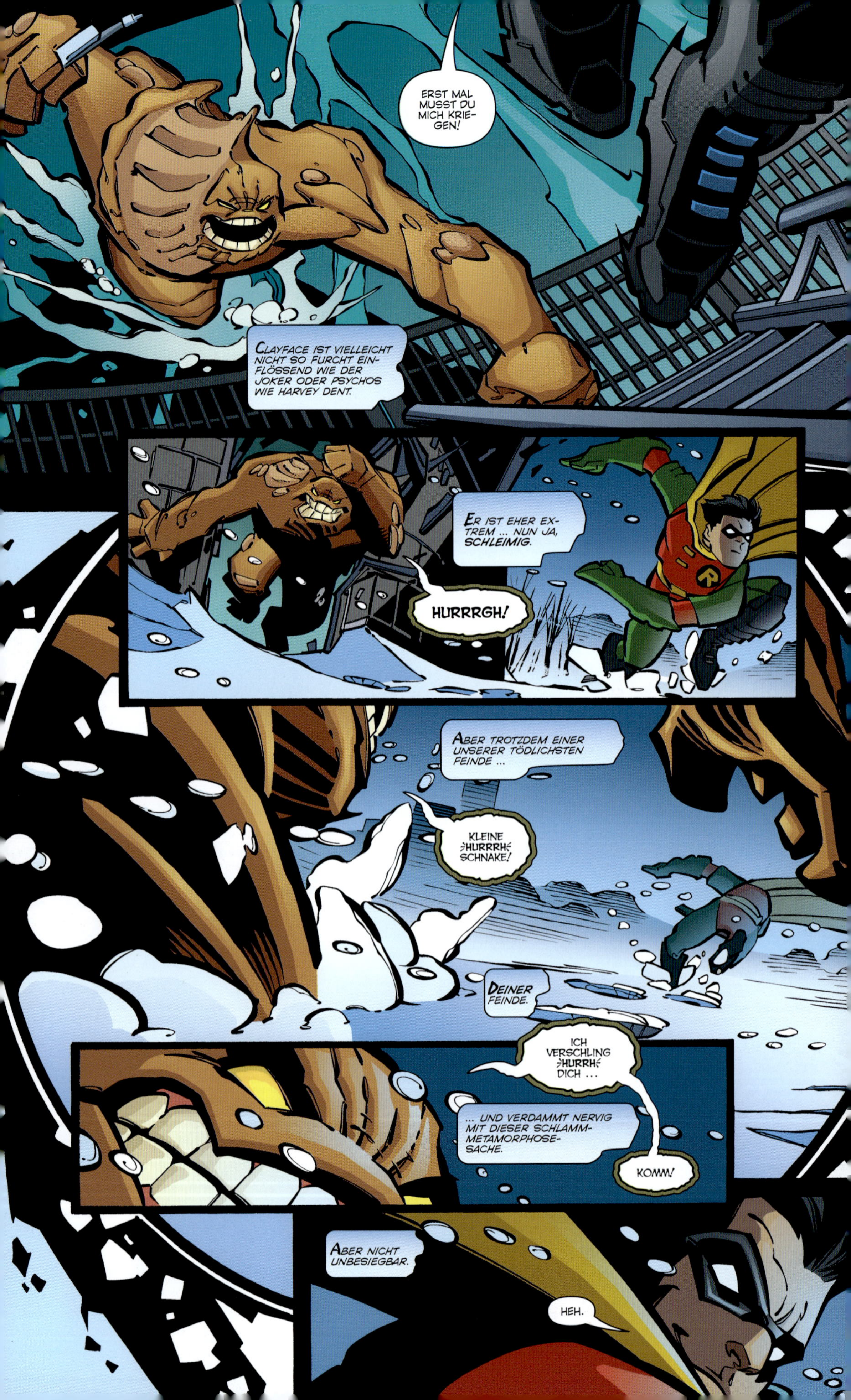
ERST MAL MUSST DU MICH KRIEGEN!
CLAYFACE IST VIELLEICHT NICHT SO FURCHT EINFLÖSSEND WIE DER JOKER ODER PSYCHOS WIE HARVEY DENT.
ER IST EHER EXTREM ... NUN JA, SCHLEIMIG.
HURRRGH!
ABER TROTZDEM EINER UNSERER TÖDLICHSTEN FEINDE ...
KLEINE HURRRH SCHNAKE!
DEINER FEINDE.
ICH VERSCHLING HURRH DICH ...
... UND VERDAMMT NERVIG MIT DIESER SCHLAMM-METAMORPHOSE-SACHE.
KOMM!
ABER NICHT UNBESIEGBAR.
HEH.

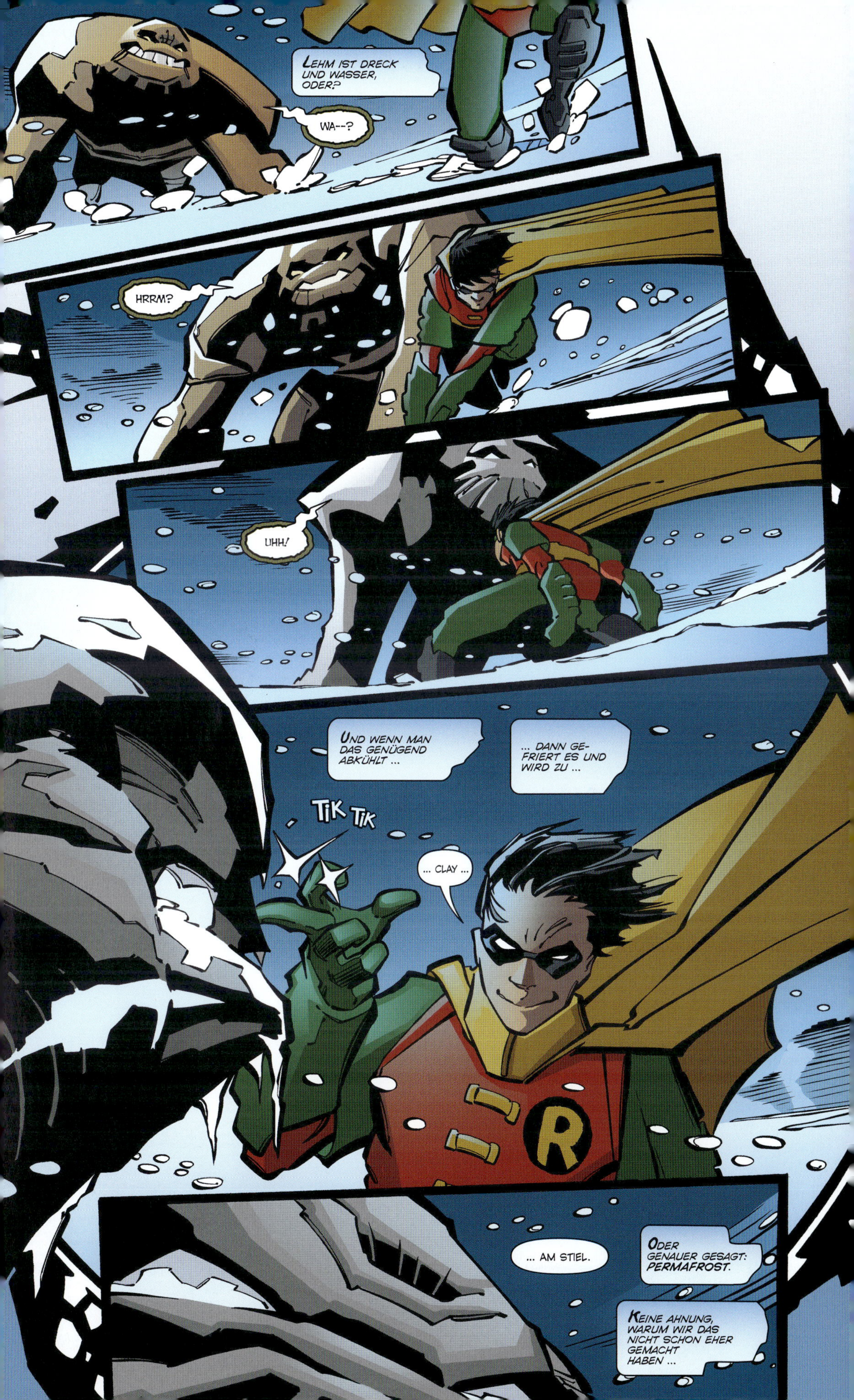
LEHM IST DRECK UND WASSER, ODER?
WA--?
HRRM?
UHH!
UND WENN MAN DAS GENÜGEND ABKÜHLT ...
... DANN GE- FRIERT ES UND WIRD ZU ...
TIK TIK
... CLAY ...
... AM STIEL.
ODER GENAUER GESAGT: PERMAFROST.
KEINE AHNUNG, WARUM WIR DAS NICHT SCHON EHER GEMACHT HABEN ...

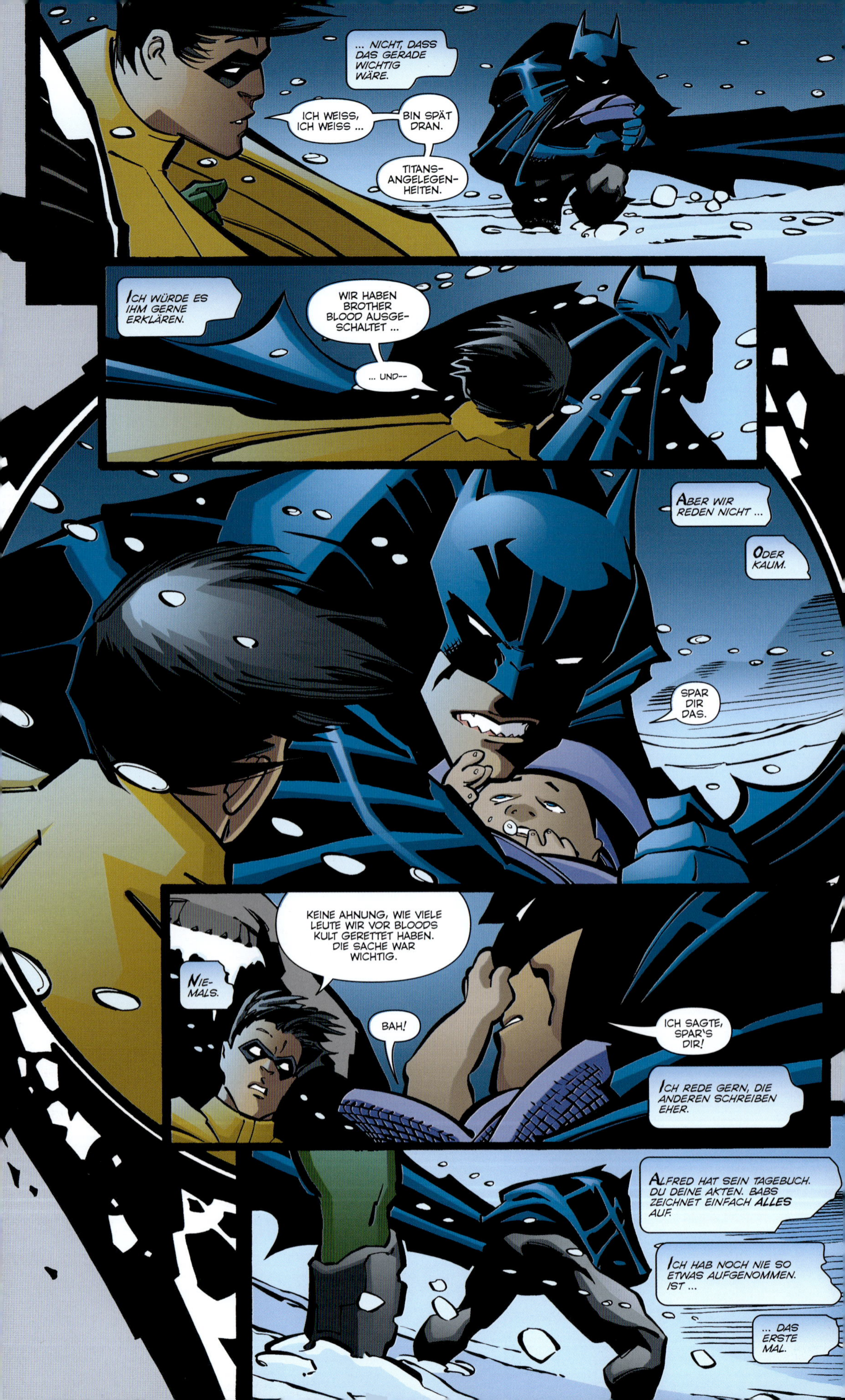
... NICHT, DASS DAS GERADE WICHTIG WÄRE.
ICH WEISS, ICH WEISS ...
BIN SPÄT DRAN.
TITANS-ANGELEGEN-HEITEN.
ICH WÜRDE ES IHM GERNE ERKLÄREN.
WIR HABEN BROTHER BLOOD AUSGE-SCHALTET ...
... UND--
ABER WIR REDEN NICHT ...
ODER KAUM.
SPAR DIR DAS.
NIE-MALS.
KEINE AHNUNG, WIE VIELE LEUTE WIR VOR BLOODS KULT GERETTET HABEN. DIE SACHE WAR WICHTIG.
BAH!
ICH SAGTE, SPAR'S DIR!
ICH REDE GERN, DIE ANDEREN SCHREIBEN EHER.
ALFRED HAT SEIN TAGEBUCH. DU DEINE AKTEN. BABS ZEICHNET EINFACH ALLES AUF.
ICH HAB NOCH NIE SO ETWAS AUFGENOMMEN. IST ...
... DAS ERSTE MAL.

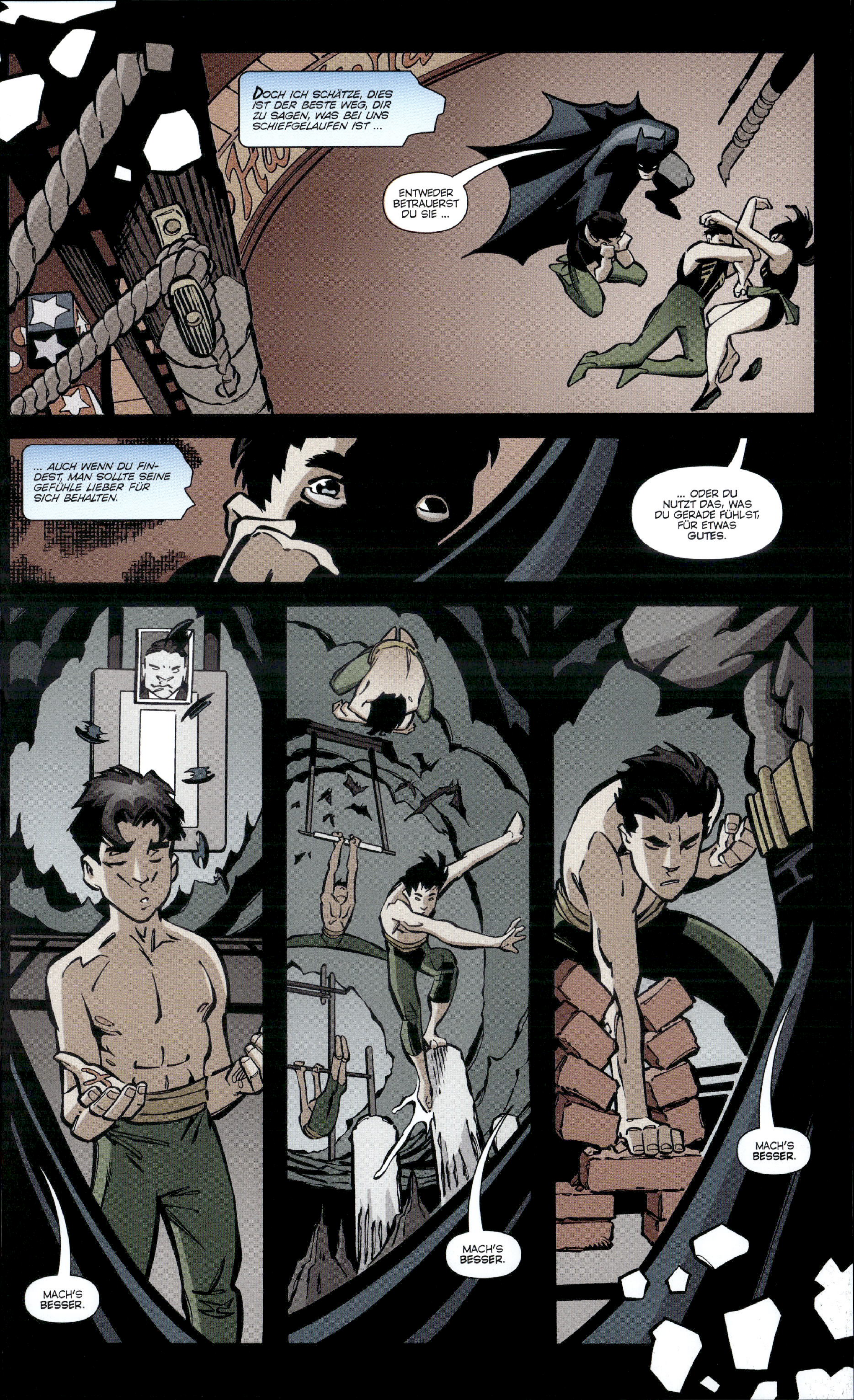

DOCH ICH SCHÄTZE, DIES IST DER BESTE WEG, DIR ZU SAGEN, WAS BEI UNS SCHIEFGELAUFEN IST ...

ENTWEDER BETRAUERST DU SIE ...

... AUCH WENN DU FINDEST, MAN SOLLTE SEINE GEFÜHLE LIEBER FÜR SICH BEHALTEN.

... ODER DU NUTZT DAS, WAS DU GERADE FÜHLST, FÜR ETWAS GUTES.

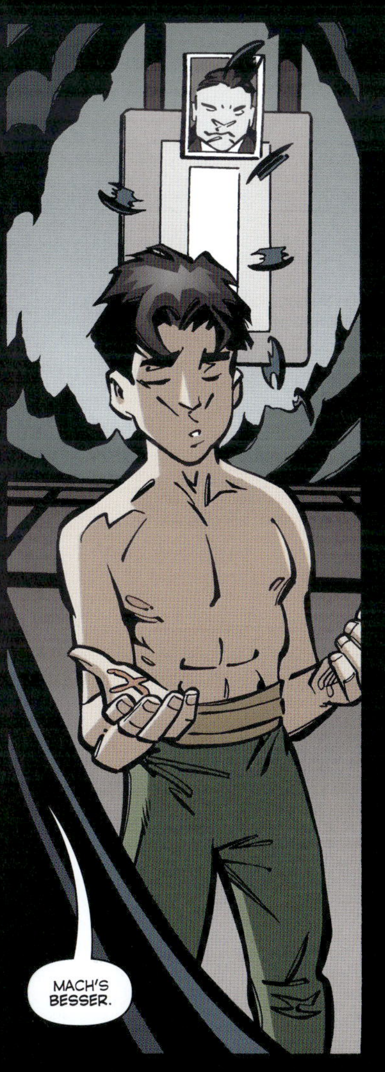


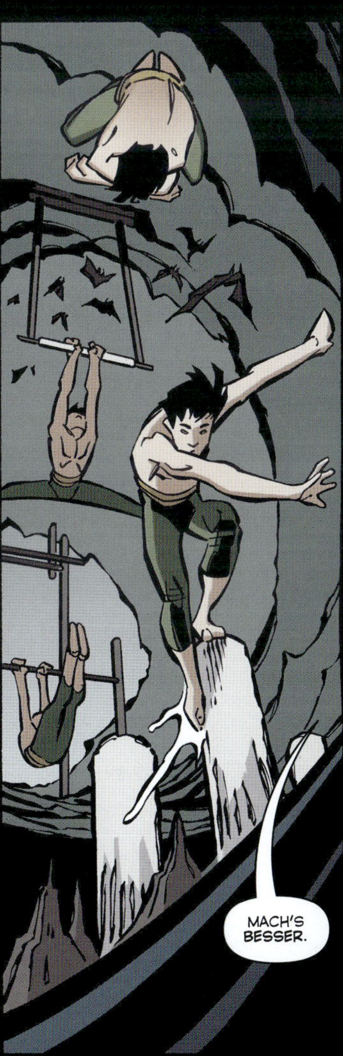


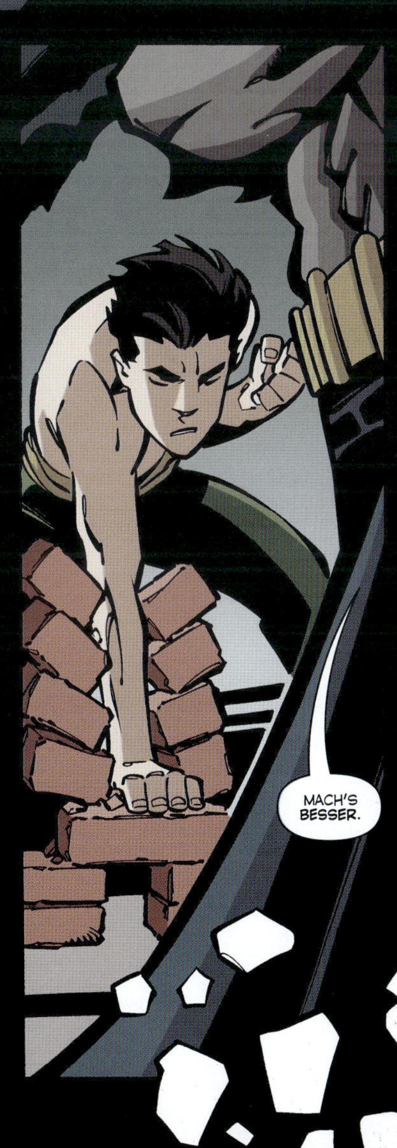

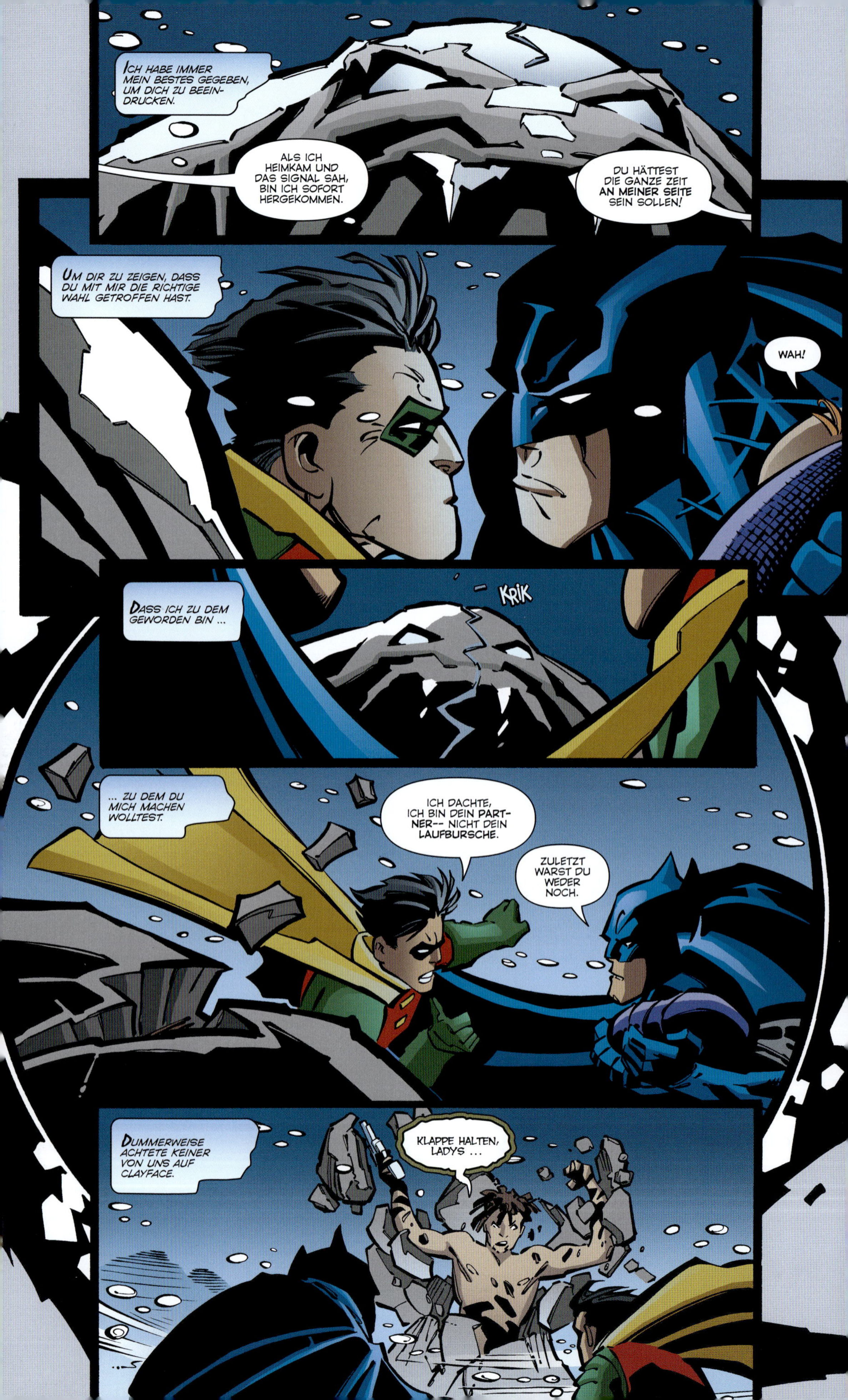
Ich habe immer mein Bestes gegeben, um dich zu beein-drucken.
Als ich heimkam und das Signal sah, bin ich sofort hergekommen.
Du hättest die ganze Zeit an meiner Seite sein sollen!
Um dir zu zeigen, dass du mit mir die richtige Wahl getroffen hast.
Wah!
Dass ich zu dem geworden bin ...
KRIK
... zu dem du mich machen wolltest.
Ich dachte, ich bin dein Part-ner-- nicht dein Laufbursche.
Zuletzt warst du weder noch.
Dummerweise achtete keiner von uns auf Clayface.
Klappe halten, Ladys ...

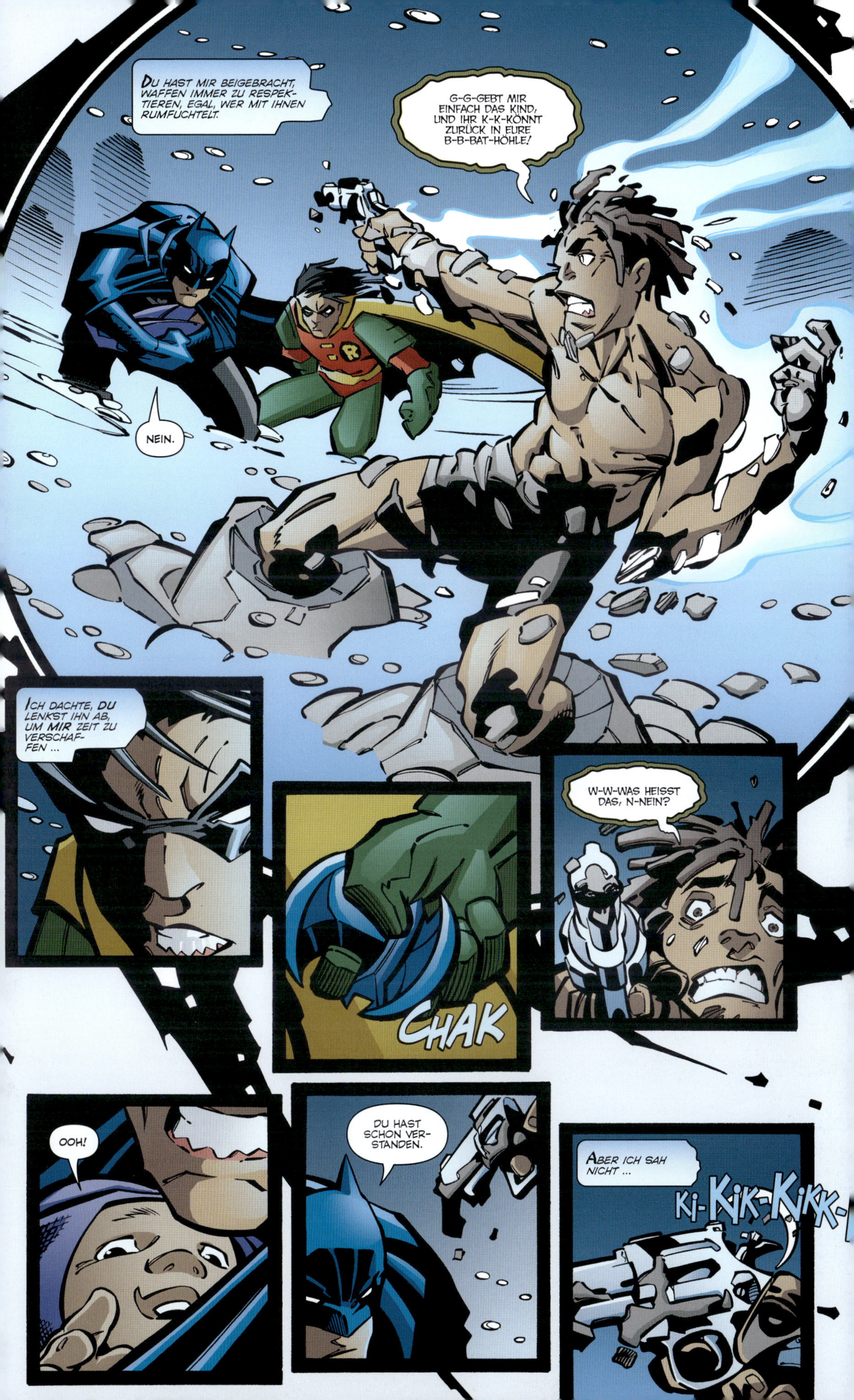
Du hast mir beigebracht, Waffen immer zu respektieren, egal, wer mit ihnen rumfuchtelt.
G-G-Gebt mir einfach das Kind, und ihr K-K-Könnt zurück in eure B-B-Bat-Höhle!
Nein.
Ich dachte, du lenkst ihn ab, um mir Zeit zu verschaffen ...
CHAK
W-W-Was heisst das, N-Nein?
Ooh!
Du hast schon verstanden.
Aber ich sah nicht ...
Ki-Kik-Kikk-

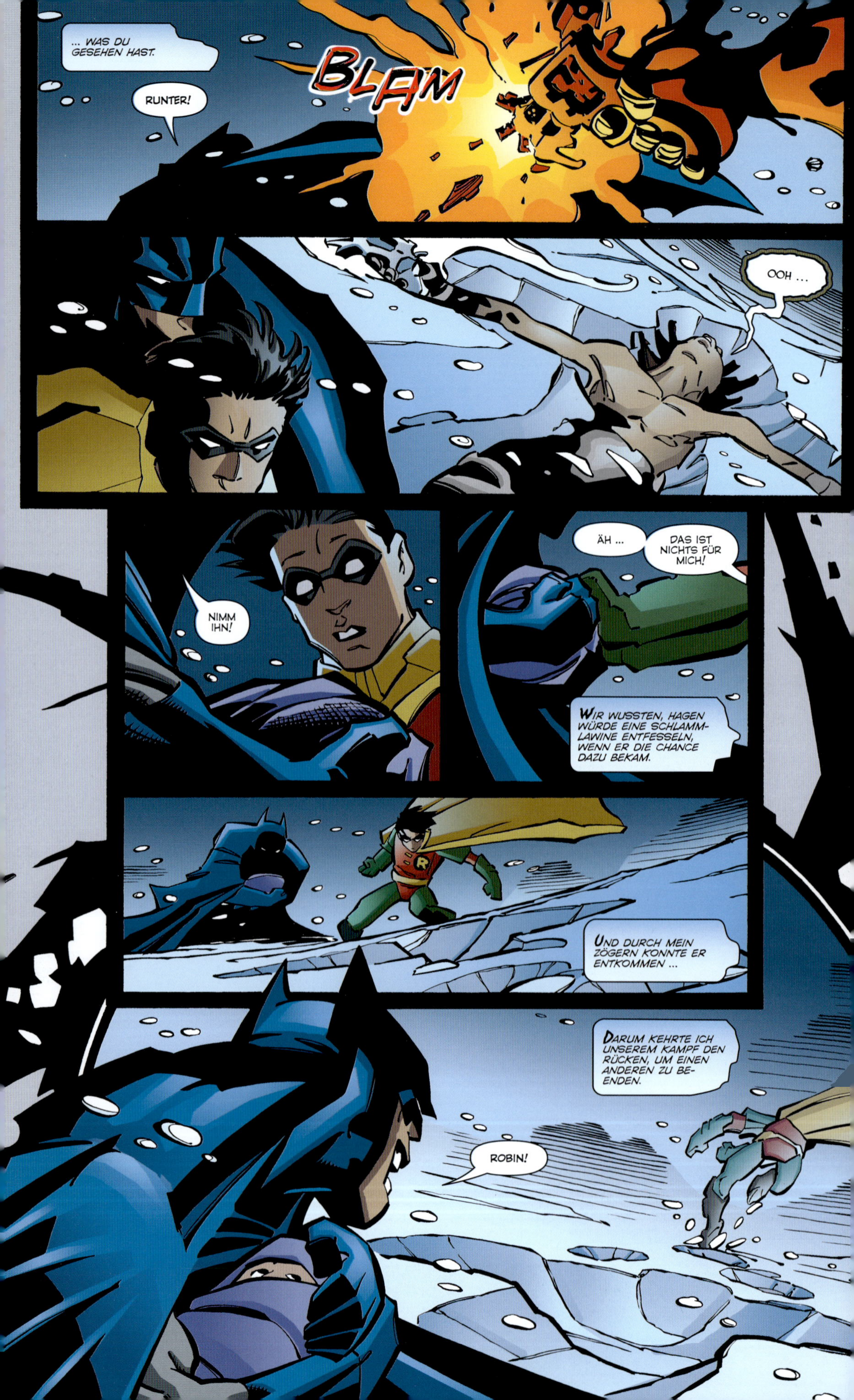
... WAS DU GESEHEN HAST.
BLAM
RUNTER!
OOH ...
NIMM IHN!
ÄH ...
DAS IST NICHTS FÜR MICH!
WIR WUSSTEN, HAGEN WÜRDE EINE SCHLAMM-LAWINE ENTFESSELN, WENN ER DIE CHANCE DAZU BEKAM.
UND DURCH MEIN ZÖGERN KONNTE ER ENTKOMMEN ...
DARUM KEHRTE ICH UNSEREM KAMPF DEN RÜCKEN, UM EINEN ANDEREN ZU BE-ENDEN.
ROBIN!

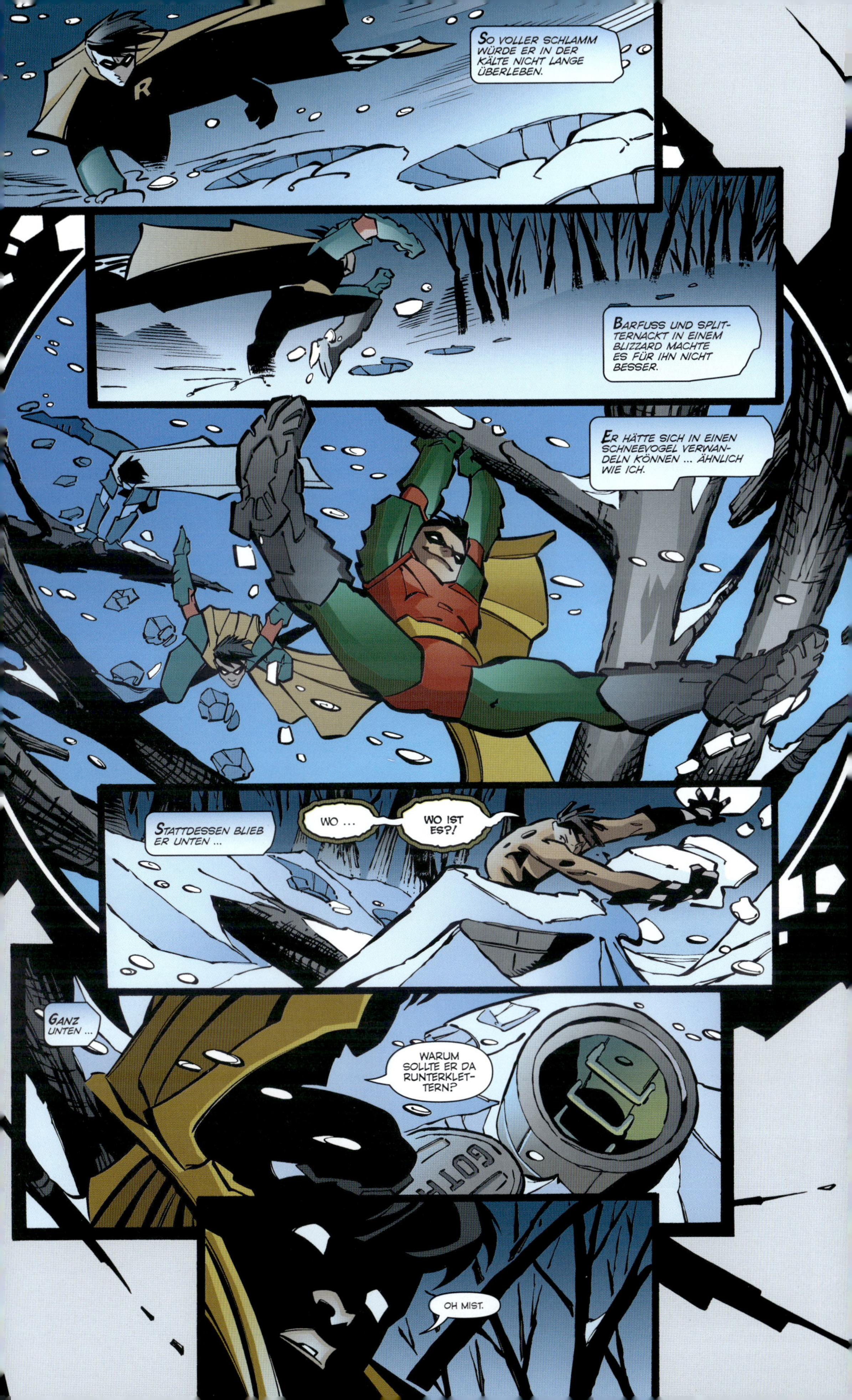

So voller Schlamm würde er in der Kälte nicht lange überleben.
Barfuss und splitternackt in einem Blizzard machte es für ihn nicht besser.
Er hätte sich in einen Schneevogel verwandeln können ... ähnlich wie ich.
Stattdessen blieb er unten ...
Wo ...
Wo ist es?!
Ganz unten ...
Warum sollte er da runterklettern?
Oh Mist.

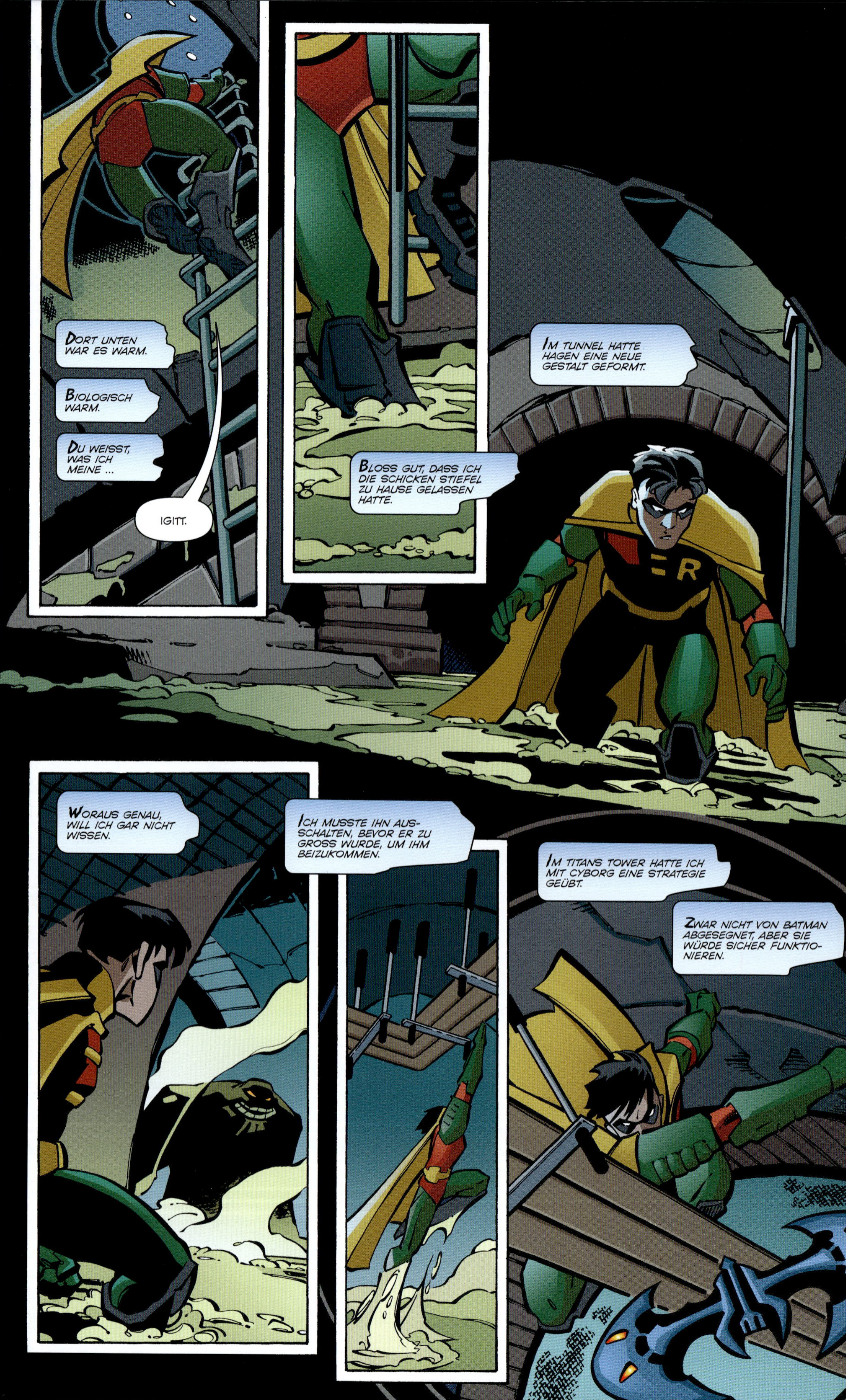
DORT UNTEN WAR ES WARM.
BIOLOGISCH WARM.
DU WEISST, WAS ICH MEINE ...
IGITT.
BLOSS GUT, DASS ICH DIE SCHICKEN STIEFEL ZU HAUSE GELASSEN HATTE.
IM TUNNEL HATTE HAGEN EINE NEUE GESTALT GEFORMT.
WORAUS GENAU, WILL ICH GAR NICHT WISSEN.
ICH MUSSTE IHN AUS-SCHALTEN, BEVOR ER ZU GROSS WURDE, UM IHM BEIZUKOMMEN.
IM TITANS TOWER HATTE ICH MIT CYBORG EINE STRATEGIE GEÜBT.
ZWAR NICHT VON BATMAN ABGESEGNET, ABER SIE WÜRDE SICHER FUNKTIO-NIEREN.

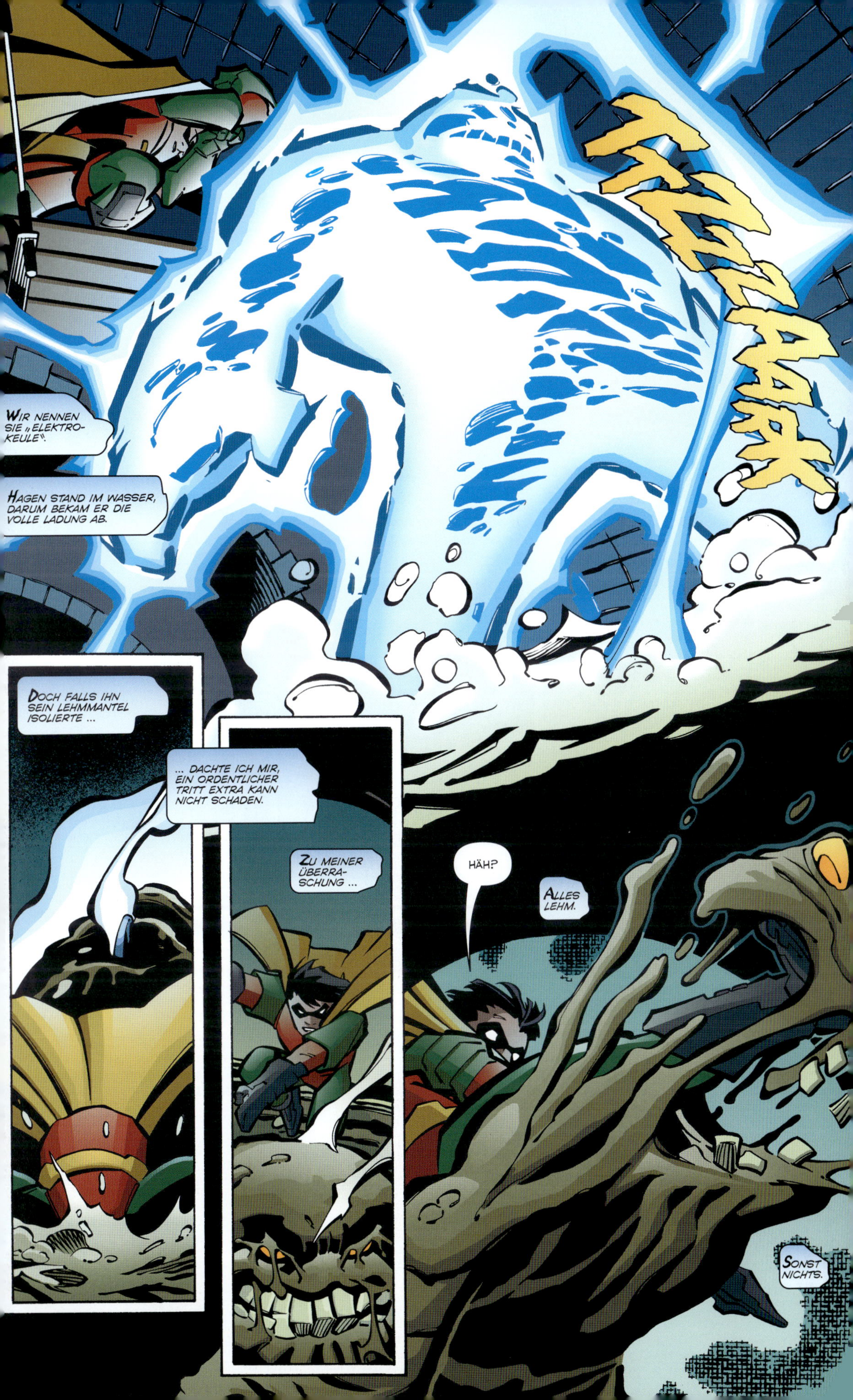
FZZZAAAK
Wir nennen sie „Elektro-keule“.
Hagen stand im Wasser, darum bekam er die volle Ladung ab.
Doch falls ihn sein Lehmmantel isolierte ...
... dachte ich mir, ein ordentlicher Tritt extra kann nicht schaden.
Zu meiner Überra-schung ...
Häh?
Alles Lehm.
Sonst nichts.

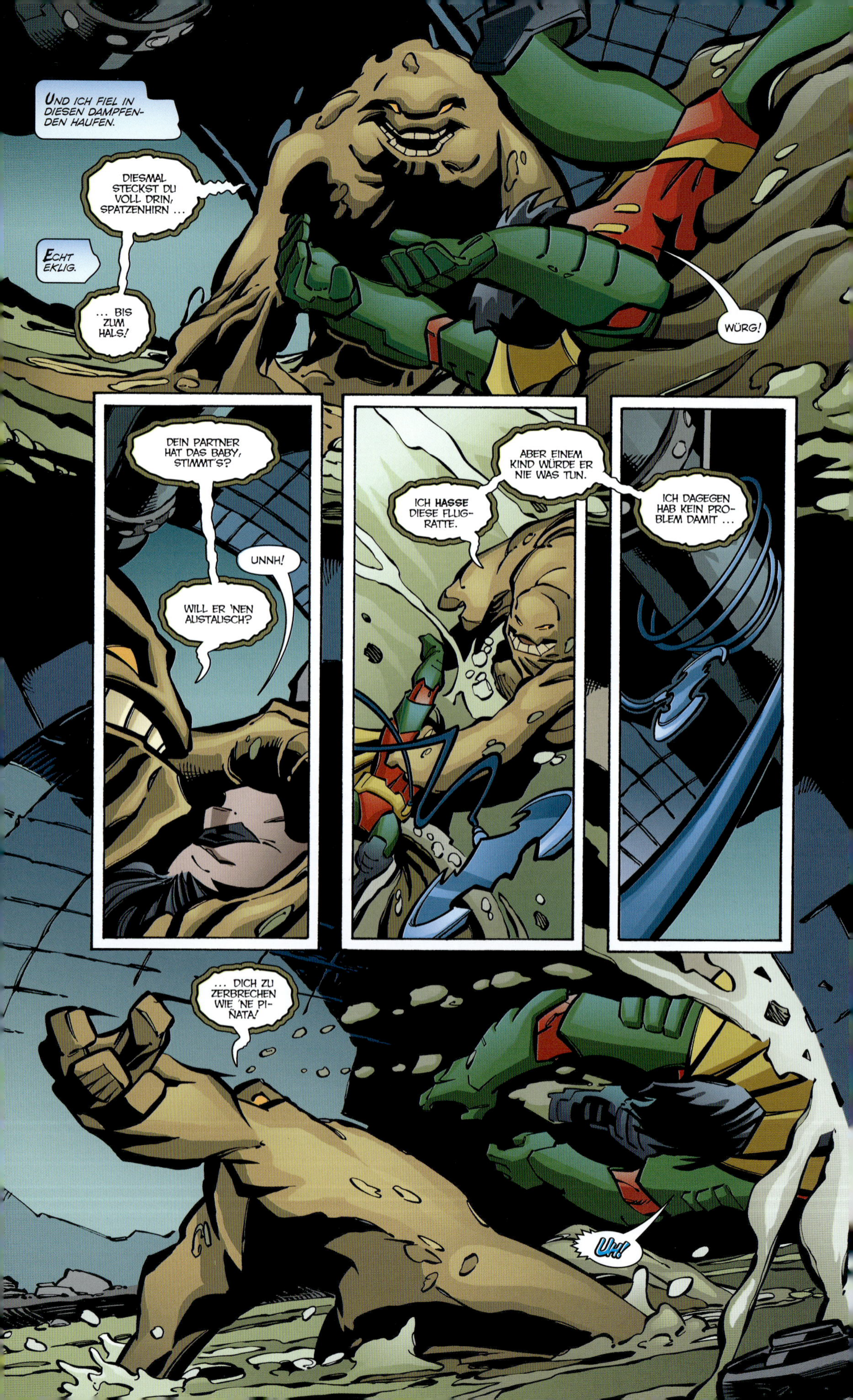
UND ICH FIEL IN DIESEN DAMPFENDEN HAUFEN.
DIESMAL STECKST DU VOLL DRIN, SPATZENHIRN ...
ECHT EKLIG.
... BIS ZUM HALS!
WÜRG!
DEIN PARTNER HAT DAS BABY, STIMMT'S?
UNNH!
WILL ER 'NEN AUSTAUSCH?
ICH HASSE DIESE FLUGRATTE.
ABER EINEM KIND WÜRDE ER NIE WAS TUN.
ICH DAGEGEN HAB KEIN PROBLEM DAMIT ...
... DICH ZU ZERBRECHEN WIE 'NE PIÑATA!
UH!

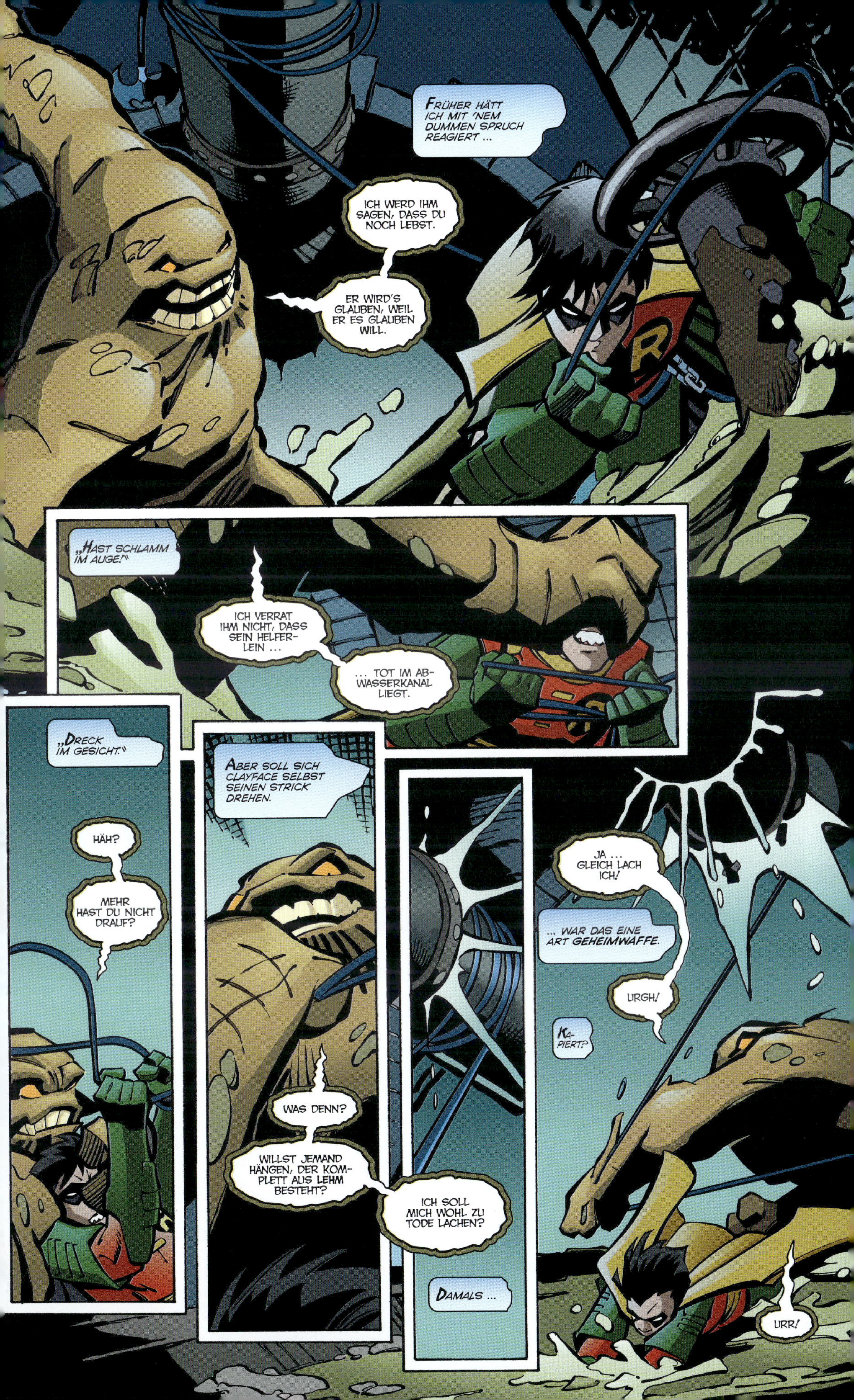

Früher hätt ich mit 'nem dummen Spruch reagiert ...
Ich werd ihm sagen, dass du noch lebst.
Er wird's glauben, weil er es glauben will.
„Hast Schlamm im Auge."
Ich verrat ihm nicht, dass sein Helfer-lein ...
... tot im Ab-wasserkanal liegt.
„Dreck im Gesicht."
Häh?
Mehr hast du nicht drauf?
Aber soll sich Clayface selbst seinen Strick drehen.
Was denn?
Willst jemand hängen, der kom-plett aus Lehm besteht?
Ich soll mich wohl zu Tode lachen?
Damals ...
Ja ... gleich lach ich!
... war das eine Art Geheimwaffe.
Urgh!
Ka-piert?
Urr!

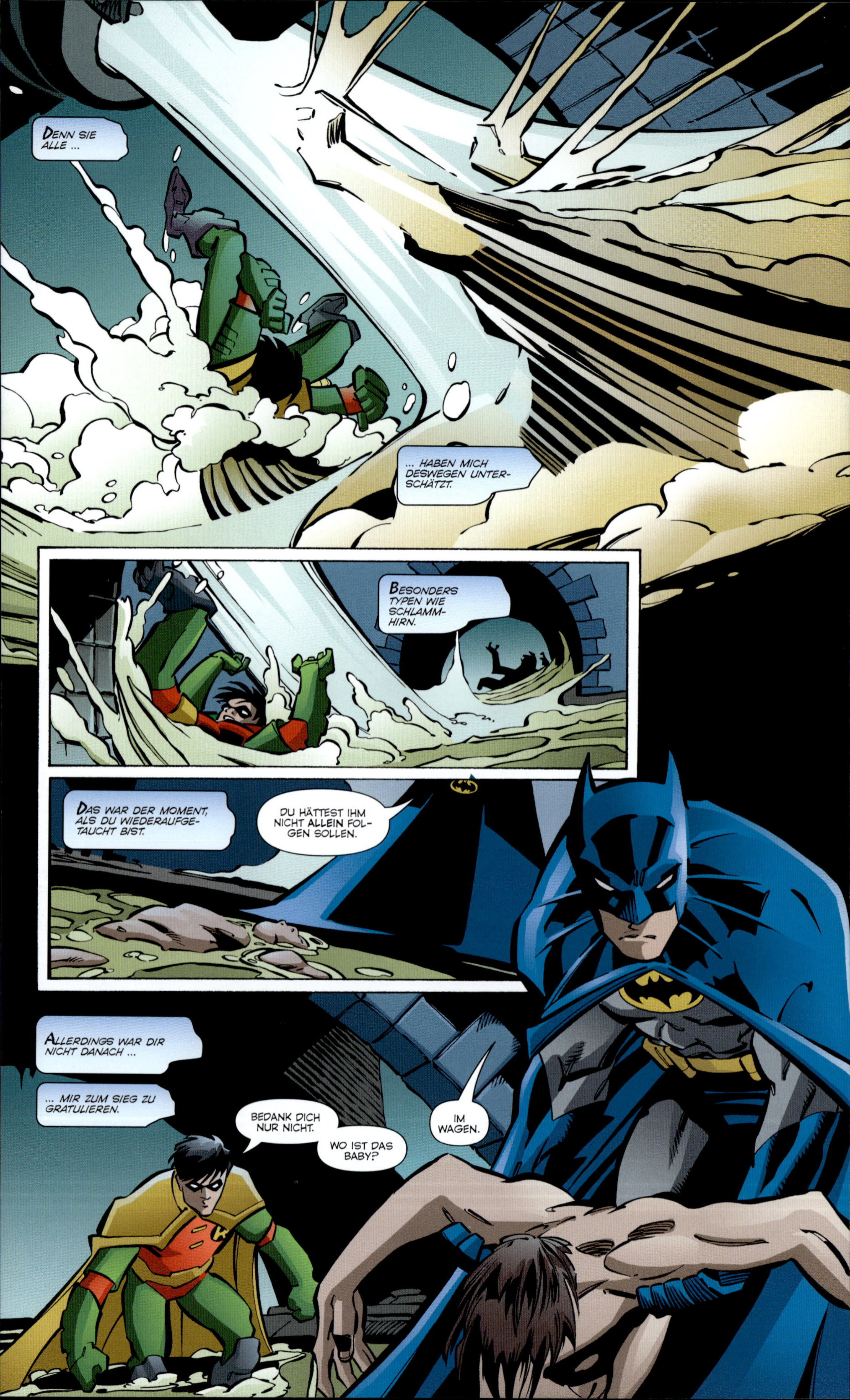
DENN SIE ALLE ...
... HABEN MICH DESWEGEN UNTERSCHÄTZT.
BESONDERS TYPEN WIE SCHLAMMHIRN.
DAS WAR DER MOMENT, ALS DU WIEDERAUFGETAUCHT BIST.
DU HÄTTEST IHM NICHT **ALLEIN** FOLGEN SOLLEN.
ALLERDINGS WAR DIR NICHT DANACH ...
... MIR ZUM SIEG ZU GRATULIEREN.
BEDANK DICH NUR NICHT.
WO IST DAS BABY?
IM WAGEN.

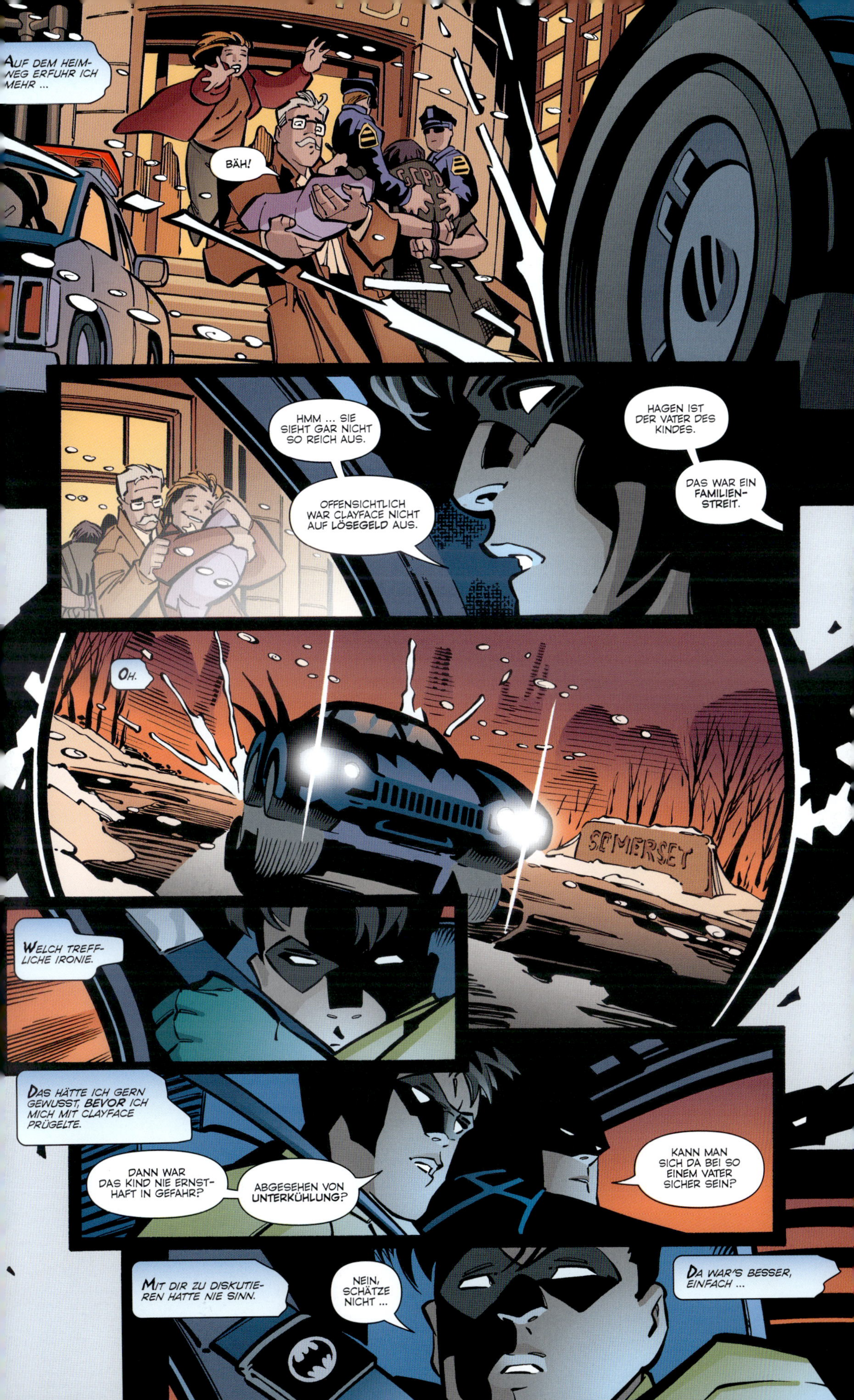
Auf dem Heimweg erfuhr ich mehr ...
Bäh!
Hmm ... Sie sieht gar nicht so reich aus.
Offensichtlich war Clayface nicht auf Lösegeld aus.
Hagen ist der Vater des Kindes.
Das war ein Familienstreit.
Oh.
SOMERSET
Welch treffliche Ironie.
Das hätte ich gern gewusst, bevor ich mich mit Clayface prügelte.
Dann war das Kind nie ernsthaft in Gefahr?
Abgesehen von Unterkühlung?
Kann man sich da bei so einem Vater sicher sein?
Mit dir zu diskutieren hatte nie Sinn.
Nein, schätze nicht ...
Da war's besser, einfach ...

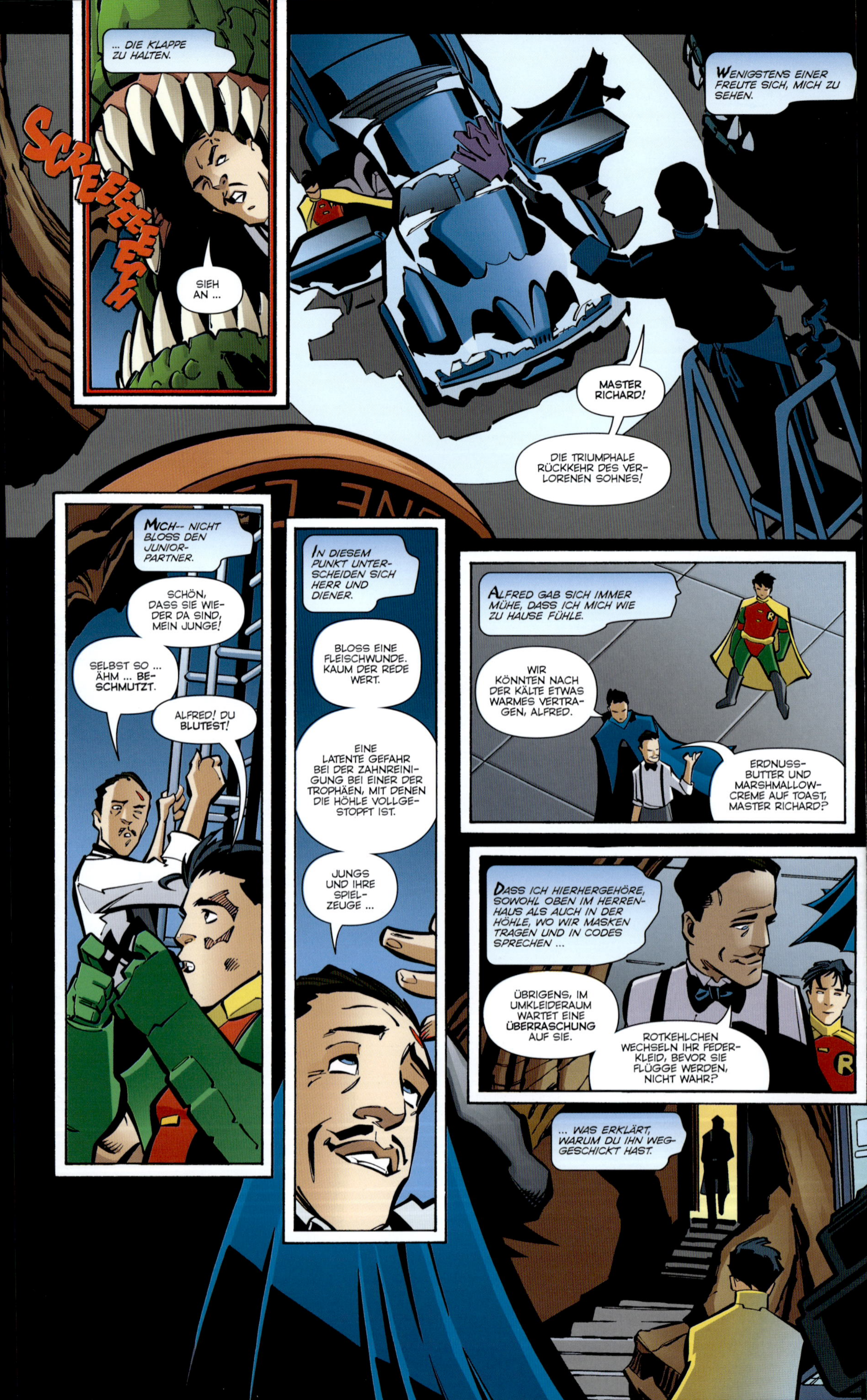
... DIE KLAPPE ZU HALTEN.
SCREEEEEEECH
SIEH AN ...
WENIGSTENS EINER FREUTE SICH, MICH ZU SEHEN.
MASTER RICHARD!
DIE TRIUMPHALE RÜCKKEHR DES VERLORENEN SOHNES!
MICH-- NICHT BLOSS DEN JUNIOR-PARTNER.
SCHÖN, DASS SIE WIEDER DA SIND, MEIN JUNGE!
SELBST SO ... ÄHM ... BESCHMUTZT.
ALFRED! DU BLUTEST!
IN DIESEM PUNKT UNTERSCHEIDEN SICH HERR UND DIENER.
BLOSS EINE FLEISCHWUNDE. KAUM DER REDE WERT.
EINE LATENTE GEFAHR BEI DER ZAHNREINIGUNG BEI EINER DER TROPHÄEN, MIT DENEN DIE HÖHLE VOLLGESTOPFT IST.
JUNGS UND IHRE SPIELZEUGE ...
ALFRED GAB SICH IMMER MÜHE, DASS ICH MICH WIE ZU HAUSE FÜHLE.
WIR KÖNNTEN NACH DER KÄLTE ETWAS WARMES VERTRAGEN, ALFRED.
ERDNUSSBUTTER UND MARSHMALLOWCREME AUF TOAST, MASTER RICHARD?
DASS ICH HIERHERGEHÖRE, SOWOHL OBEN IM HERRENHAUS ALS AUCH IN DER HÖHLE, WO WIR MASKEN TRAGEN UND IN CODES SPRECHEN ...
ÜBRIGENS, IM UMKLEIDERAUM WARTET EINE ÜBERRASCHUNG AUF SIE.
ROTKEHLCHEN WECHSELN IHR FEDERKLEID, BEVOR SIE FLÜGGE WERDEN, NICHT WAHR?
... WAS ERKLÄRT, WARUM DU IHN WEGGESCHICKT HAST.

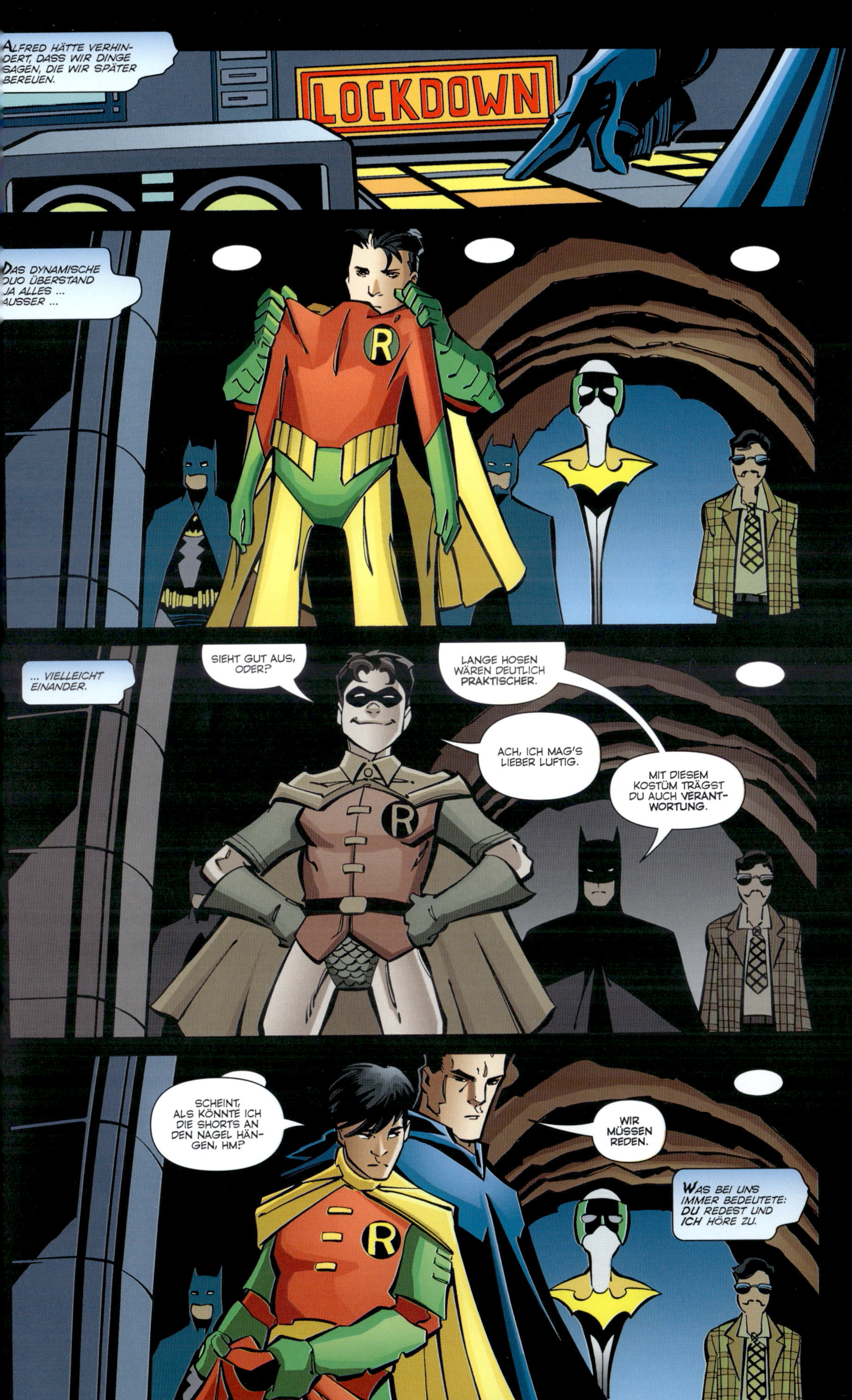

ALFRED HÄTTE VERHINDERT, DASS WIR DINGE SAGEN, DIE WIR SPÄTER BEREUEN.
LOCKDOWN
DAS DYNAMISCHE DUO ÜBERSTAND JA ALLES ... AUSSER ...
... VIELLEICHT EINANDER.
SIEHT GUT AUS, ODER?
LANGE HOSEN WÄREN DEUTLICH PRAKTISCHER.
ACH, ICH MAG'S LIEBER LUFTIG.
MIT DIESEM KOSTÜM TRÄGST DU AUCH VERANTWORTUNG.
SCHEINT, ALS KÖNNTE ICH DIE SHORTS AN DEN NAGEL HÄNGEN, HM?
WIR MÜSSEN REDEN.
WAS BEI UNS IMMER BEDEUTETE: DU REDEST UND ICH HÖRE ZU.

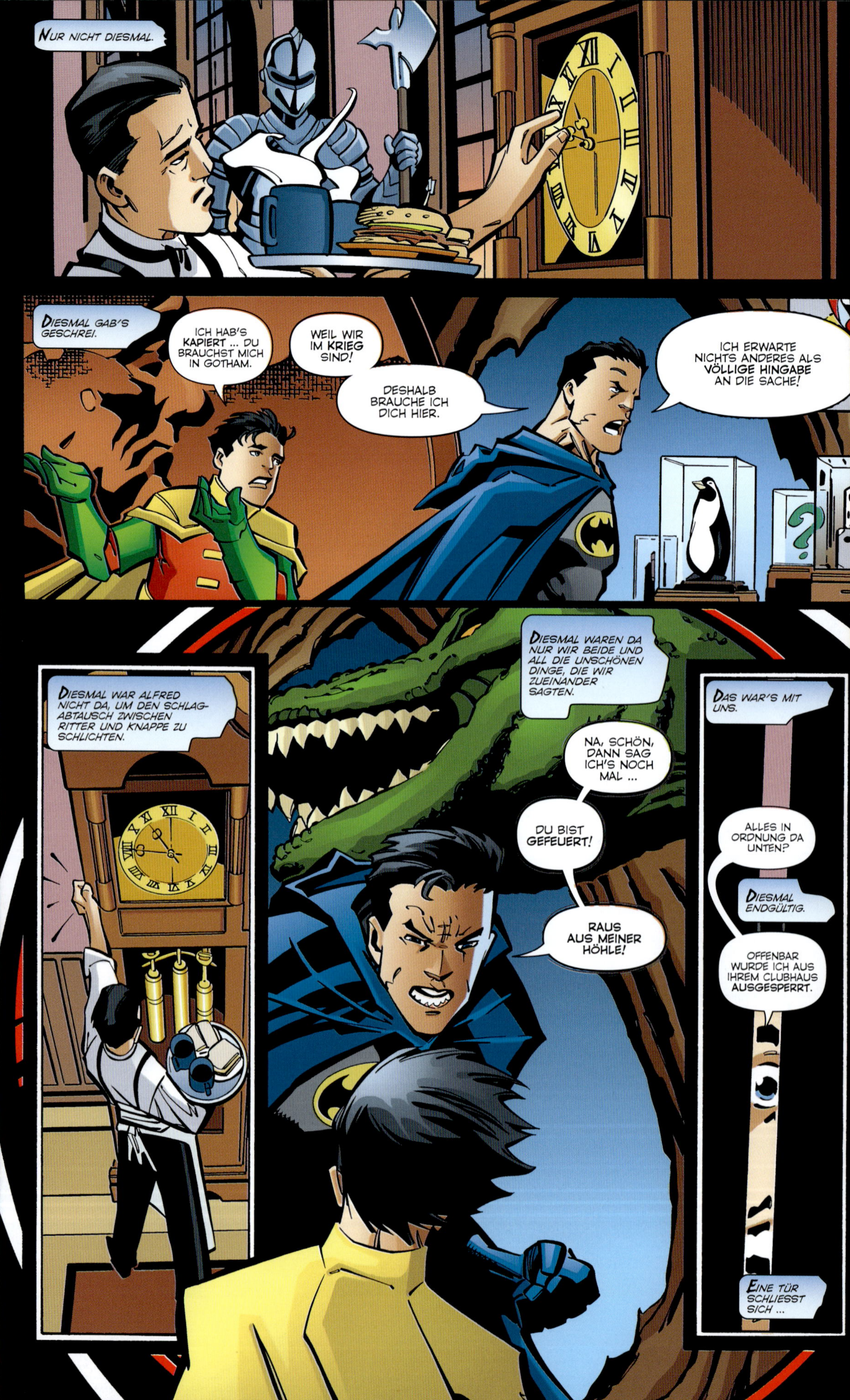
NUR NICHT DIESMAL.
DIESMAL GAB'S GESCHREI.
ICH HAB'S KAPIERT ... DU BRAUCHST MICH IN GOTHAM.
WEIL WIR IM KRIEG SIND!
DESHALB BRAUCHE ICH DICH HIER.
ICH ERWARTE NICHTS ANDERES ALS VÖLLIGE HINGABE AN DIE SACHE!
DIESMAL WAR ALFRED NICHT DA, UM DEN SCHLAGABTAUSCH ZWISCHEN RITTER UND KNAPPE ZU SCHLICHTEN.
DIESMAL WAREN DA NUR WIR BEIDE UND ALL DIE UNSCHÖNEN DINGE, DIE WIR ZUEINANDER SAGTEN.
NA, SCHÖN, DANN SAG ICH'S NOCH MAL ...
DU BIST GEFEUERT!
RAUS AUS MEINER HÖHLE!
DAS WAR'S MIT UNS.
ALLES IN ORDNUNG DA UNTEN?
DIESMAL ENDGÜLTIG.
OFFENBAR WURDE ICH AUS IHREM CLUBHAUS AUSGESPERRT.
EINE TÜR SCHLIESST SICH ...

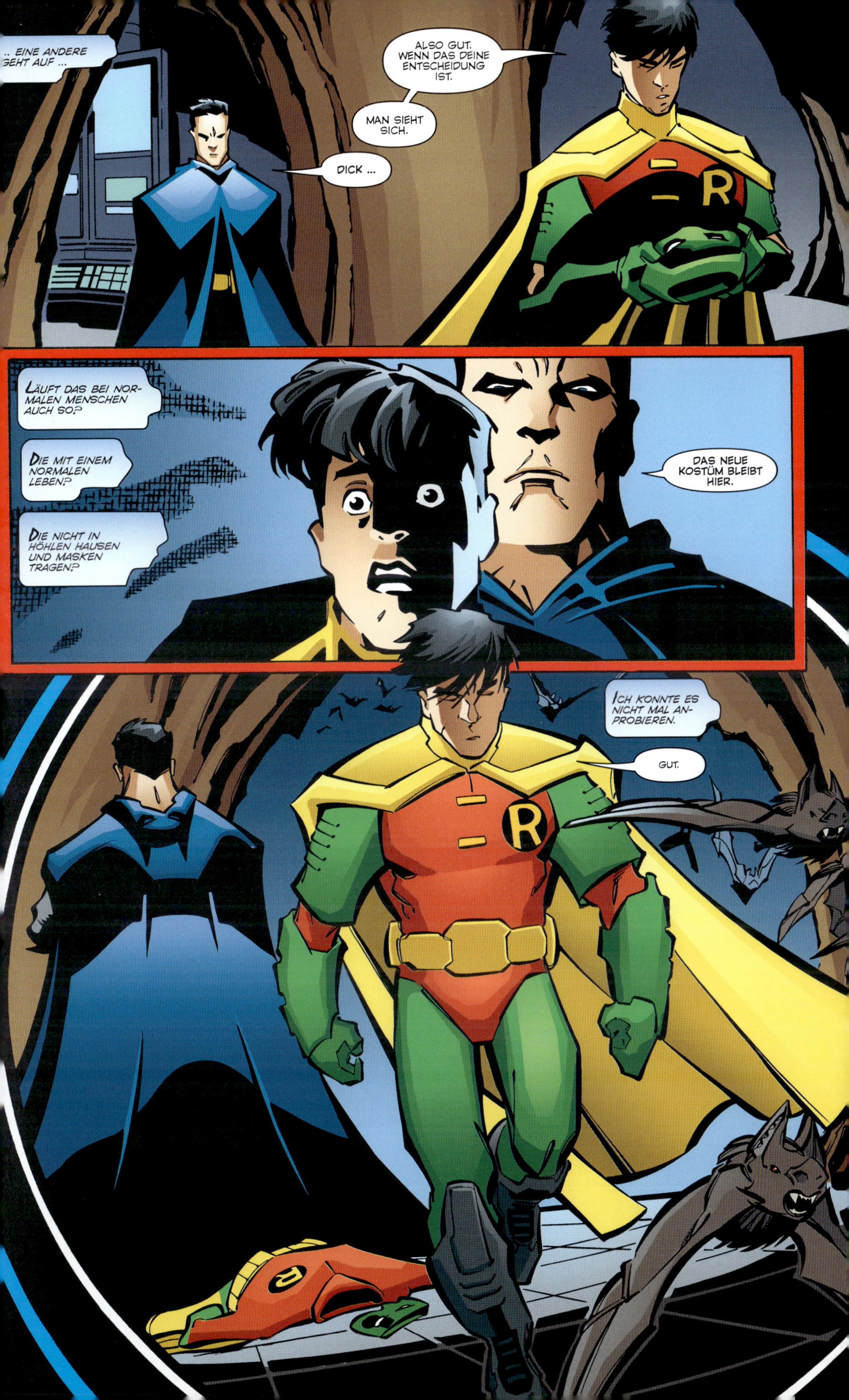
... EINE ANDERE
GEHT AUF ...
DICK ...
ALSO GUT. WENN DAS DEINE ENTSCHEIDUNG IST.
MAN SIEHT SICH.
LÄUFT DAS BEI NORMALEN MENSCHEN AUCH SO?
DIE MIT EINEM NORMALEN LEBEN?
DIE NICHT IN HÖHLEN HAUSEN UND MASKEN TRAGEN?
DAS NEUE KOSTÜM BLEIBT HIER.
ICH KONNTE ES NICHT MAL ANPROBIEREN.
GUT.

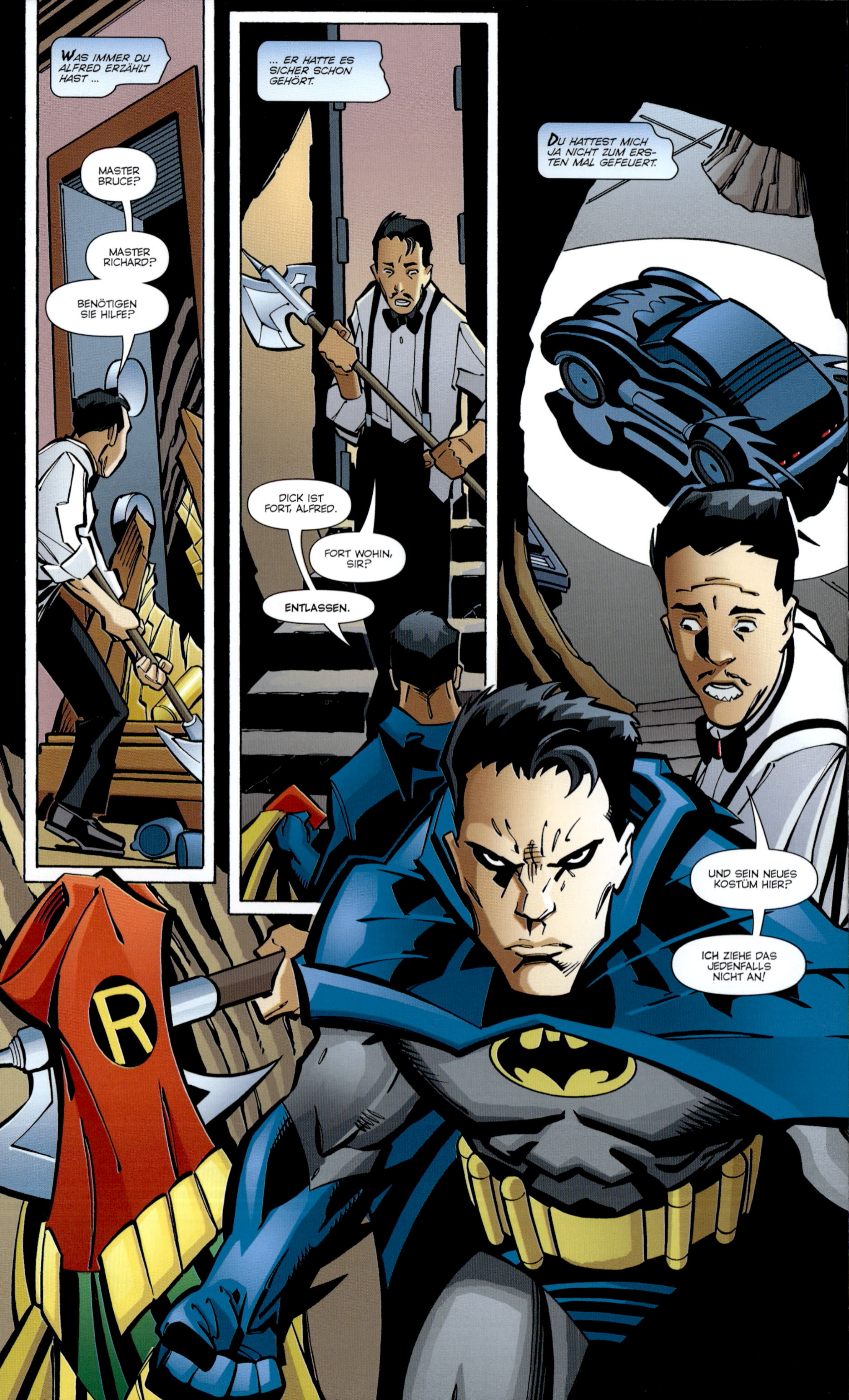
WAS IMMER DU ALFRED ERZÄHLT HAST ...
MASTER BRUCE?
MASTER RICHARD?
BENÖTIGEN SIE HILFE?
... ER HATTE ES SICHER SCHON GEHÖRT.
DICK IST FORT, ALFRED.
FORT WOHIN, SIR?
ENTLASSEN.
DU HATTEST MICH JA NICHT ZUM ERS-TEN MAL GEFEUERT.
UND SEIN NEUES KOSTÜM HIER?
ICH ZIEHE DAS JEDENFALLS NICHT AN!

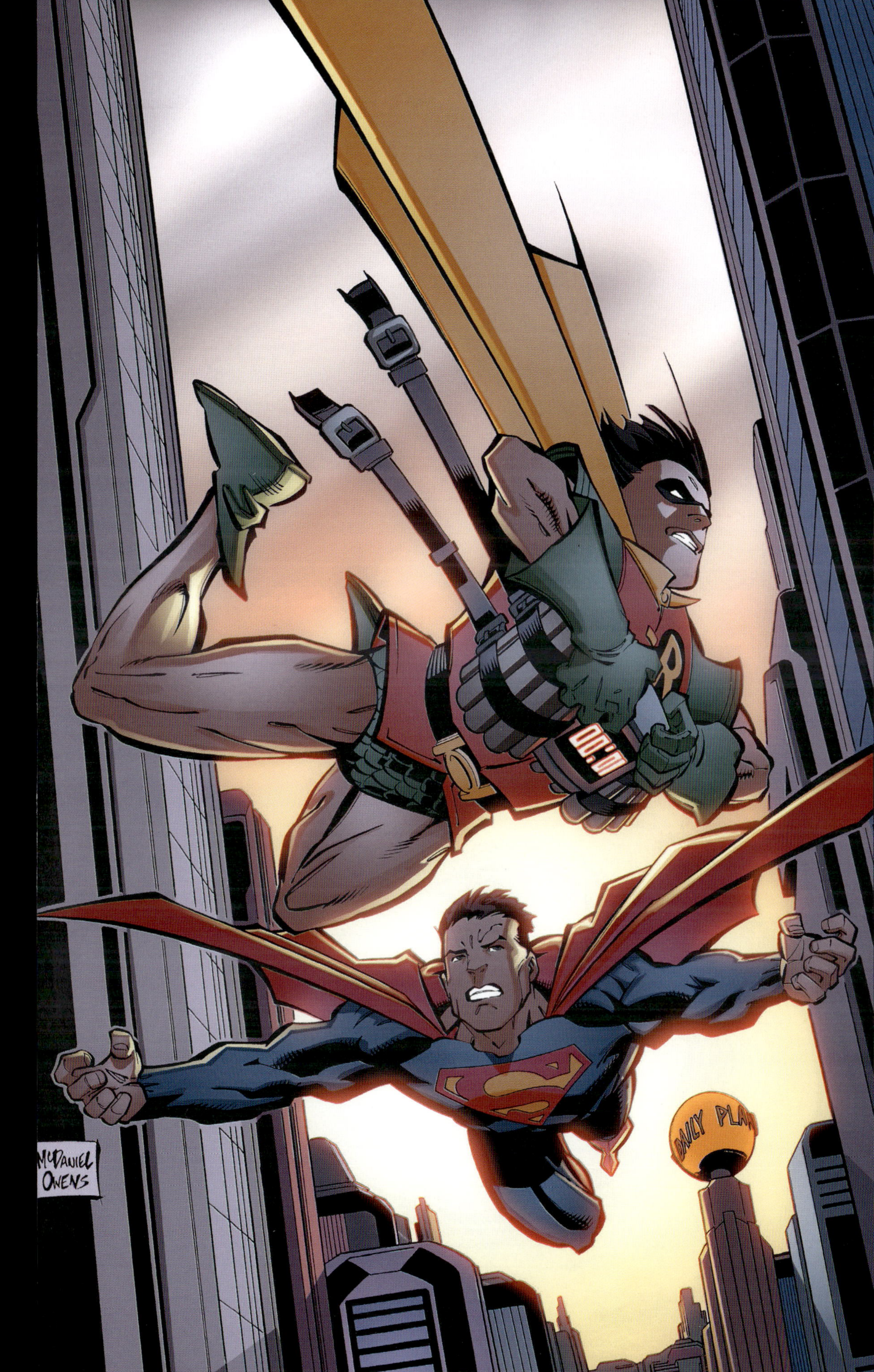

McDANIEL
OWENS
DAILY PLA

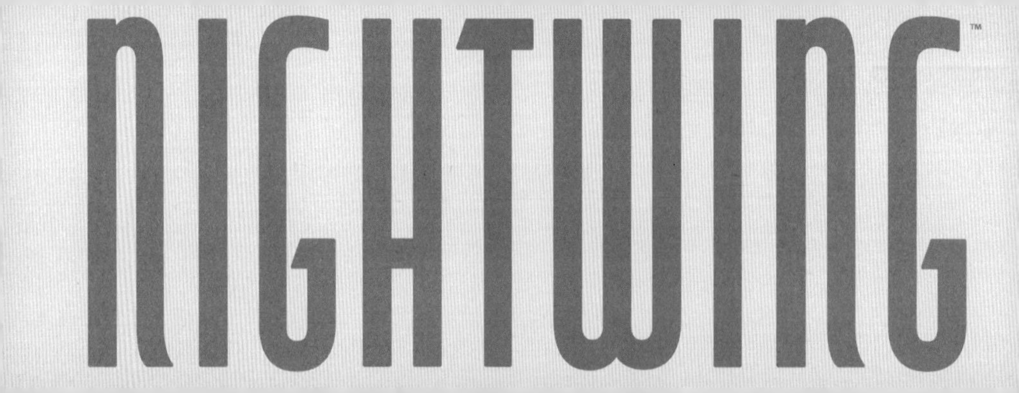
NIGHTWING™

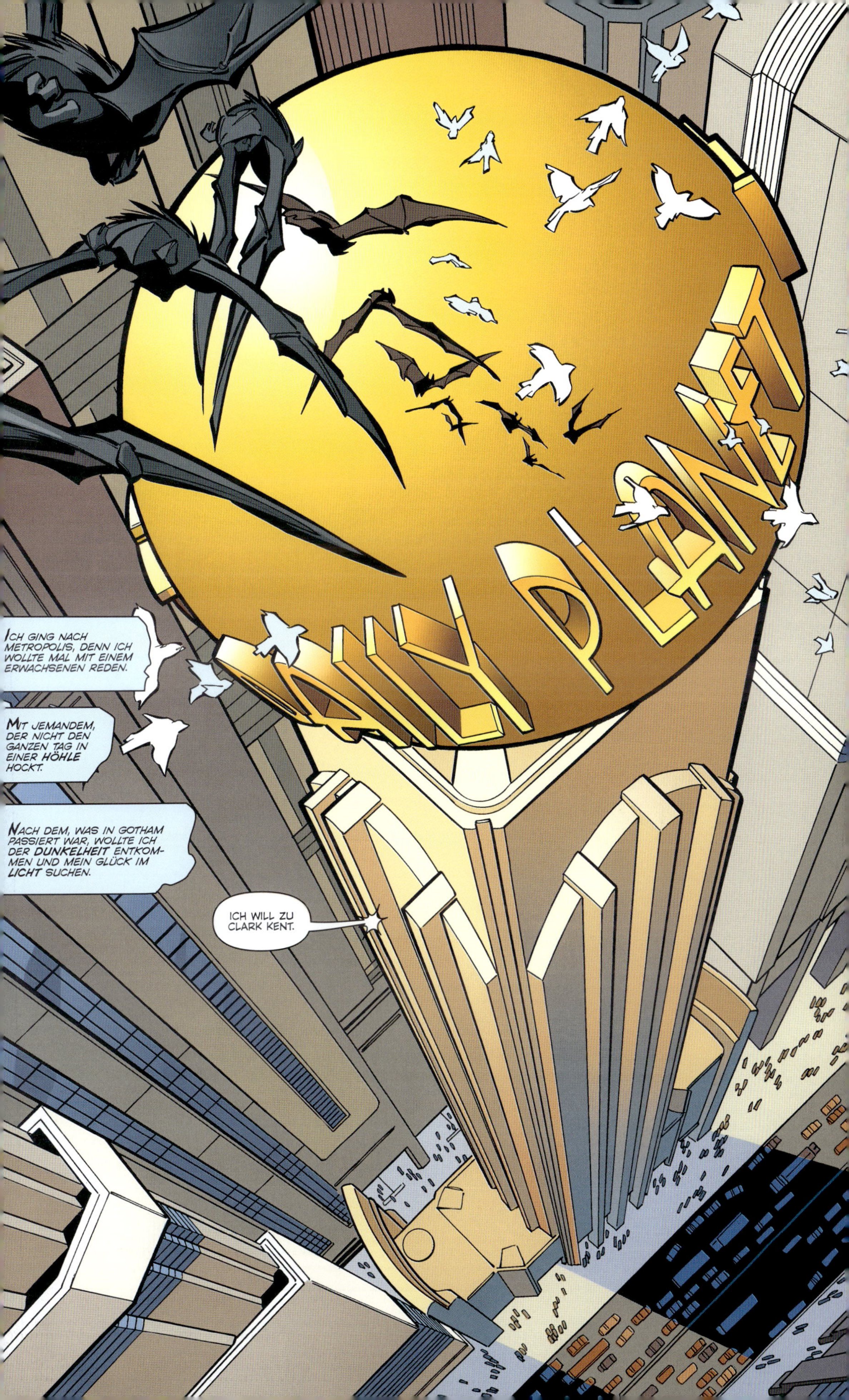
DAILY PLANET
ICH GING NACH METROPOLIS, DENN ICH WOLLTE MAL MIT EINEM ERWACHSENEN REDEN.
MIT JEMANDEM, DER NICHT DEN GANZEN TAG IN EINER HÖHLE HOCKT.
NACH DEM, WAS IN GOTHAM PASSIERT WAR, WOLLTE ICH DER DUNKELHEIT ENTKOMMEN UND MEIN GLÜCK IM LICHT SUCHEN.
ICH WILL ZU CLARK KENT.

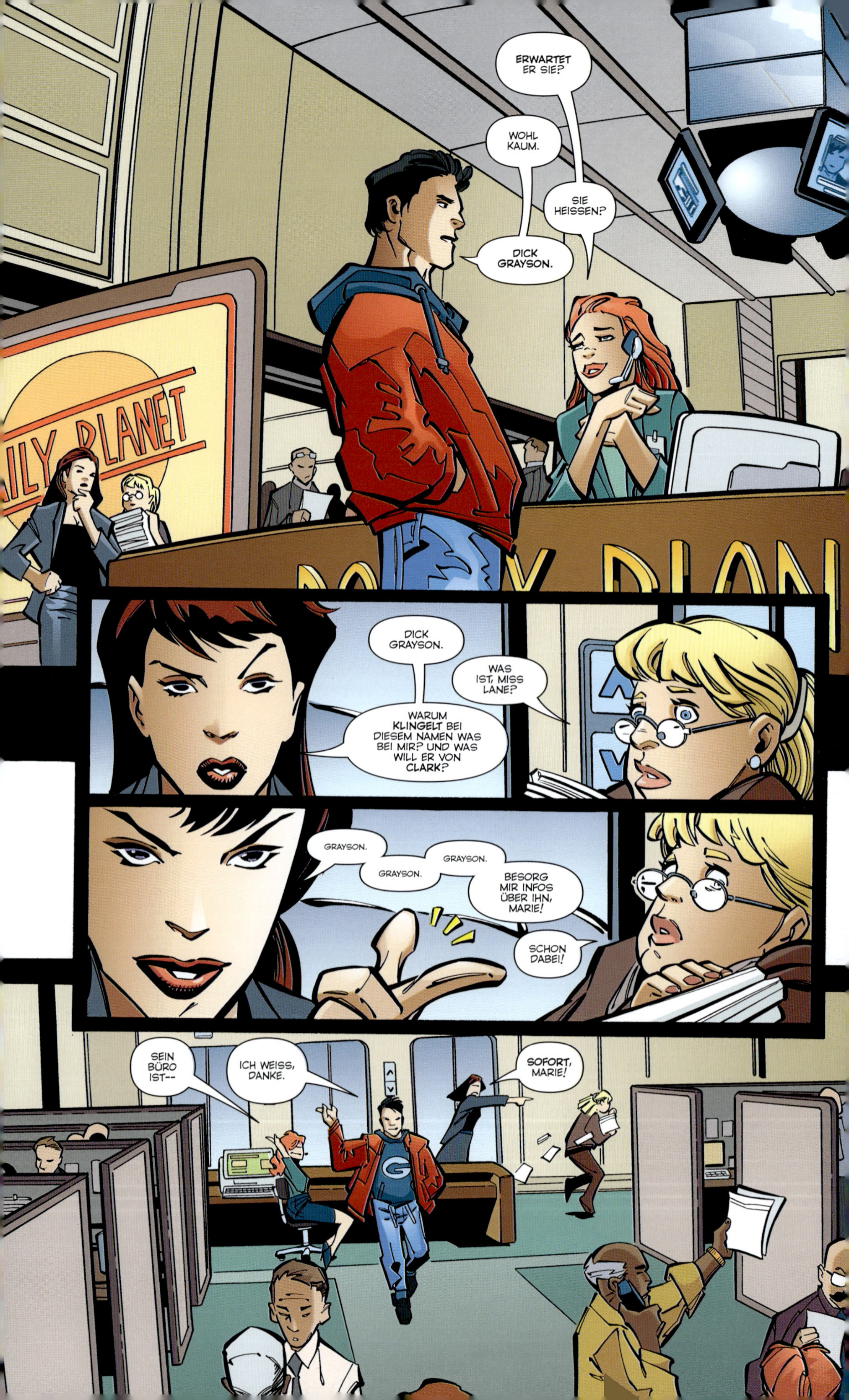
ERWARTET ER SIE?
WOHL KAUM.
SIE HEISSEN?
DICK GRAYSON.
DAILY PLANET
DICK GRAYSON.
WARUM KLINGELT BEI DIESEM NAMEN WAS BEI MIR? UND WAS WILL ER VON CLARK?
WAS IST, MISS LANE?
GRAYSON.
GRAYSON.
GRAYSON.
BESORG MIR INFOS ÜBER IHN, MARIE!
SCHON DABEI!
SEIN BÜRO IST--
ICH WEISS, DANKE.
SOFORT, MARIE!

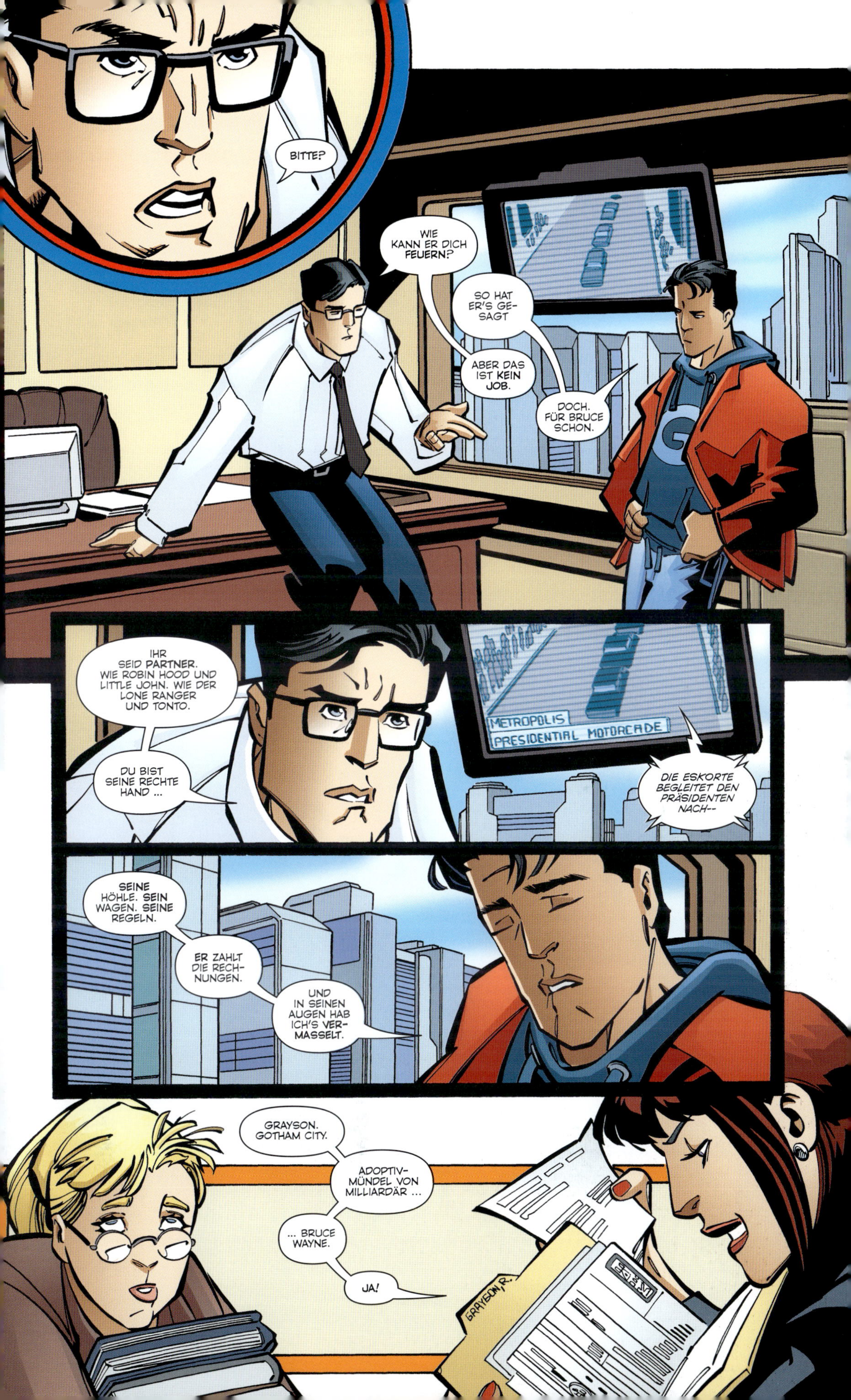
BITTE?
WIE KANN ER DICH FEUERN?
SO HAT ER'S GESAGT
ABER DAS IST KEIN JOB.
DOCH. FÜR BRUCE SCHON.
IHR SEID PARTNER. WIE ROBIN HOOD UND LITTLE JOHN. WIE DER LONE RANGER UND TONTO.
DU BIST SEINE RECHTE HAND ...
METROPOLIS
PRESIDENTIAL MOTORCADE
DIE ESKORTE BEGLEITET DEN PRÄSIDENTEN NACH--
SEINE HÖHLE. SEIN WAGEN. SEINE REGELN.
ER ZAHLT DIE RECHNUNGEN.
UND IN SEINEN AUGEN HAB ICH'S VERMASSELT.
GRAYSON. GOTHAM CITY.
ADOPTIVMÜNDEL VON MILLIARDÄR ...
... BRUCE WAYNE.
JA!
GRAYSON, R.

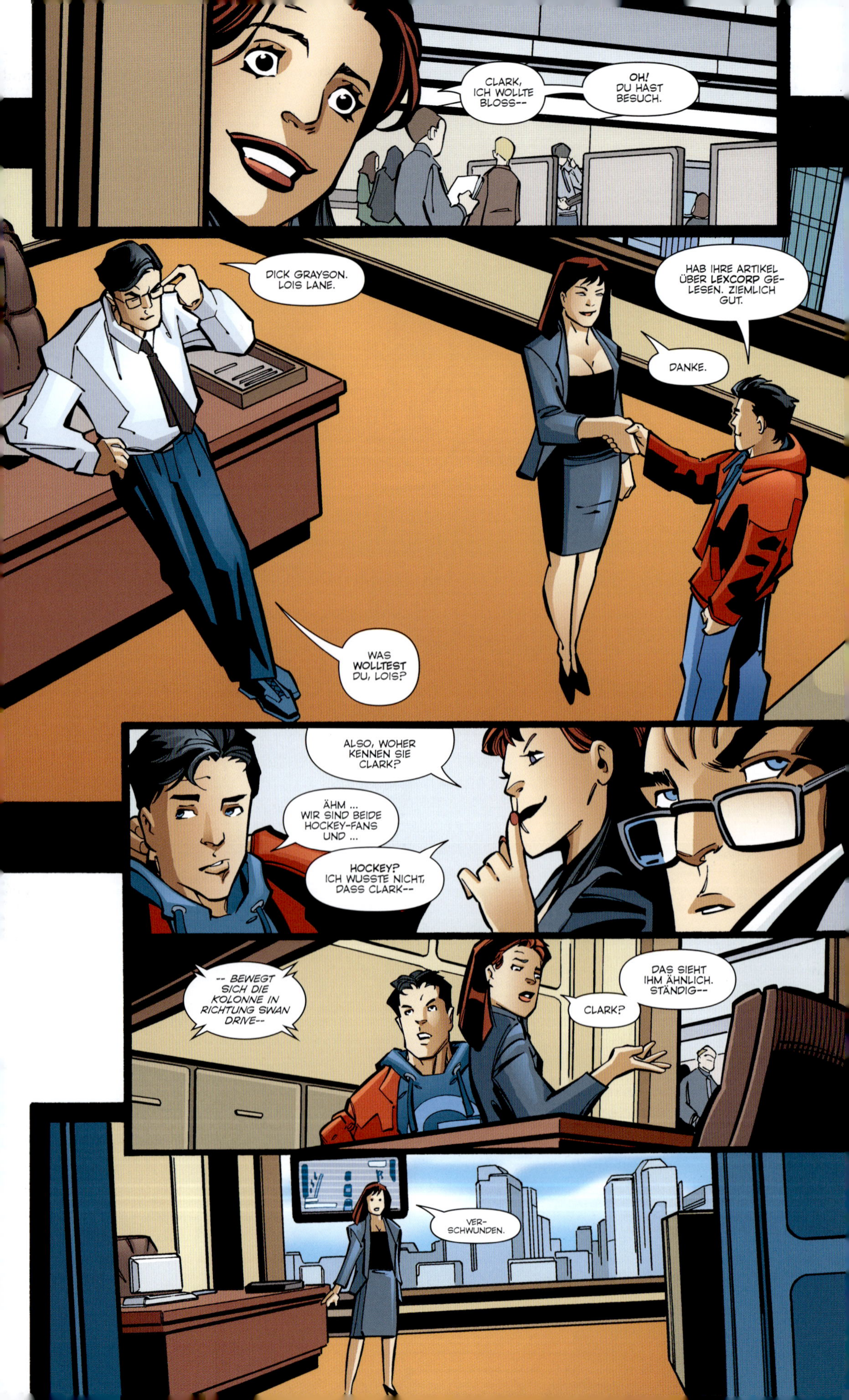
CLARK, ICH WOLLTE BLOSS--
OH! DU HAST BESUCH.
DICK GRAYSON. LOIS LANE.
HAB IHRE ARTIKEL ÜBER **LEXCORP** GELESEN. ZIEMLICH GUT.
DANKE.
WAS **WOLLTEST** DU, LOIS?
ALSO, WOHER KENNEN SIE CLARK?
ÄHM ... WIR SIND BEIDE HOCKEY-FANS UND ...
**HOCKEY?** ICH WUSSTE NICHT, DASS CLARK--
-- BEWEGT SICH DIE KOLONNE IN RICHTUNG SWAN DRIVE--
DAS SIEHT IHM ÄHNLICH. STÄNDIG--
CLARK?
VERSCHWUNDEN.

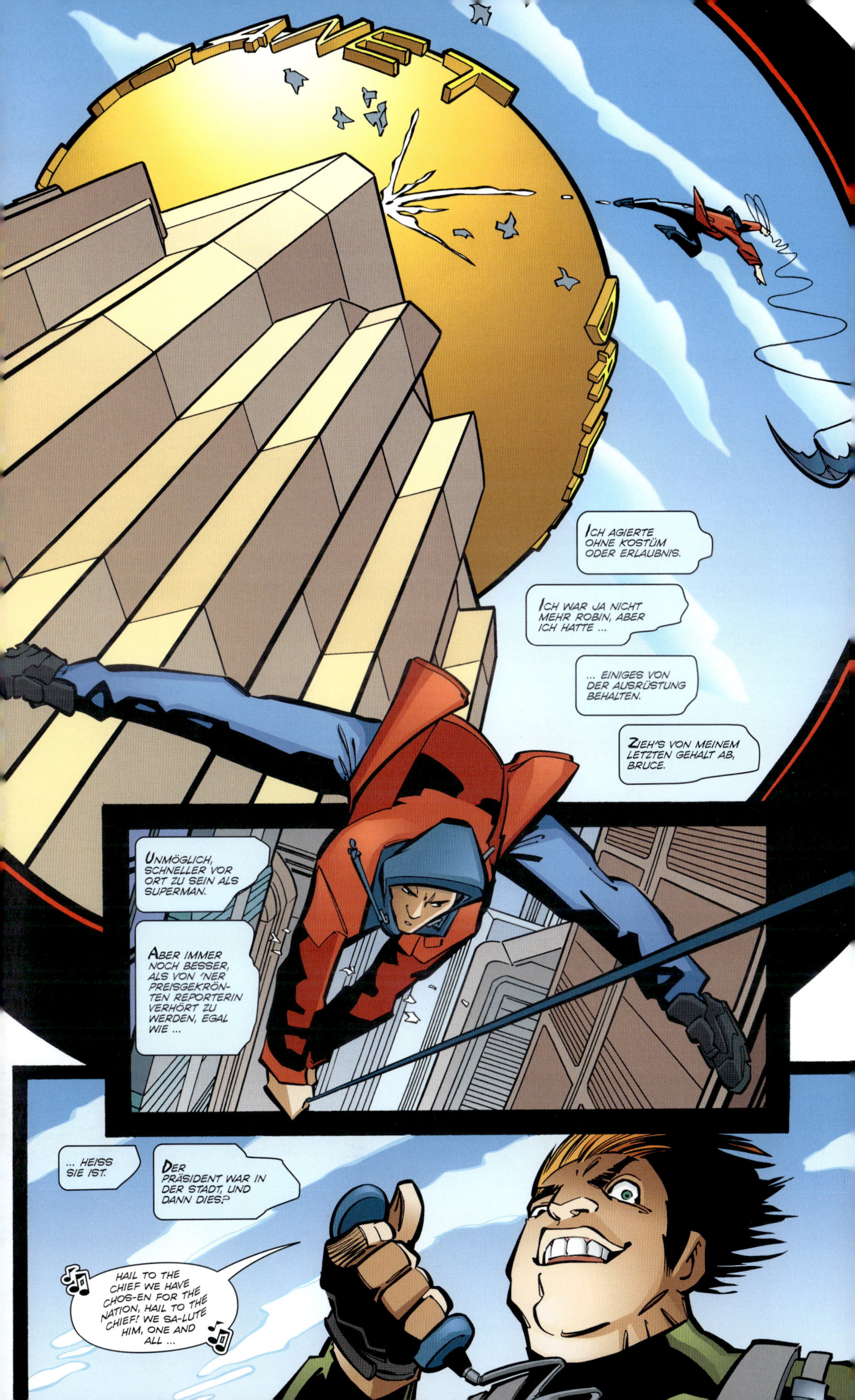
Ich agierte ohne Kostüm oder Erlaubnis.
Ich war ja nicht mehr Robin, aber ich hatte ...
... einiges von der Ausrüstung behalten.
Zieh's von meinem letzten Gehalt ab, Bruce.
Unmöglich, schneller vor Ort zu sein als Superman.
Aber immer noch besser, als von 'ner preisgekrönten Reporterin verhört zu werden, egal wie ...
... heiss sie ist.
Der Präsident war in der Stadt, und dann dies?
Hail to the chief we have chos-en for the nation, hail to the chief! We sa-lute him, one and all ...

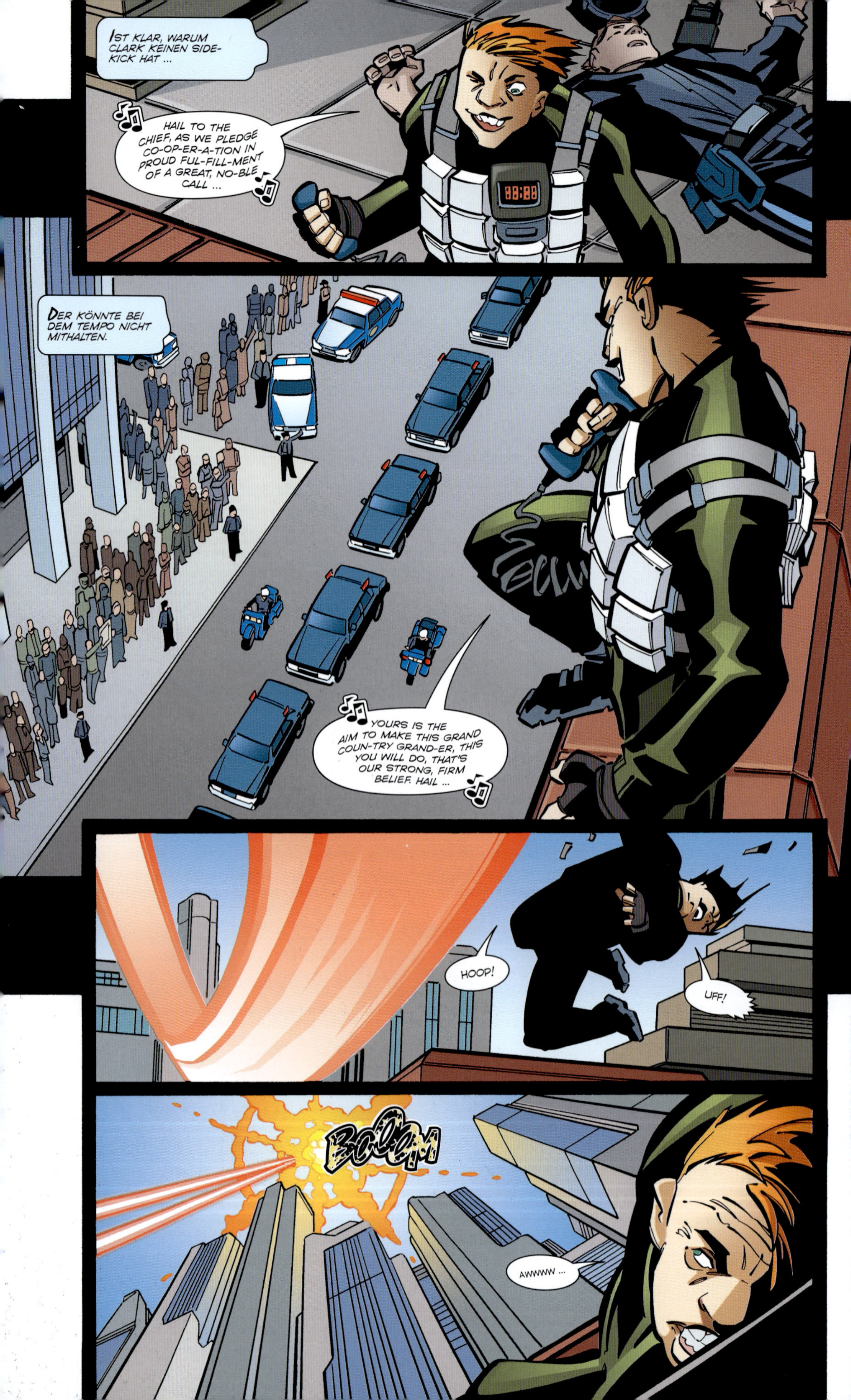

IST KLAR, WARUM CLARK KEINEN SIDEKICK HAT ...
HAIL TO THE CHIEF, AS WE PLEDGE CO-OP-ER-A-TION IN PROUD FUL-FILL-MENT OF A GREAT, NO-BLE CALL ...
DER KÖNNTE BEI DEM TEMPO NICHT MITHALTEN.
YOURS IS THE AIM TO MAKE THIS GRAND COUN-TRY GRAND-ER, THIS YOU WILL DO, THAT'S OUR STRONG, FIRM BELIEF. HAIL ...
HOOP!
UFF!
BOOM
AWWWW ...

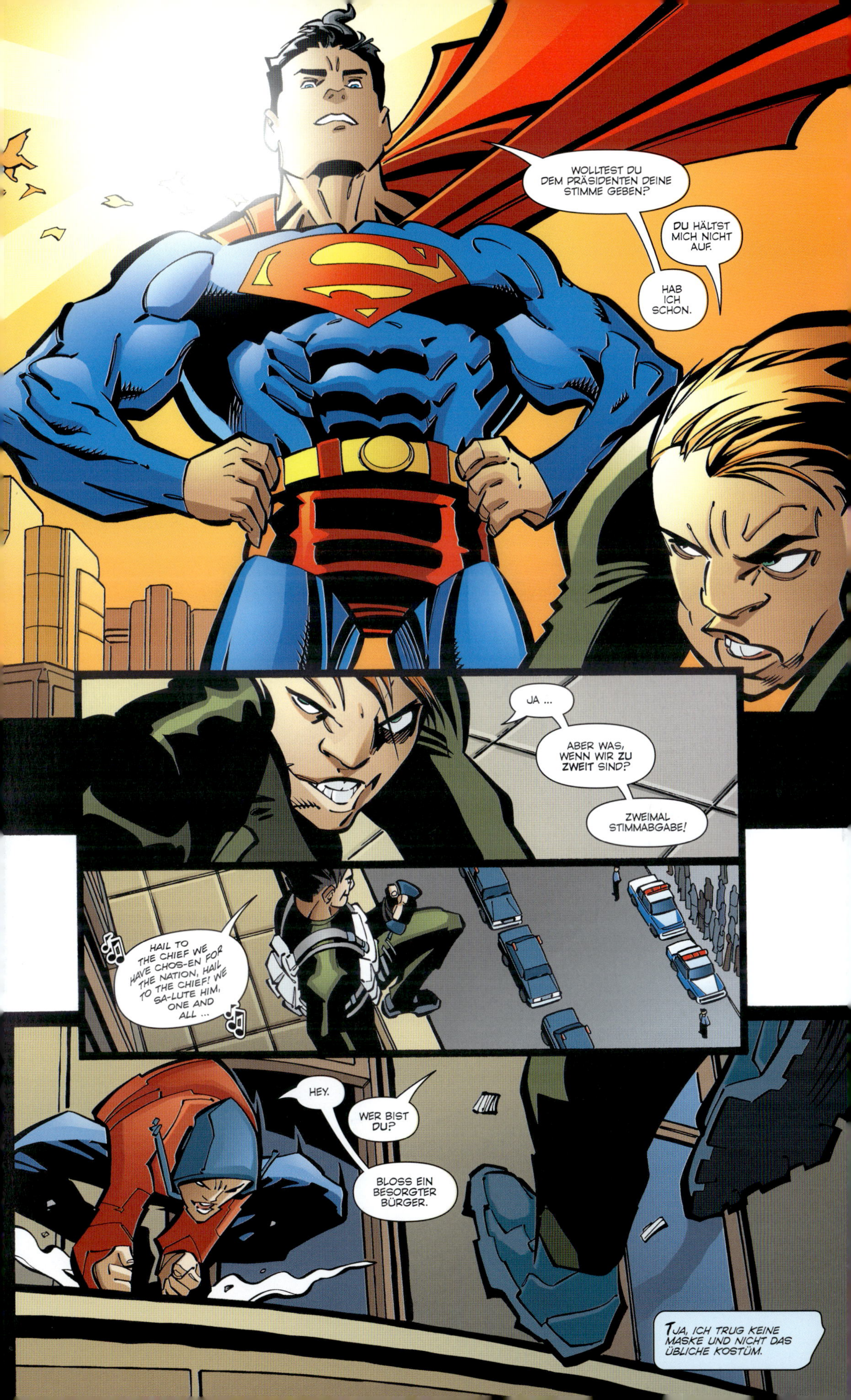
WOLLTEST DU DEM PRÄSIDENTEN DEINE STIMME GEBEN?
DU HÄLTST MICH NICHT AUF.
HAB ICH SCHON.
JA ...
ABER WAS, WENN WIR ZU ZWEIT SIND?
ZWEIMAL STIMMABGABE!
HAIL TO THE CHIEF WE HAVE CHOS-EN FOR THE NATION, HAIL TO THE CHIEF! WE SA-LUTE HIM, ONE AND ALL ...
HEY.
WER BIST DU?
BLOSS EIN BESORGTER BÜRGER.
TJA, ICH TRUG KEINE MASKE UND NICHT DAS ÜBLICHE KOSTÜM.

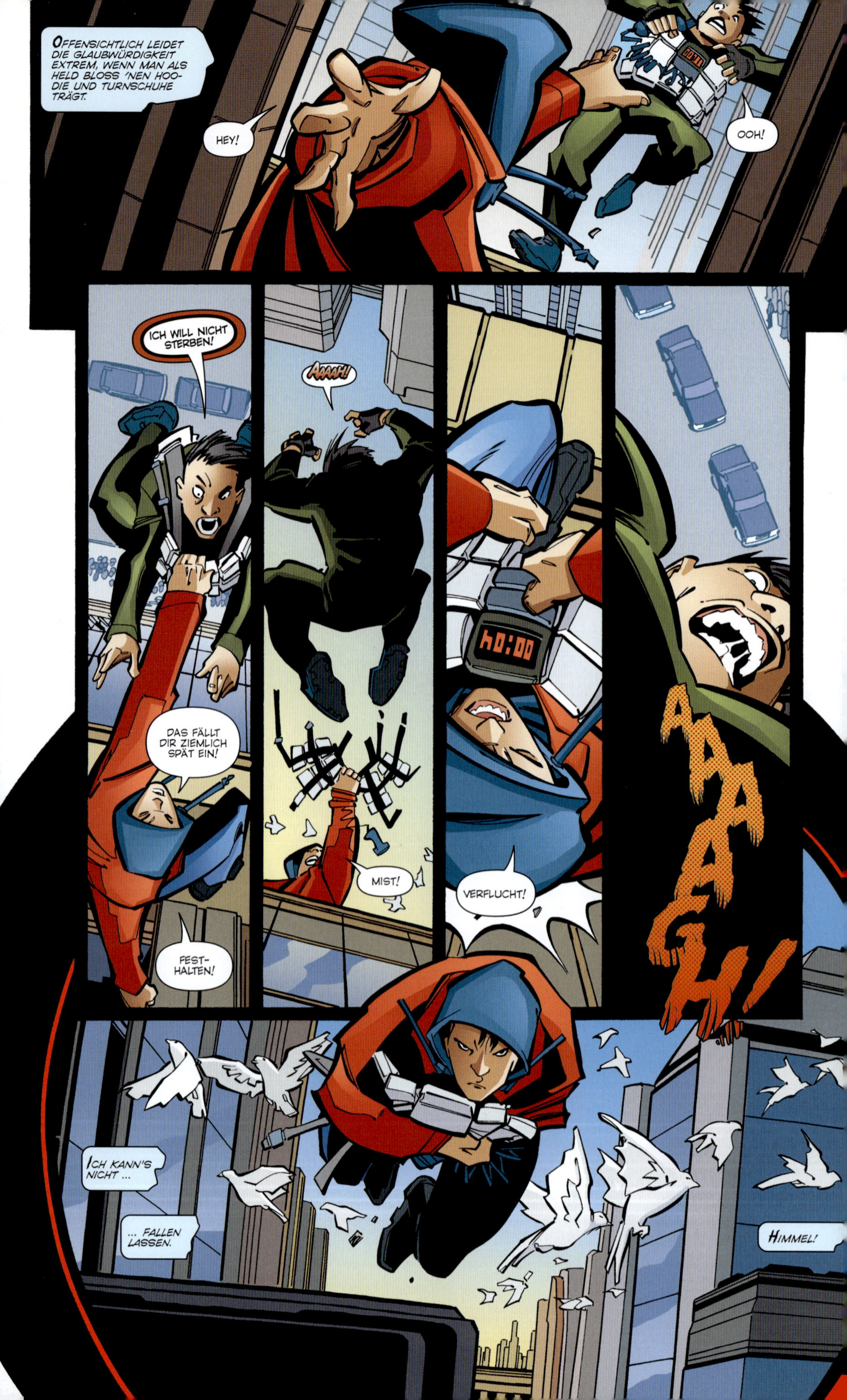

Offensichtlich leidet die Glaubwürdigkeit extrem, wenn man als Held bloß 'nen Hoodie und Turnschuhe trägt.
Hey!
Ooh!
Ich will nicht sterben!
Das fällt dir ziemlich spät ein!
Fest-halten!
Aaaah!
Mist!
Verflucht!
AAAAGH!
Ich kann's nicht ...
... fallen lassen.
Himmel!

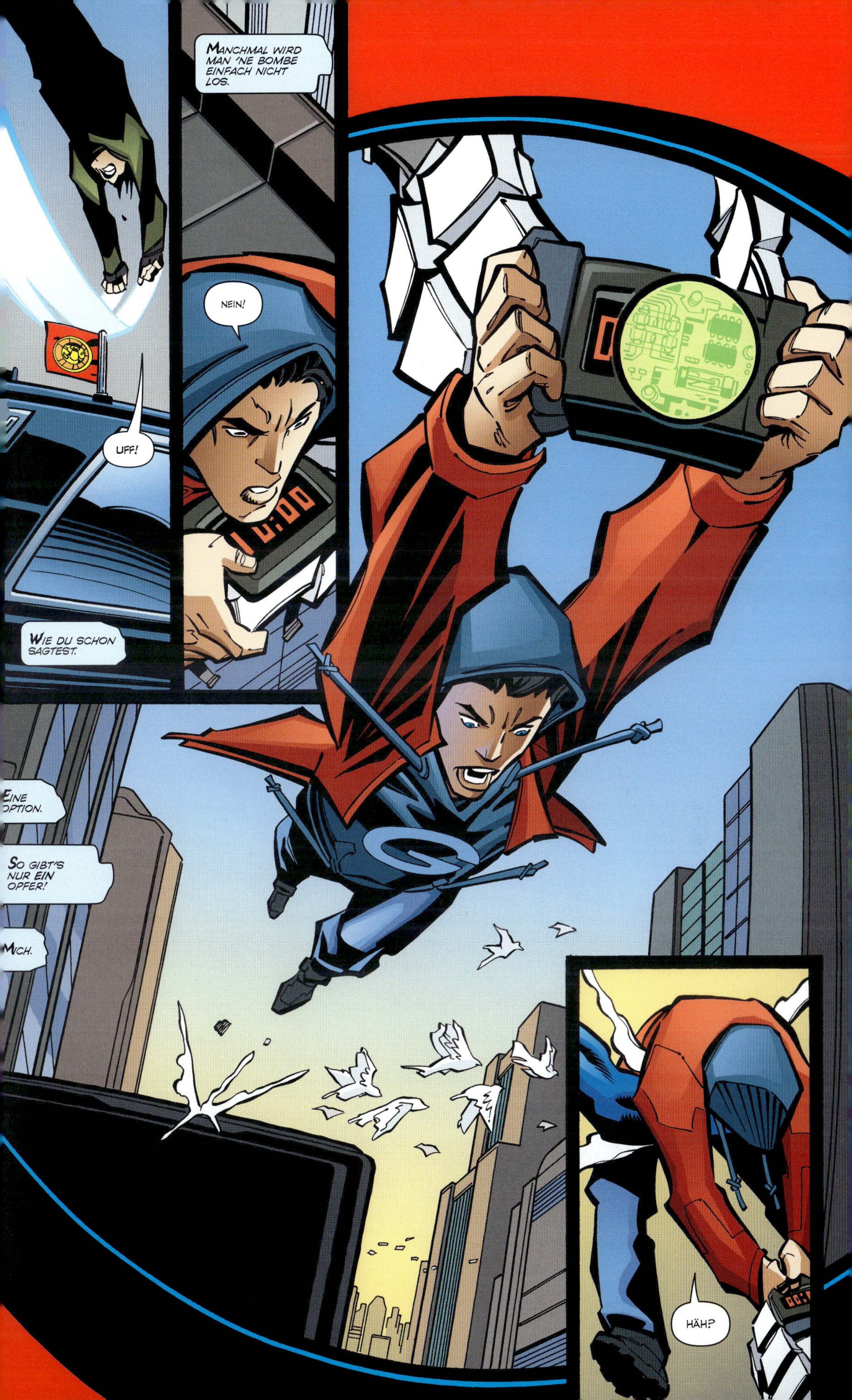
Manchmal wird man 'ne Bombe einfach nicht los.
Nein!
Uff!
Wie du schon sagtest.
Eine Option.
So gibt's nur ein Opfer!
Mich.
Häh?

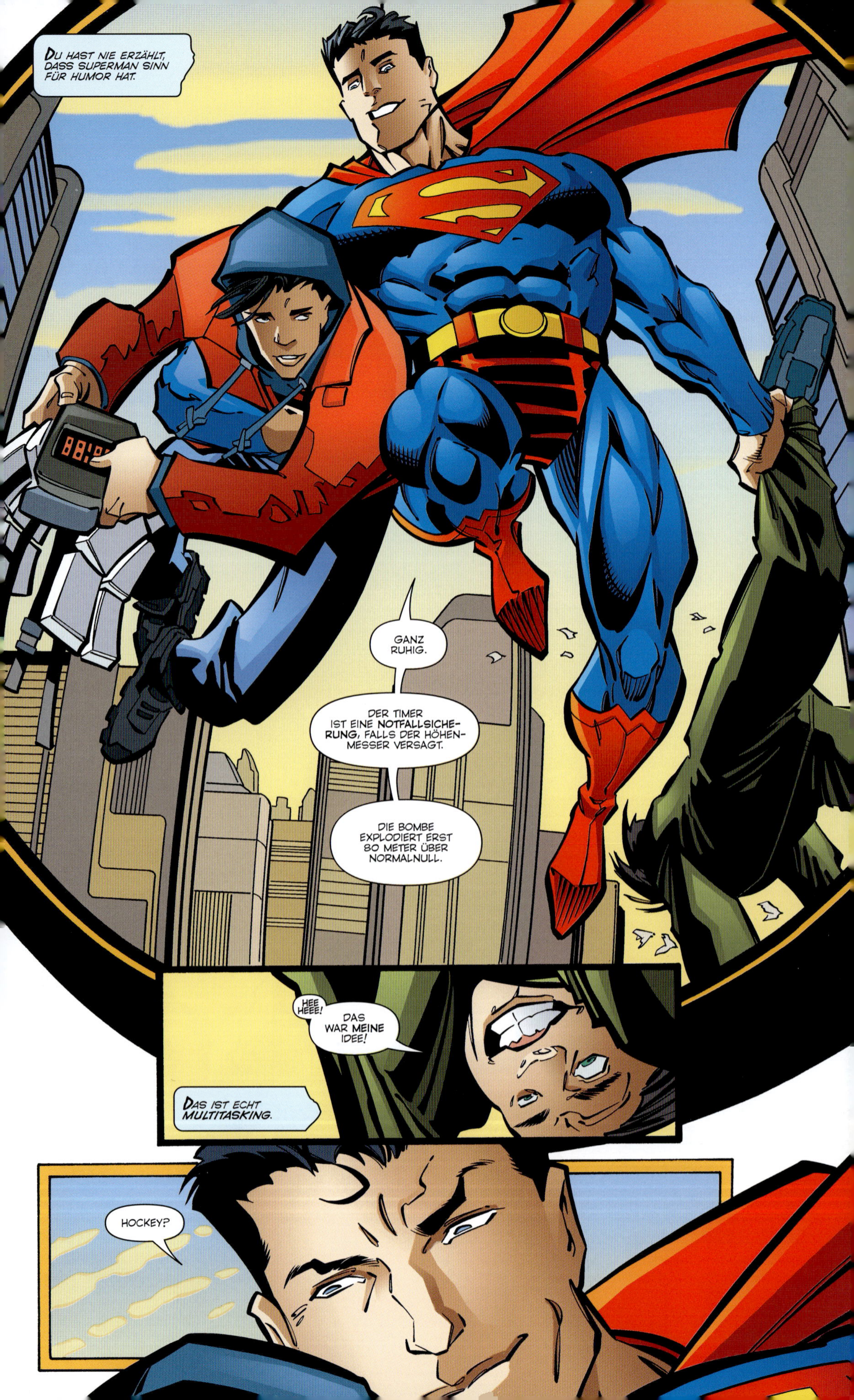
DU HAST NIE ERZÄHLT, DASS SUPERMAN SINN FÜR HUMOR HAT.
GANZ RUHIG.
DER TIMER IST EINE NOTFALLSICHERUNG, FALLS DER HÖHENMESSER VERSAGT.
DIE BOMBE EXPLODIERT ERST 80 METER ÜBER NORMALNULL.
HEE HEEE!
DAS WAR MEINE IDEE!
DAS IST ECHT MULTITASKING.
HOCKEY?

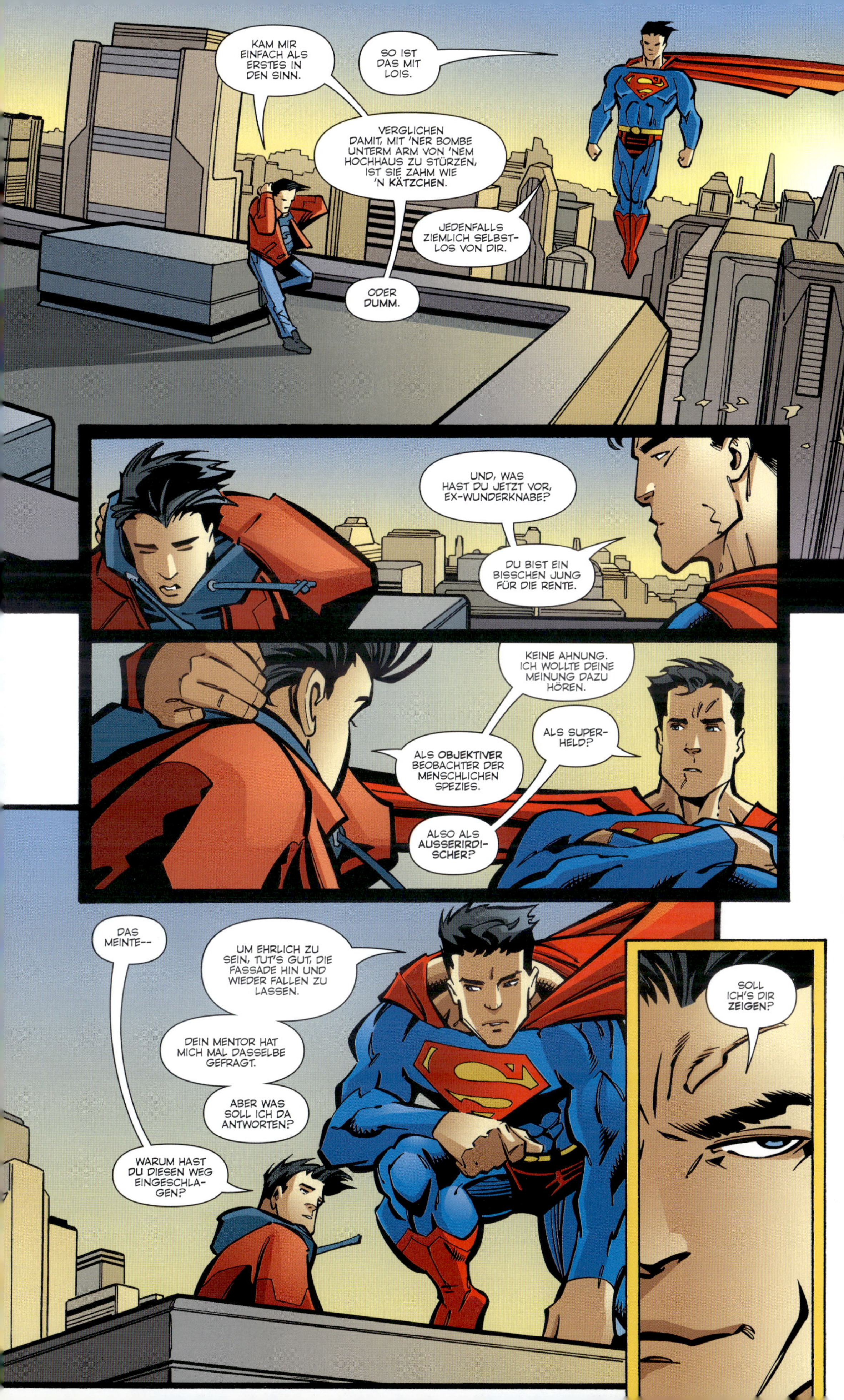

KAM MIR EINFACH ALS ERSTES IN DEN SINN.
SO IST DAS MIT LOIS.
VERGLICHEN DAMIT, MIT 'NER BOMBE UNTERM ARM VON 'NEM HOCHHAUS ZU STÜRZEN, IST SIE ZAHM WIE 'N KÄTZCHEN.
JEDENFALLS ZIEMLICH SELBST-LOS VON DIR.
ODER DUMM.
UND, WAS HAST DU JETZT VOR, EX-WUNDERKNABE?
DU BIST EIN BISSCHEN JUNG FÜR DIE RENTE.
KEINE AHNUNG. ICH WOLLTE DEINE MEINUNG DAZU HÖREN.
ALS SUPER-HELD?
ALS OBJEKTIVER BEOBACHTER DER MENSCHLICHEN SPEZIES.
ALSO ALS AUSSERIRDI-SCHER?
DAS MEINTE--
UM EHRLICH ZU SEIN, TUT'S GUT, DIE FASSADE HIN UND WIEDER FALLEN ZU LASSEN.
DEIN MENTOR HAT MICH MAL DASSELBE GEFRAGT.
ABER WAS SOLL ICH DA ANTWORTEN?
WARUM HAST DU DIESEN WEG EINGESCHLA-GEN?
SOLL ICH'S DIR ZEIGEN?

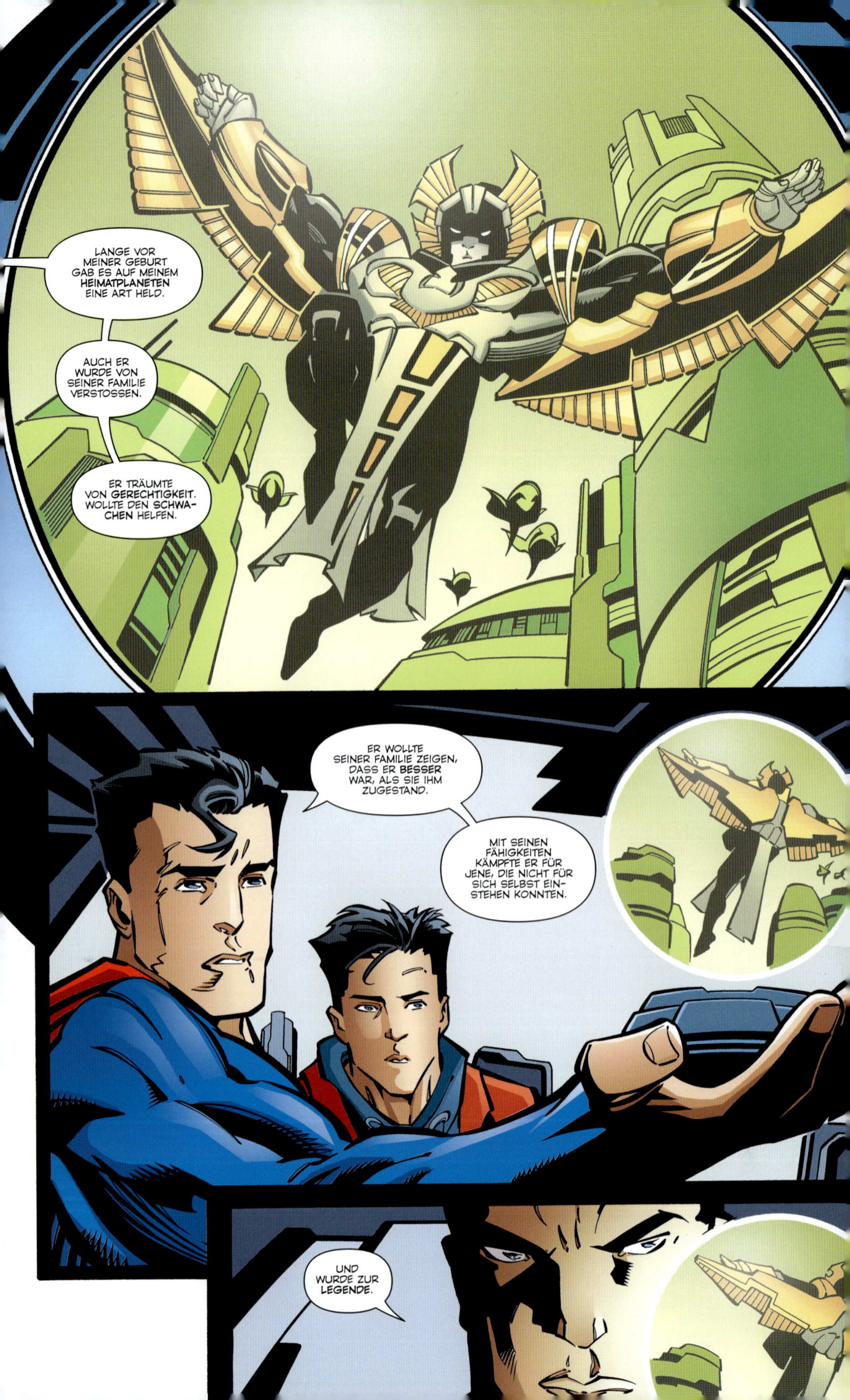
LANGE VOR MEINER GEBURT GAB ES AUF MEINEM **HEIMATPLANETEN** EINE ART HELD.
AUCH ER WURDE VON SEINER FAMILIE VERSTOSSEN.
ER TRÄUMTE VON **GERECHTIGKEIT**. WOLLTE DEN **SCHWACHEN** HELFEN.
ER WOLLTE SEINER FAMILIE ZEIGEN, DASS ER **BESSER** WAR, ALS SIE IHM ZUGESTAND.
MIT SEINEN FÄHIGKEITEN KÄMPFTE ER FÜR JENE, DIE NICHT FÜR SICH SELBST EINSTEHEN KONNTEN.
UND WURDE ZUR **LEGENDE**.

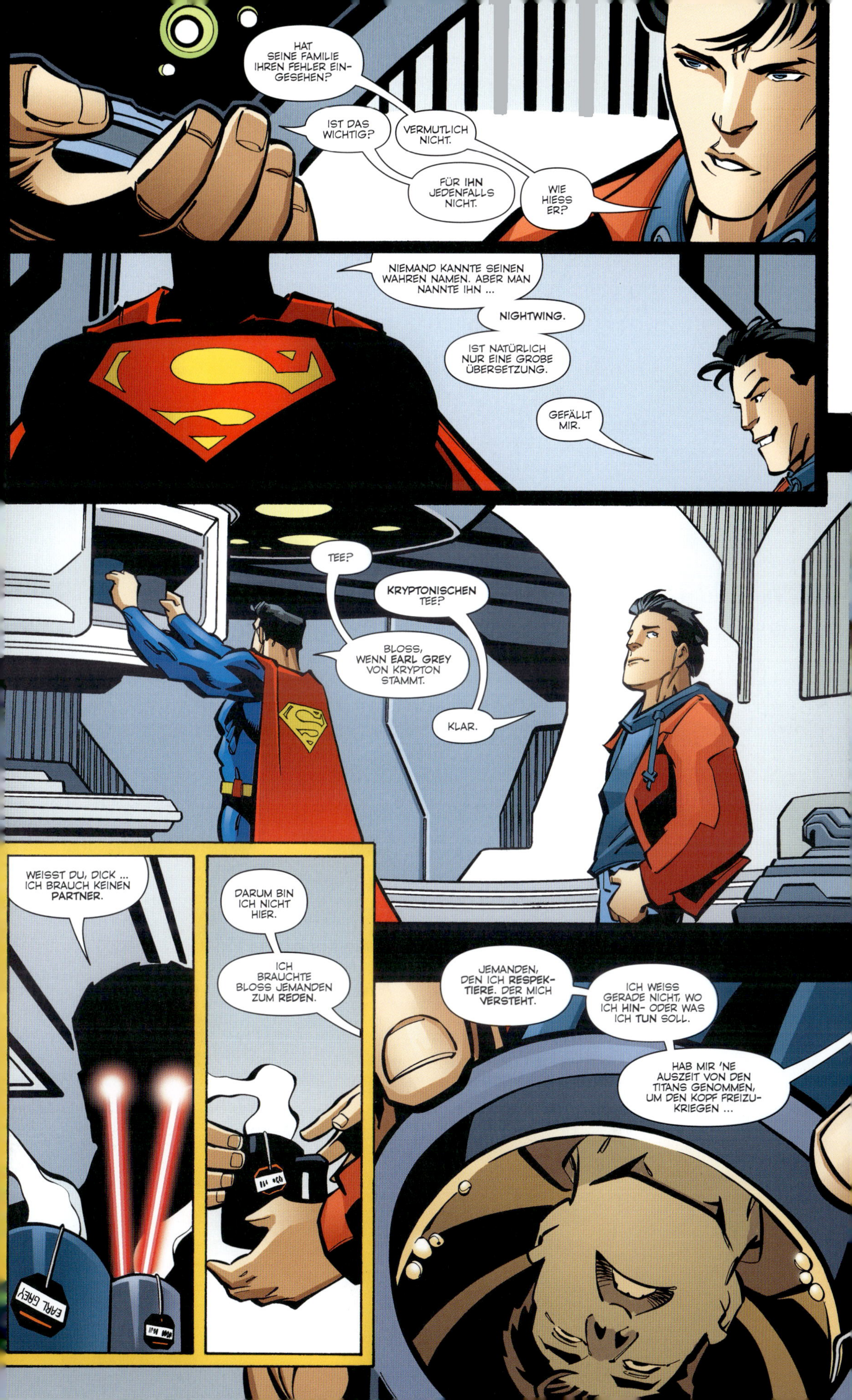
HAT SEINE FAMILIE IHREN FEHLER EINGESEHEN?
IST DAS WICHTIG?
VERMUTLICH NICHT.
FÜR IHN JEDENFALLS NICHT.
WIE HIESS ER?
NIEMAND KANNTE SEINEN WAHREN NAMEN. ABER MAN NANNTE IHN ...
NIGHTWING.
IST NATÜRLICH NUR EINE GROBE ÜBERSETZUNG.
GEFÄLLT MIR.
TEE?
KRYPTONISCHEN TEE?
BLOSS, WENN EARL GREY VON KRYPTON STAMMT.
KLAR.
WEISST DU, DICK ... ICH BRAUCH KEINEN PARTNER.
DARUM BIN ICH NICHT HIER.
ICH BRAUCHTE BLOSS JEMANDEN ZUM REDEN.
JEMANDEN, DEN ICH RESPEKTIERE. DER MICH VERSTEHT.
ICH WEISS GERADE NICHT, WO ICH HIN- ODER WAS ICH TUN SOLL.
HAB MIR 'NE AUSZEIT VON DEN TITANS GENOMMEN, UM DEN KOPF FREIZUKRIEGEN ...
EARL GREY

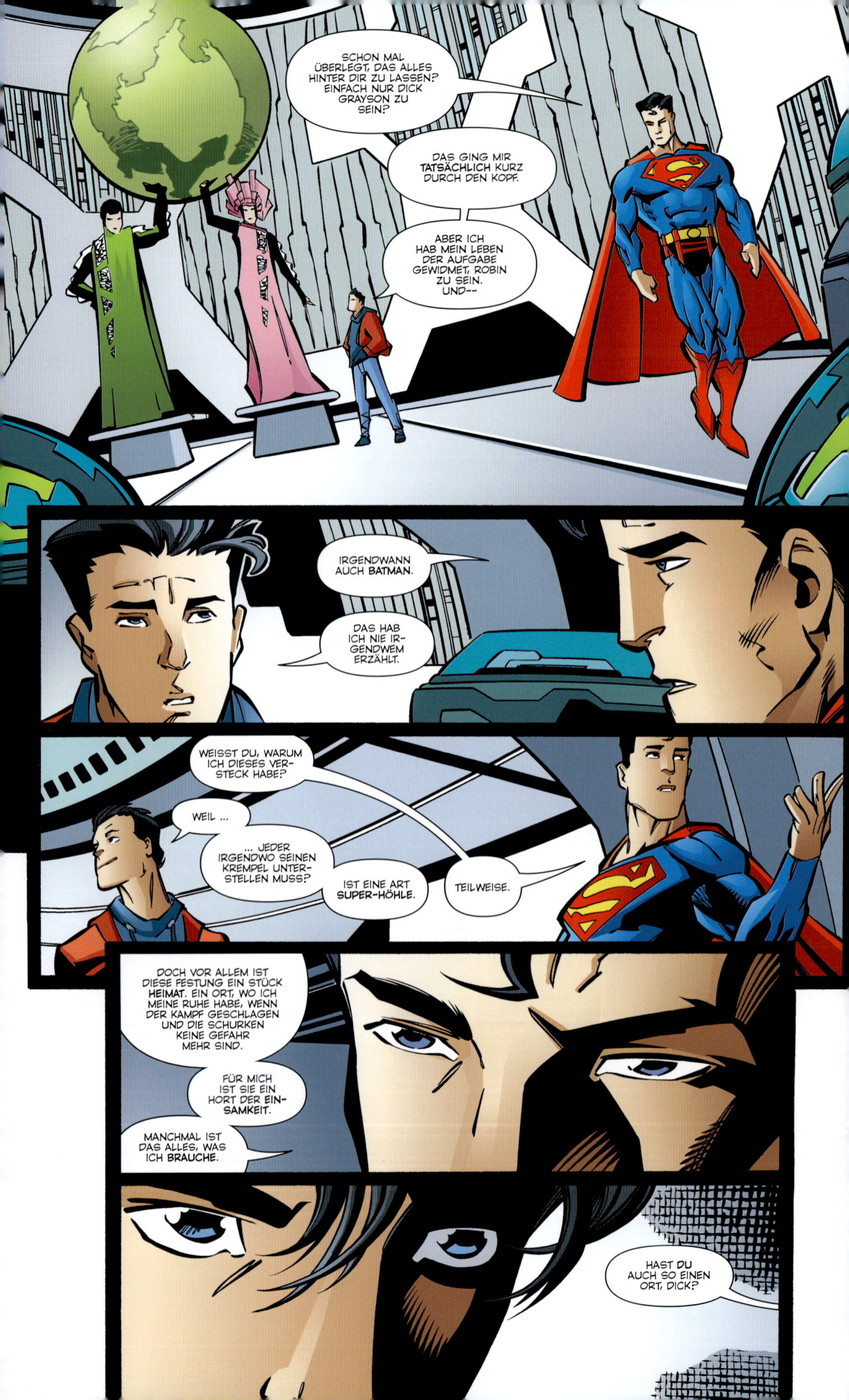

SCHON MAL ÜBERLEGT, DAS ALLES HINTER DIR ZU LASSEN? EINFACH NUR DICK GRAYSON ZU SEIN?
DAS GING MIR TATSÄCHLICH KURZ DURCH DEN KOPF.
ABER ICH HAB MEIN LEBEN DER AUFGABE GEWIDMET, ROBIN ZU SEIN. UND--
IRGENDWANN AUCH BATMAN.
DAS HAB ICH NIE IRGENDWEM ERZÄHLT.
WEISST DU, WARUM ICH DIESES VERSTECK HABE?
WEIL ...
... JEDER IRGENDWO SEINEN KREMPEL UNTERSTELLEN MUSS?
IST EINE ART SUPER-HÖHLE.
TEILWEISE.
DOCH VOR ALLEM IST DIESE FESTUNG EIN STÜCK HEIMAT. EIN ORT, WO ICH MEINE RUHE HABE, WENN DER KAMPF GESCHLAGEN UND DIE SCHURKEN KEINE GEFAHR MEHR SIND.
FÜR MICH IST SIE EIN HORT DER EINSAMKEIT.
MANCHMAL IST DAS ALLES, WAS ICH BRAUCHE.
HAST DU AUCH SO EINEN ORT, DICK?

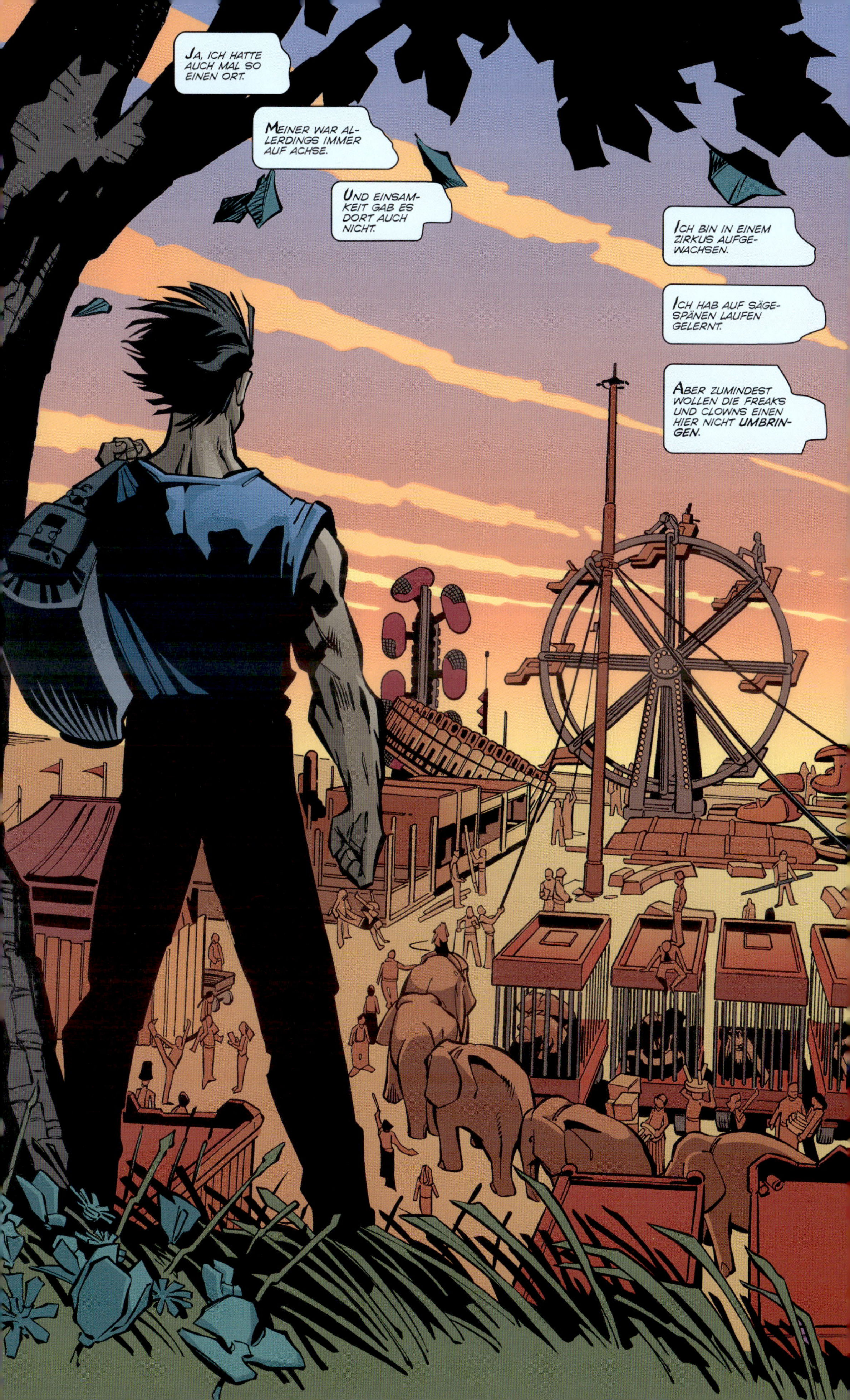
JA, ICH HATTE AUCH MAL SO EINEN ORT.
MEINER WAR ALLERDINGS IMMER AUF ACHSE.
UND EINSAMKEIT GAB ES DORT AUCH NICHT.
ICH BIN IN EINEM ZIRKUS AUFGEWACHSEN.
ICH HAB AUF SÄGESPÄNEN LAUFEN GELERNT.
ABER ZUMINDEST WOLLEN DIE FREAKS UND CLOWNS EINEN HIER NICHT UMBRINGEN.

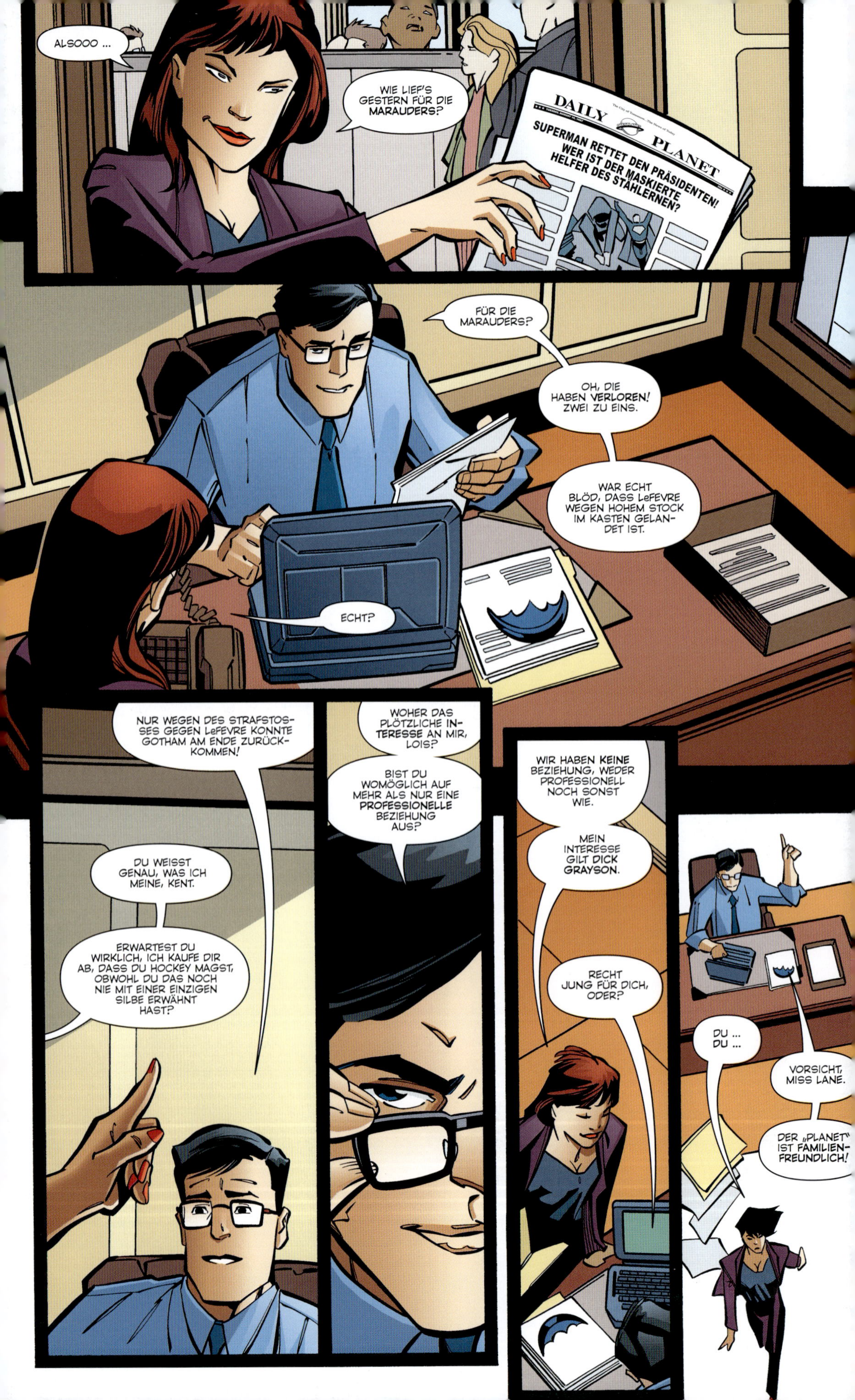
ALSOOO ...
WIE LIEF'S GESTERN FÜR DIE MARAUDERS?
DAILY PLANET
SUPERMAN RETTET DEN PRÄSIDENTEN! WER IST DER MASKIERTE HELFER DES STÄHLERNEN?
FÜR DIE MARAUDERS?
OH, DIE HABEN VERLOREN! ZWEI ZU EINS.
WAR ECHT BLÖD, DASS LeFEVRE WEGEN HOHEM STOCK IM KASTEN GELANDET IST.
ECHT?
NUR WEGEN DES STRAFSTOSSES GEGEN LeFEVRE KONNTE GOTHAM AM ENDE ZURÜCKKOMMEN!
DU WEISST GENAU, WAS ICH MEINE, KENT.
ERWARTEST DU WIRKLICH, ICH KAUFE DIR AB, DASS DU HOCKEY MAGST, OBWOHL DU DAS NOCH NIE MIT EINER EINZIGEN SILBE ERWÄHNT HAST?
WOHER DAS PLÖTZLICHE INTERESSE AN MIR, LOIS?
BIST DU WOMÖGLICH AUF MEHR ALS NUR EINE PROFESSIONELLE BEZIEHUNG AUS?
WIR HABEN KEINE BEZIEHUNG, WEDER PROFESSIONELL NOCH SONST WIE.
MEIN INTERESSE GILT DICK GRAYSON.
RECHT JUNG FÜR DICH, ODER?
DU ... DU ...
VORSICHT, MISS LANE.
DER „PLANET" IST FAMILIENFREUNDLICH!

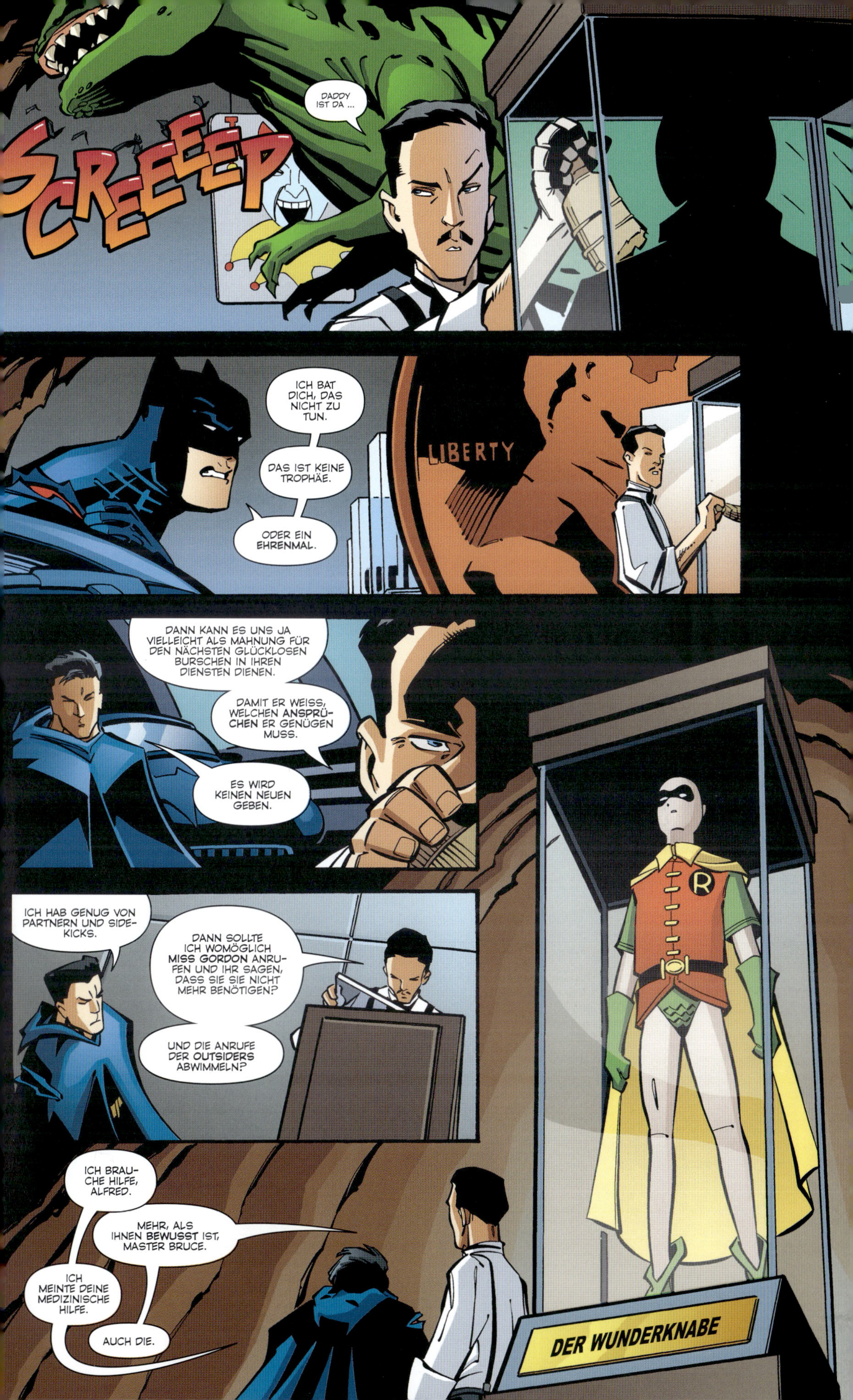
DADDY IST DA ...
SCREEEEP
ICH BAT DICH, DAS NICHT ZU TUN.
DAS IST KEINE TROPHÄE.
ODER EIN EHRENMAL.
LIBERTY
DANN KANN ES UNS JA VIELLEICHT ALS MAHNUNG FÜR DEN NÄCHSTEN GLÜCKLOSEN BURSCHEN IN IHREN DIENSTEN DIENEN.
DAMIT ER WEISS, WELCHEN ANSPRÜCHEN ER GENÜGEN MUSS.
ES WIRD KEINEN NEUEN GEBEN.
ICH HAB GENUG VON PARTNERN UND SIDEKICKS.
DANN SOLLTE ICH WOMÖGLICH MISS GORDON ANRUFEN UND IHR SAGEN, DASS SIE SIE NICHT MEHR BENÖTIGEN?
UND DIE ANRUFE DER OUTSIDERS ABWIMMELN?
ICH BRAUCHE HILFE, ALFRED.
MEHR, ALS IHNEN BEWUSST IST, MASTER BRUCE.
ICH MEINTE DEINE MEDIZINISCHE HILFE.
AUCH DIE.
DER WUNDERKNABE

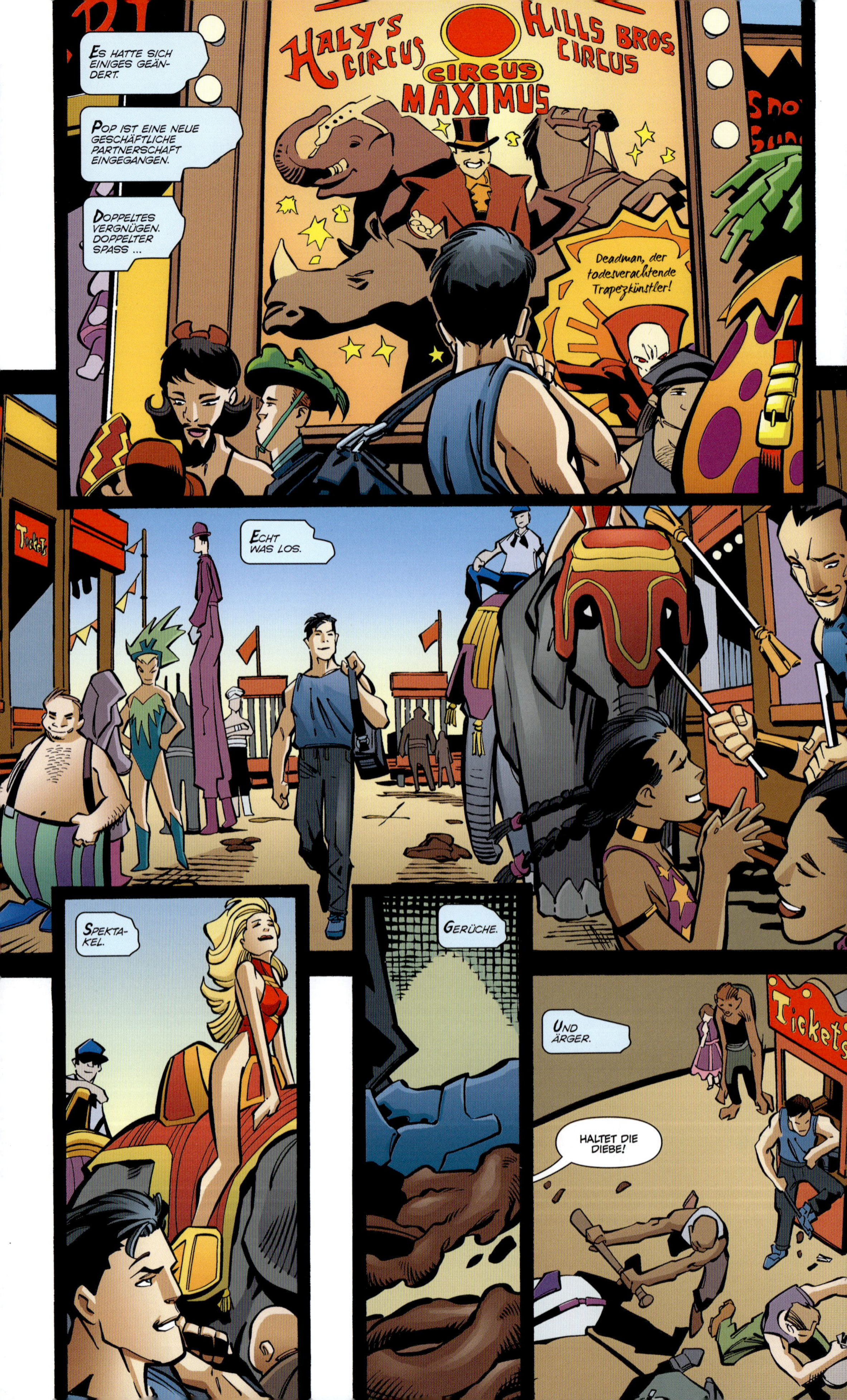
Haly's Circus
Hills Bros. Circus
Circus Maximus
Es hatte sich einiges geändert.
Pop ist eine neue geschäftliche Partnerschaft eingegangen.
Doppeltes Vergnügen. Doppelter Spass ...
Deadman, der todesverachtende Trapezkünstler!
Tickets
Echt was los.
Spektakel.
Gerüche.
Und ärger.
Tickets
Haltet die Diebe!

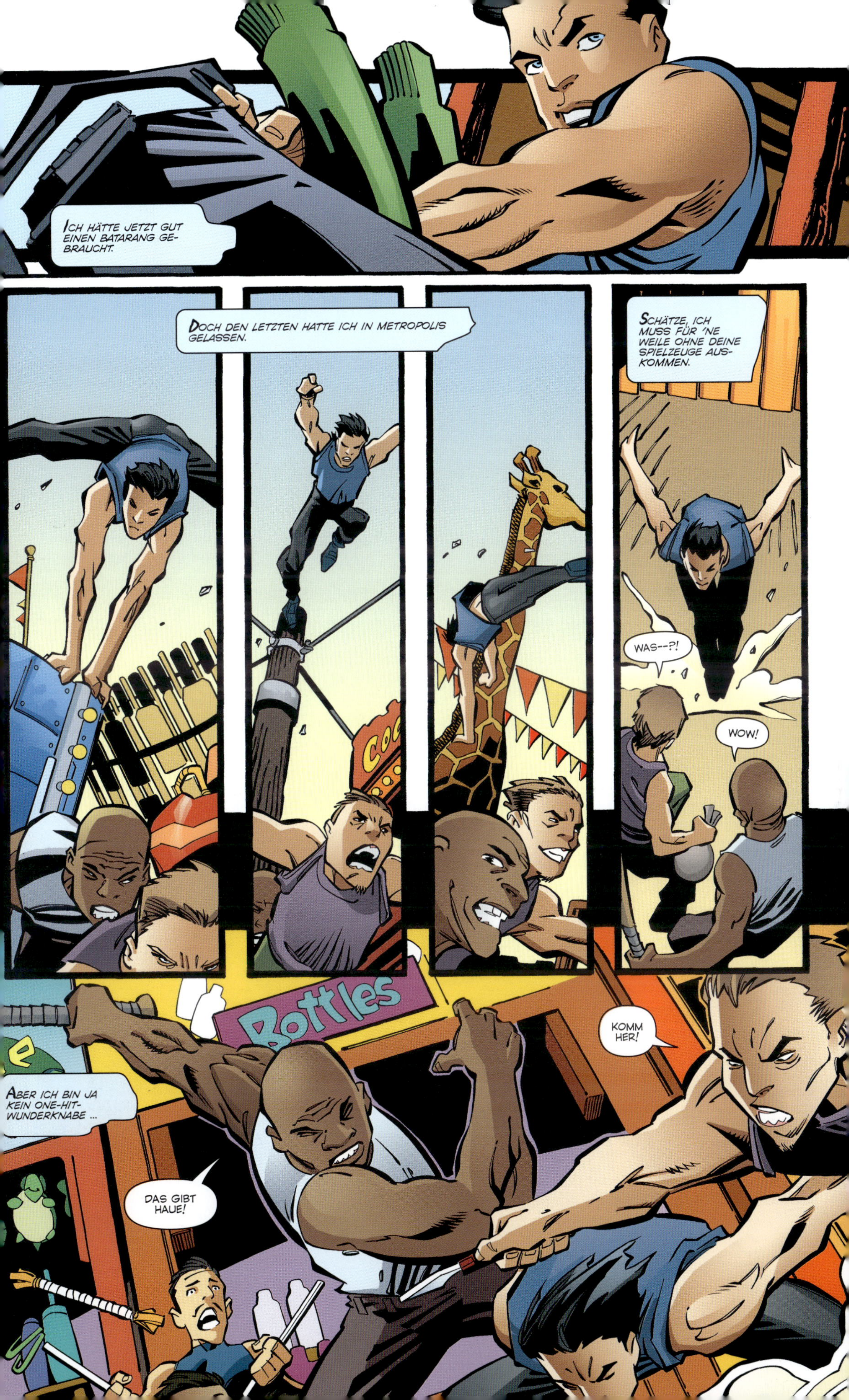
Ich hätte jetzt gut einen Batarang gebraucht.
Doch den letzten hatte ich in Metropolis gelassen.
Schätze, ich muss für 'ne Weile ohne deine Spielzeuge auskommen.
WAS--?!
WOW!
Bottles
KOMM HER!
Aber ich bin ja kein One-Hit-Wunderknabe ...
DAS GIBT HAUE!

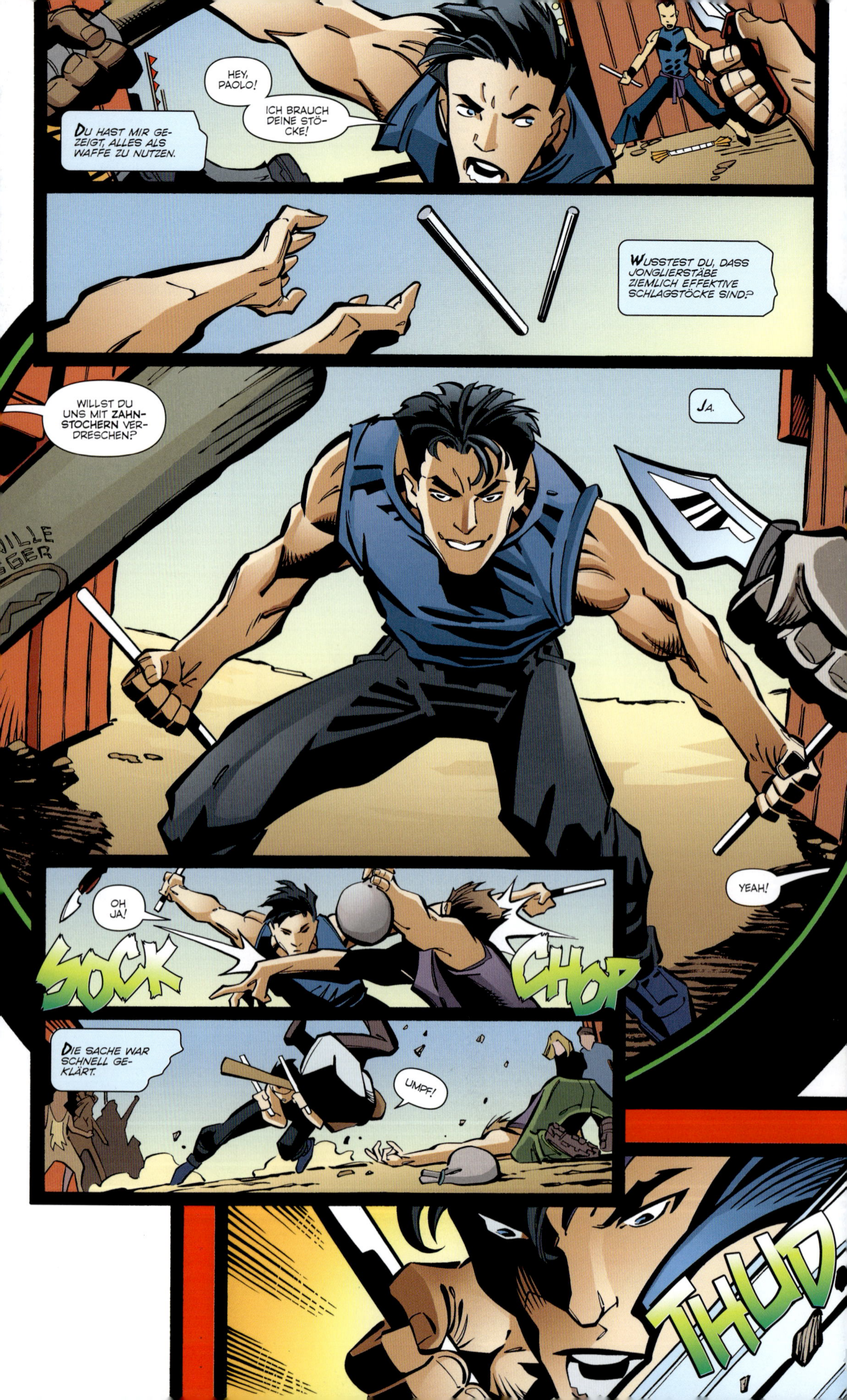
HEY, PAOLO!
ICH BRAUCH DEINE STÖCKE!
DU HAST MIR GEZEIGT, ALLES ALS WAFFE ZU NUTZEN.
WUSSTEST DU, DASS JONGLIERSTÄBE ZIEMLICH EFFEKTIVE SCHLAGSTÖCKE SIND?
WILLST DU UNS MIT ZAHNSTOCHERN VERDRESCHEN?
JA.
OH JA!
SOCK
CHOP
YEAH!
DIE SACHE WAR SCHNELL GEKLÄRT.
UMPF!
THUD

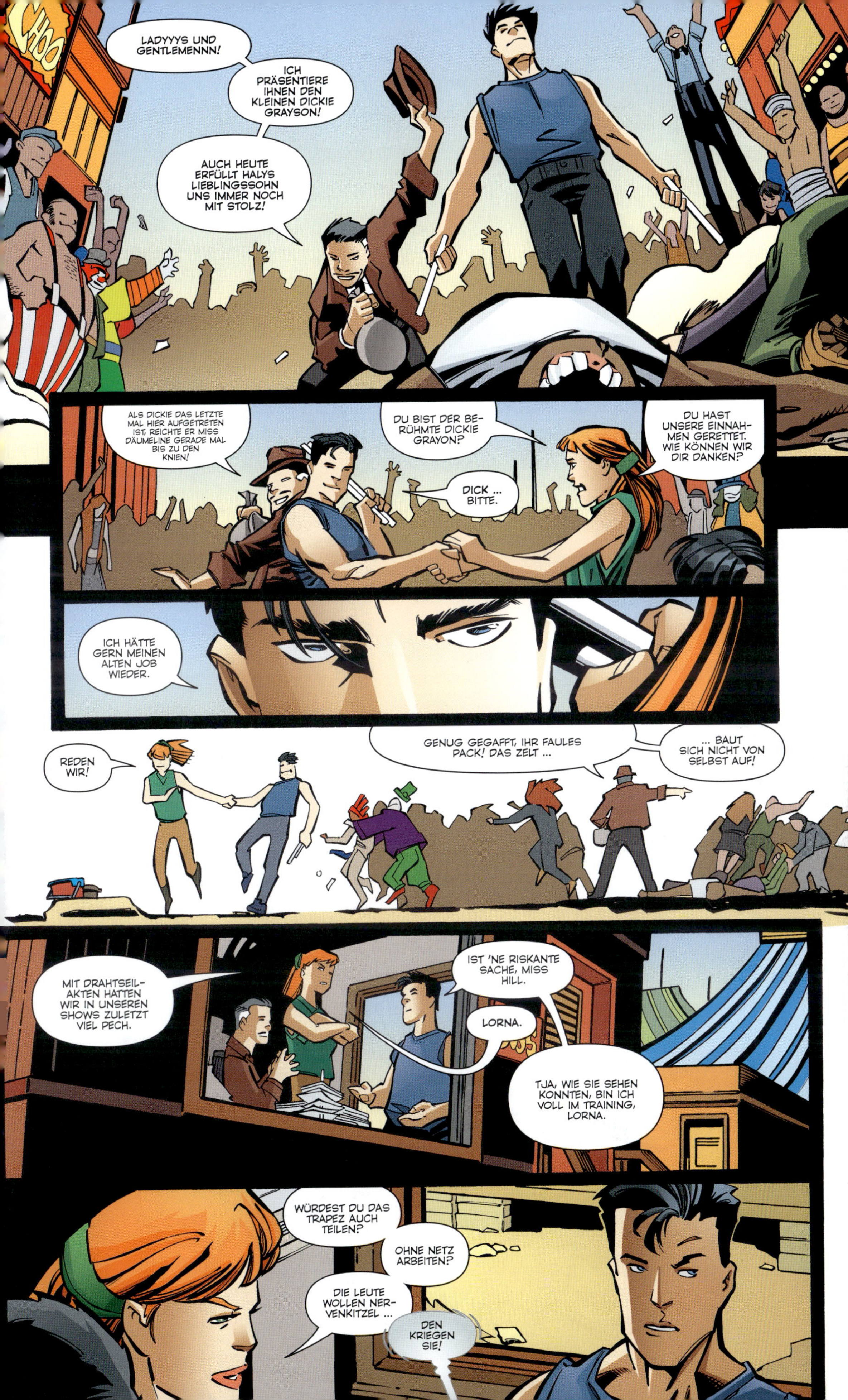
LADYYYS UND GENTLEMENNN!
ICH PRÄSENTIERE IHNEN DEN KLEINEN DICKIE GRAYSON!
AUCH HEUTE ERFÜLLT HALYS LIEBLINGSSOHN UNS IMMER NOCH MIT STOLZ!
ALS DICKIE DAS LETZTE MAL HIER AUFGETRETEN IST, REICHTE ER MISS DÄUMELINE GERADE MAL BIS ZU DEN KNIEN!
DU BIST DER BERÜHMTE DICKIE GRAYON?
DICK ... BITTE.
DU HAST UNSERE EINNAHMEN GERETTET. WIE KÖNNEN WIR DIR DANKEN?
ICH HÄTTE GERN MEINEN ALTEN JOB WIEDER.
REDEN WIR!
GENUG GEGAFFT, IHR FAULES PACK! DAS ZELT ...
... BAUT SICH NICHT VON SELBST AUF!
MIT DRAHTSEILAKTEN HATTEN WIR IN UNSEREN SHOWS ZULETZT VIEL PECH.
IST 'NE RISKANTE SACHE, MISS HILL.
LORNA.
TJA, WIE SIE SEHEN KONNTEN, BIN ICH VOLL IM TRAINING, LORNA.
WÜRDEST DU DAS TRAPEZ AUCH TEILEN?
OHNE NETZ ARBEITEN?
DIE LEUTE WOLLEN NERVENKITZEL ...
DEN KRIEGEN SIE!

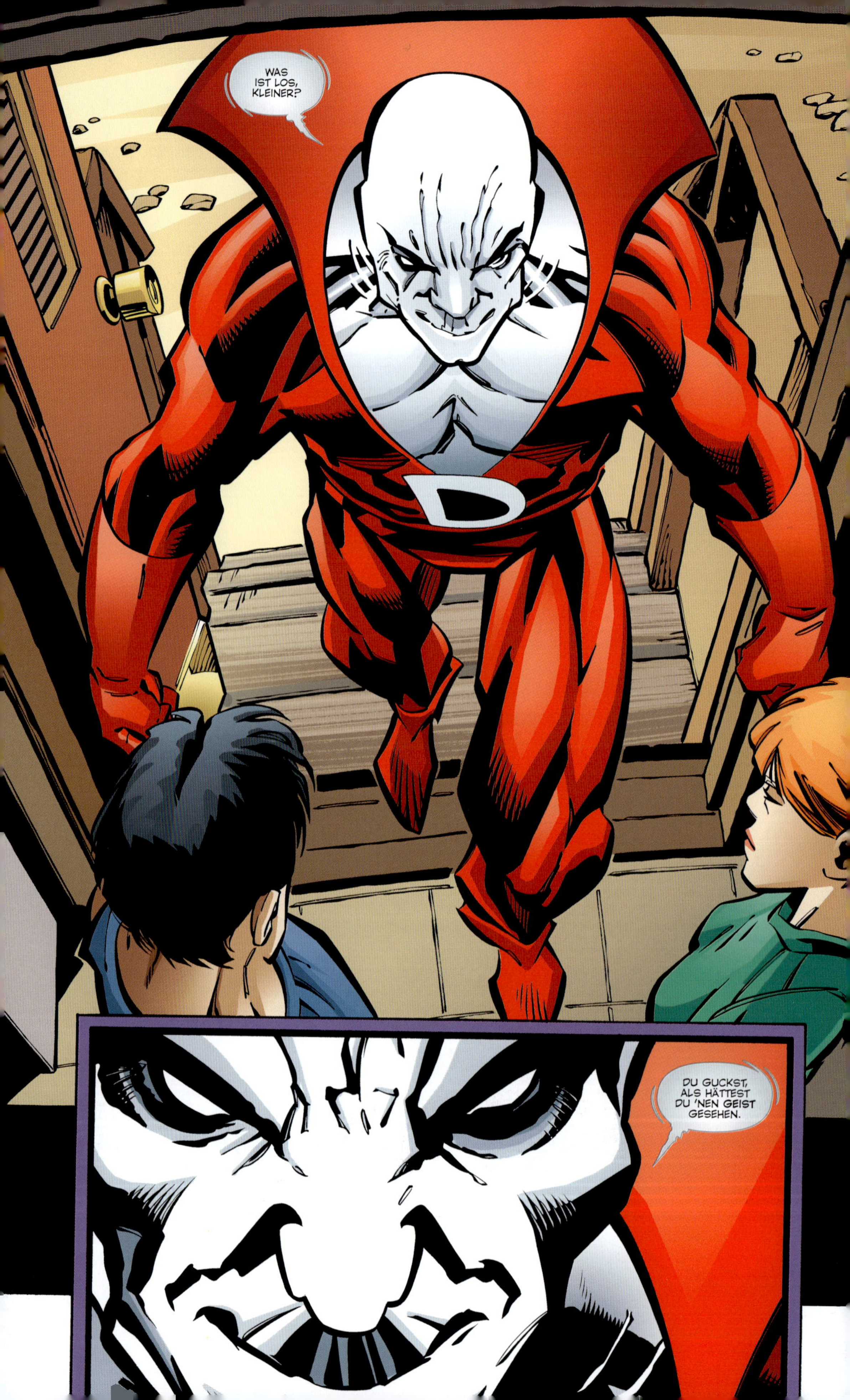
WAS IST LOS, KLEINER?
DU GUCKST, ALS HÄTTEST DU 'NEN GEIST GESEHEN.

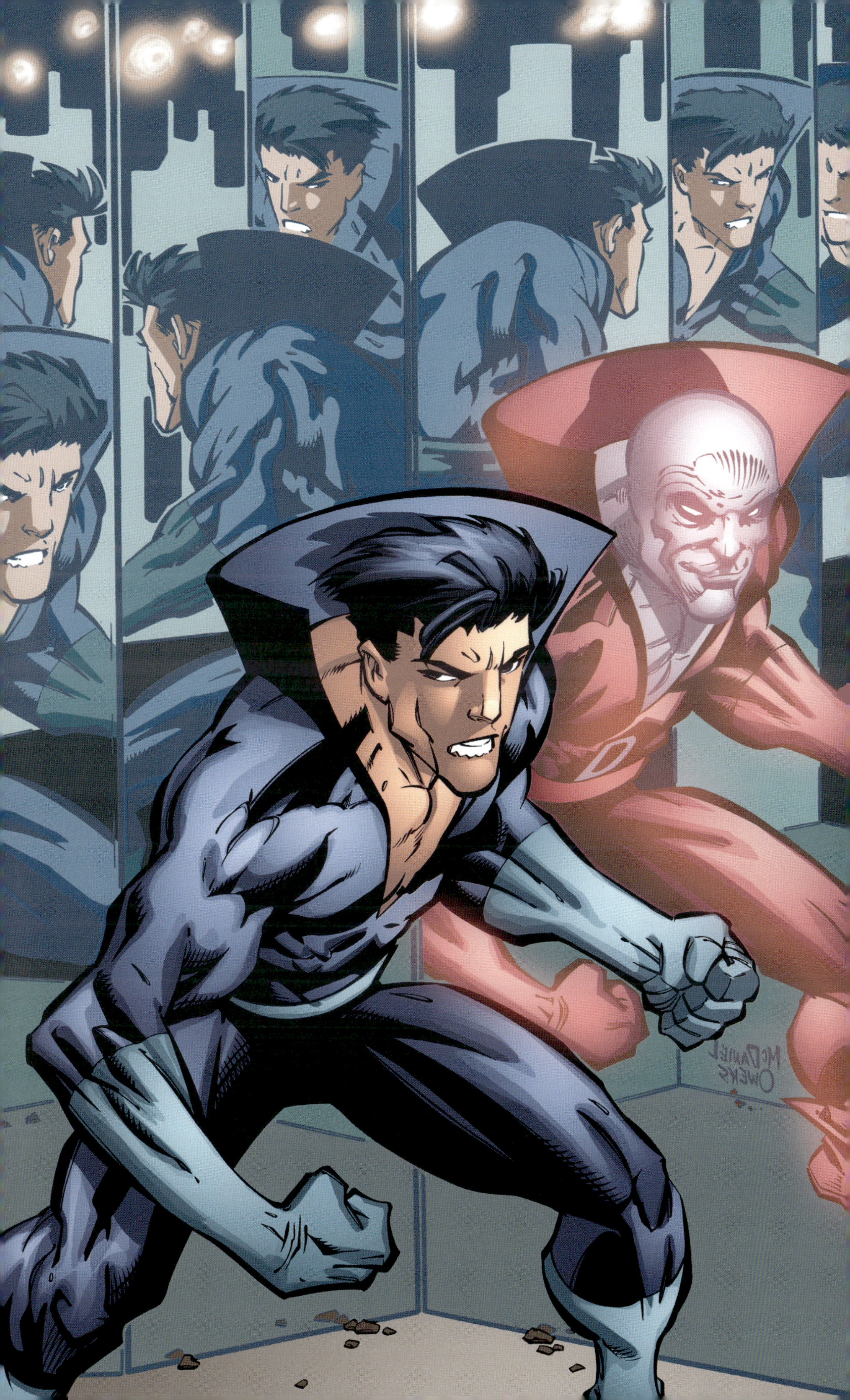
McDANIEL
OWENS

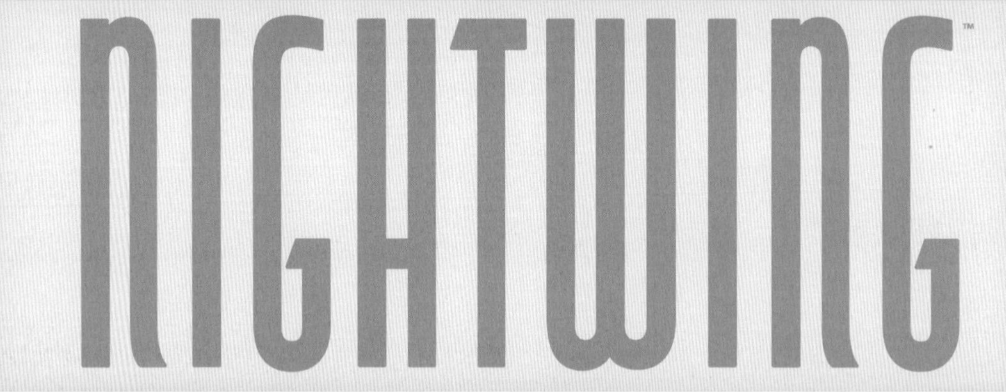
NIGHTWING™

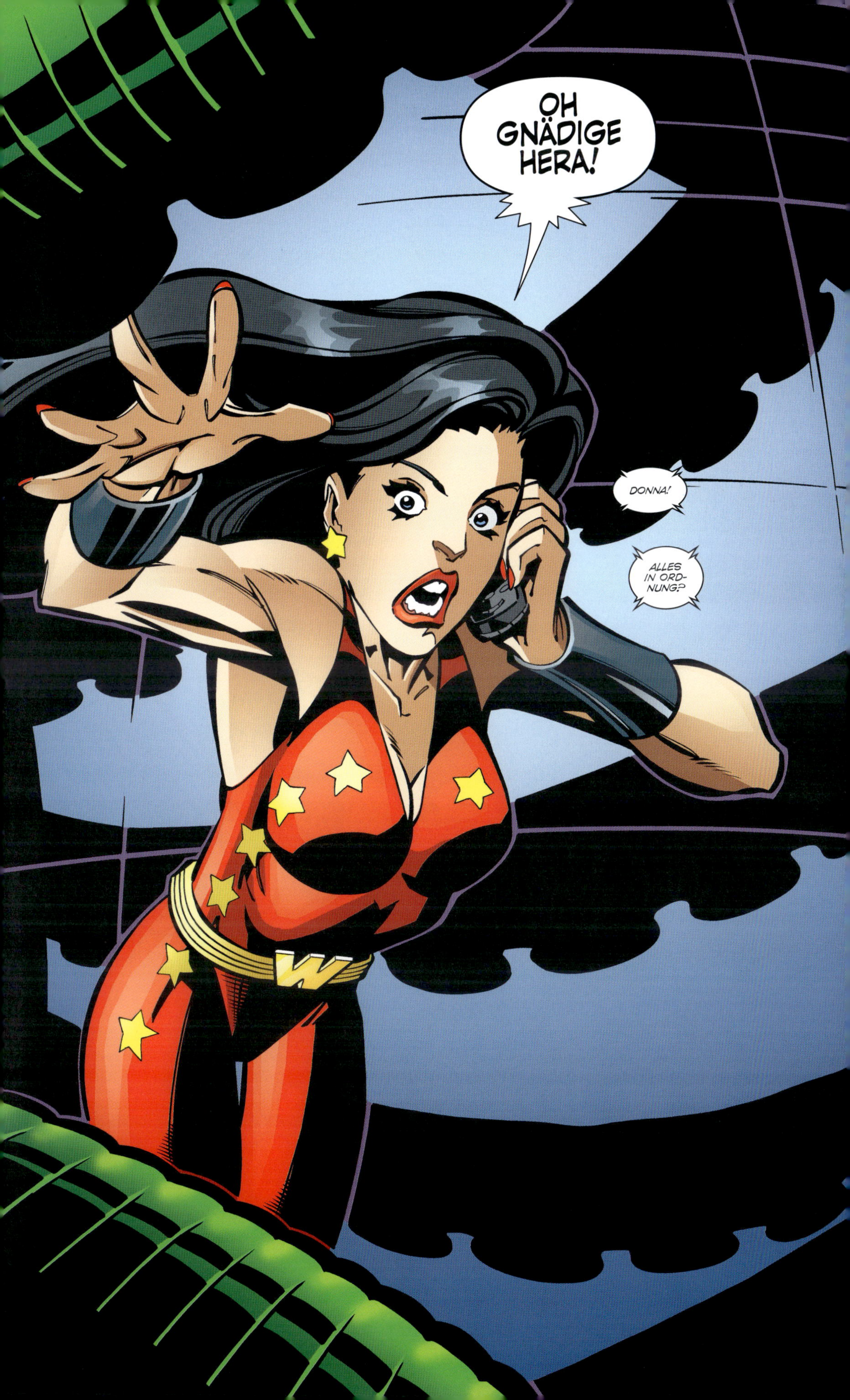
OH GNÄDIGE HERA!
DONNA!
ALLES IN ORD-NUNG?

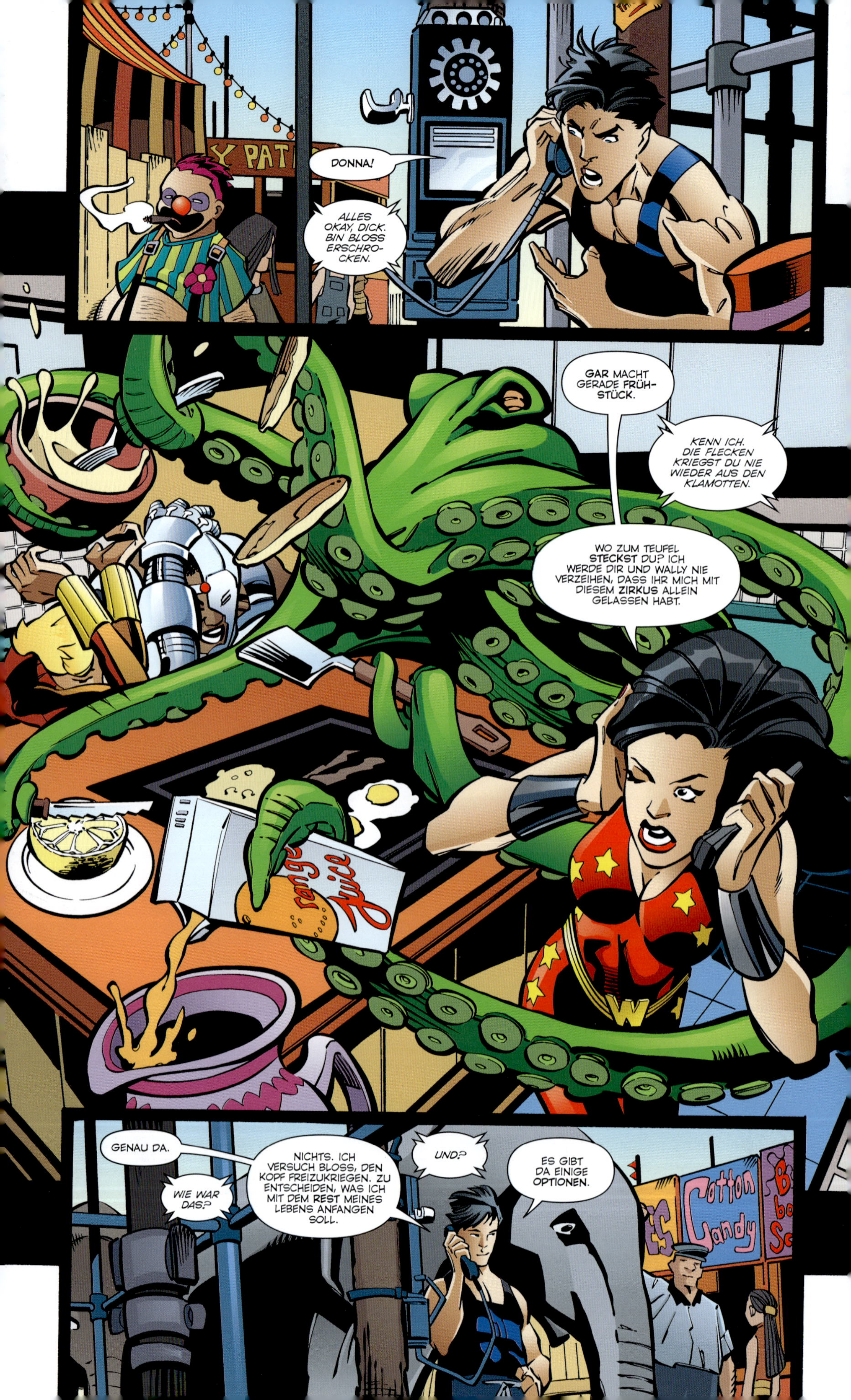
Y PAT
DONNA!
ALLES OKAY, DICK. BIN BLOSS ERSCHROCKEN.
GAR MACHT GERADE FRÜHSTÜCK.
KENN ICH. DIE FLECKEN KRIEGST DU NIE WIEDER AUS DEN KLAMOTTEN.
WO ZUM TEUFEL STECKST DU? ICH WERDE DIR UND WALLY NIE VERZEIHEN, DASS IHR MICH MIT DIESEM ZIRKUS ALLEIN GELASSEN HABT.
range Juice
GENAU DA.
WIE WAR DAS?
NICHTS. ICH VERSUCH BLOSS, DEN KOPF FREIZUKRIEGEN. ZU ENTSCHEIDEN, WAS ICH MIT DEM REST MEINES LEBENS ANFANGEN SOLL.
UND?
ES GIBT DA EINIGE OPTIONEN.
Cotton Candy

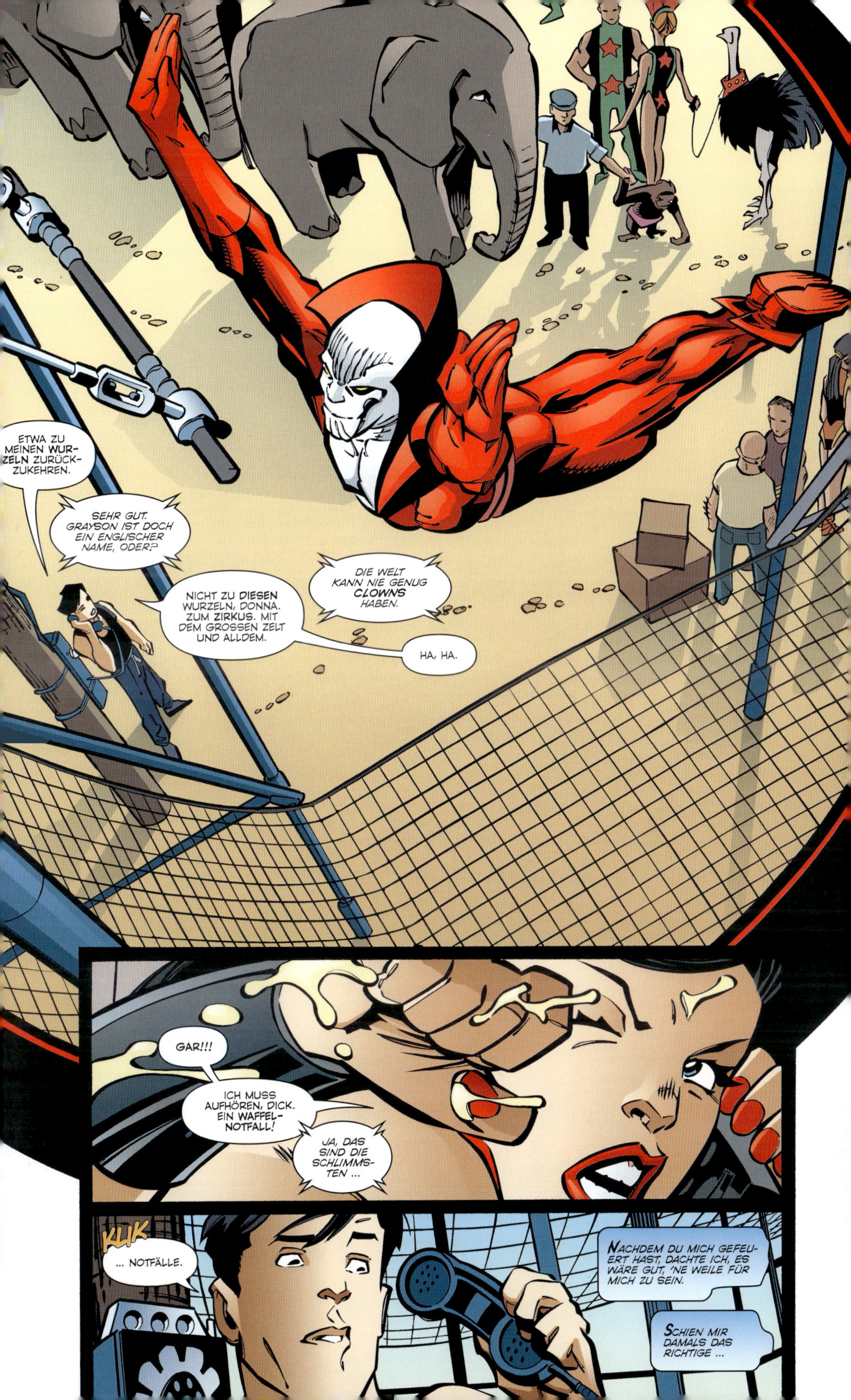
ETWA ZU MEINEN WURZELN ZURÜCKZUKEHREN.
SEHR GUT. GRAYSON IST DOCH EIN ENGLISCHER NAME, ODER?
NICHT ZU DIESEN WURZELN, DONNA. ZUM ZIRKUS. MIT DEM GROSSEN ZELT UND ALLDEM.
DIE WELT KANN NIE GENUG CLOWNS HABEN.
HA, HA.
GAR!!!
ICH MUSS AUFHÖREN, DICK. EIN WAFFEL-NOTFALL!
JA, DAS SIND DIE SCHLIMMSTEN ...
KLIK
... NOTFÄLLE.
NACHDEM DU MICH GEFEUERT HAST, DACHTE ICH, ES WÄRE GUT, 'NE WEILE FÜR MICH ZU SEIN.
SCHIEN MIR DAMALS DAS RICHTIGE ...

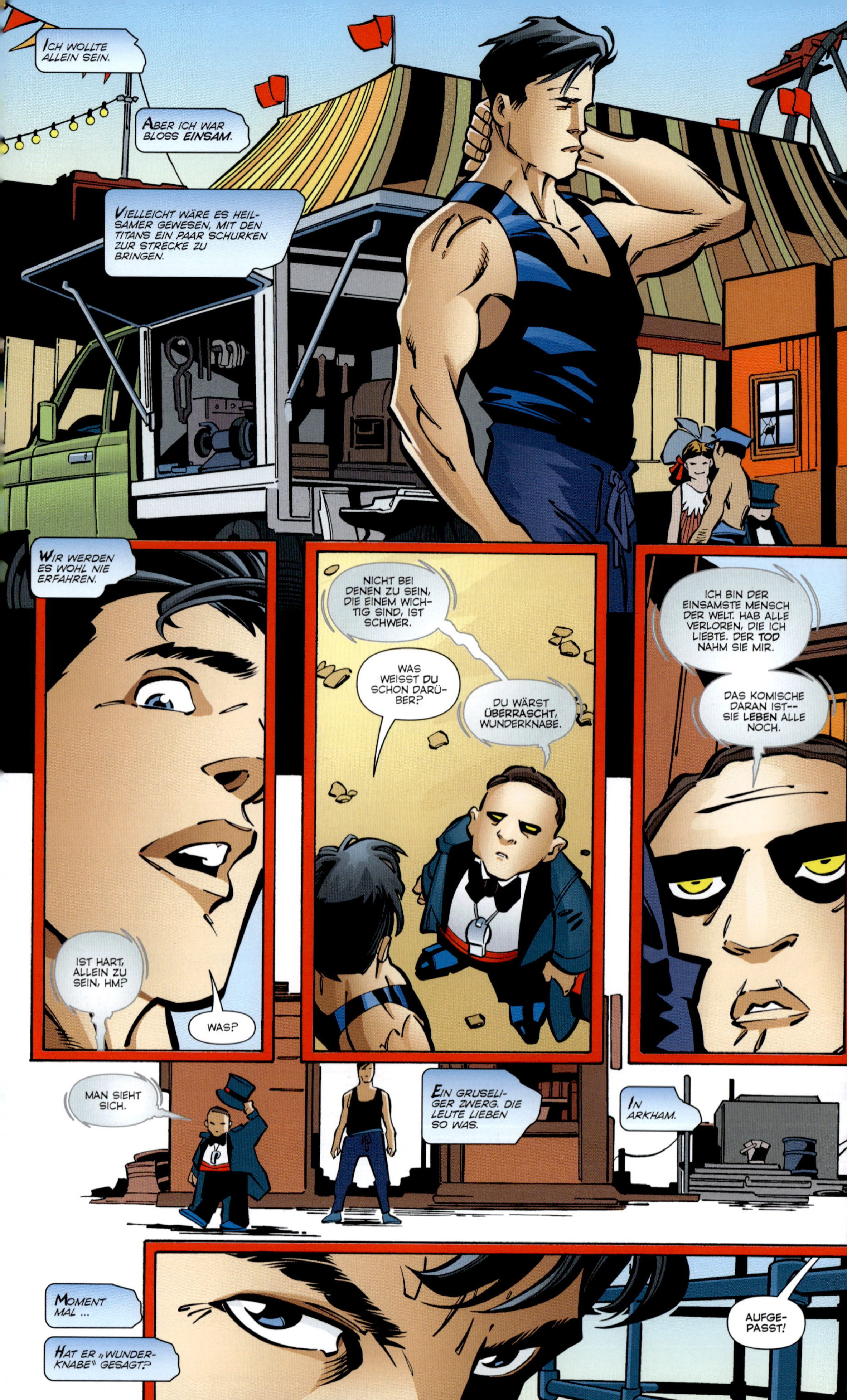
ICH WOLLTE ALLEIN SEIN.
ABER ICH WAR BLOSS EINSAM.
VIELLEICHT WÄRE ES HEILSAMER GEWESEN, MIT DEN TITANS EIN PAAR SCHURKEN ZUR STRECKE ZU BRINGEN.
WIR WERDEN ES WOHL NIE ERFAHREN.
IST HART, ALLEIN ZU SEIN, HM?
WAS?
NICHT BEI DENEN ZU SEIN, DIE EINEM WICHTIG SIND, IST SCHWER.
WAS WEISST DU SCHON DARÜBER?
DU WÄRST ÜBERRASCHT, WUNDERKNABE.
ICH BIN DER EINSAMSTE MENSCH DER WELT. HAB ALLE VERLOREN, DIE ICH LIEBTE. DER TOD NAHM SIE MIR.
DAS KOMISCHE DARAN IST-- SIE LEBEN ALLE NOCH.
MAN SIEHT SICH.
EIN GRUSELIGER ZWERG. DIE LEUTE LIEBEN SO WAS.
IN ARKHAM.
MOMENT MAL ...
HAT ER „WUNDERKNABE“ GESAGT?
AUFGEPASST!

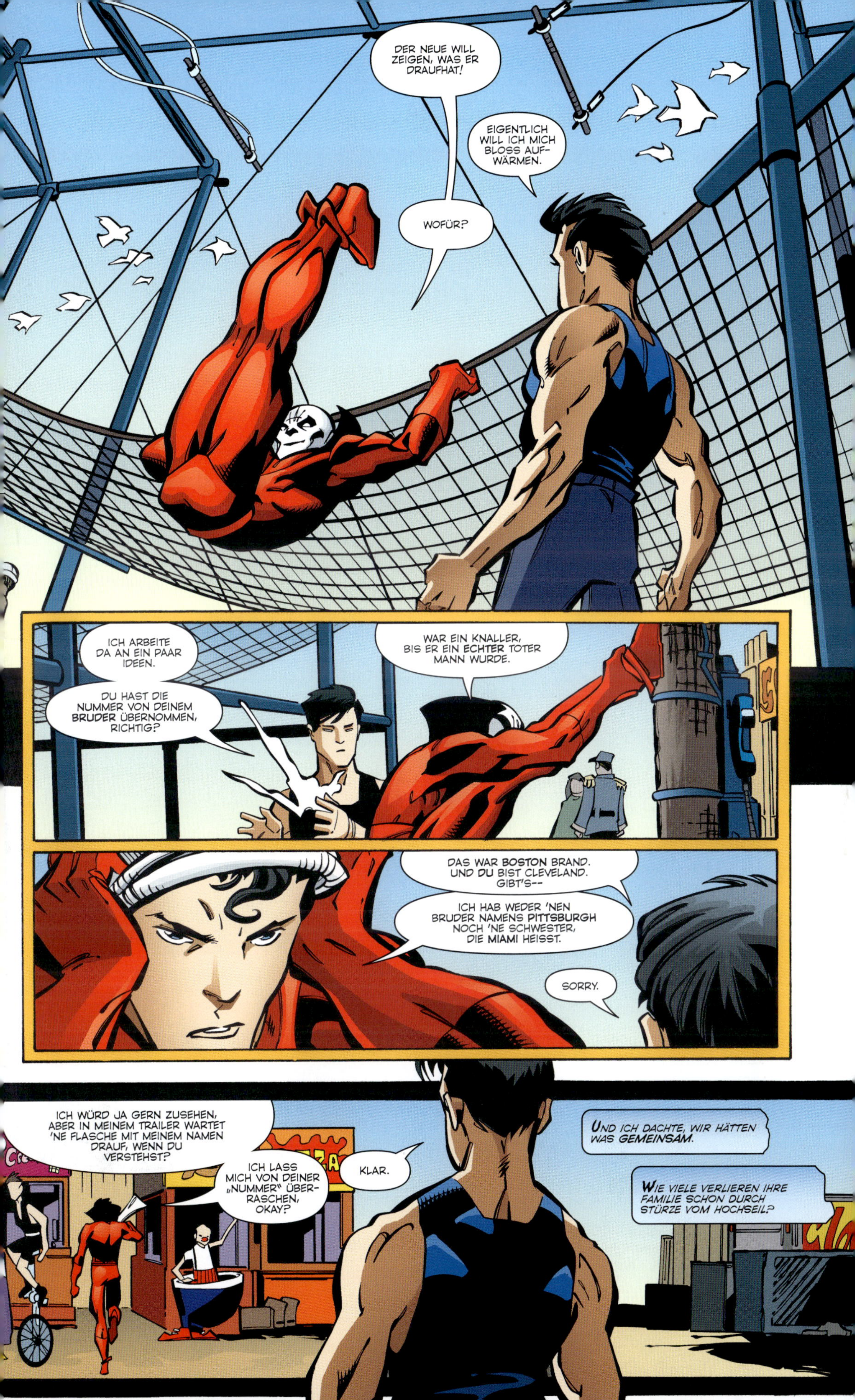
DER NEUE WILL ZEIGEN, WAS ER DRAUFHAT!
EIGENTLICH WILL ICH MICH BLOSS AUF-WÄRMEN.
WOFÜR?
ICH ARBEITE DA AN EIN PAAR IDEEN.
DU HAST DIE NUMMER VON DEINEM **BRUDER** ÜBERNOMMEN, RICHTIG?
WAR EIN KNALLER, BIS ER EIN **ECHTER** TOTER MANN WURDE.
DAS WAR **BOSTON** BRAND. UND **DU** BIST CLEVELAND. GIBT'S--
ICH HAB WEDER 'NEN BRUDER NAMENS **PITTSBURGH** NOCH 'NE SCHWESTER, DIE **MIAMI** HEISST.
SORRY.
ICH WÜRD JA GERN ZUSEHEN, ABER IN MEINEM TRAILER WARTET 'NE FLASCHE MIT MEINEM NAMEN DRAUF, WENN DU VERSTEHST?
ICH LASS MICH VON DEINER „NUMMER" ÜBER-RASCHEN, OKAY?
KLAR.
UND ICH DACHTE, WIR HÄTTEN WAS **GEMEINSAM**.
WIE VIELE VERLIEREN IHRE FAMILIE SCHON DURCH STÜRZE VOM HOCHSEIL?

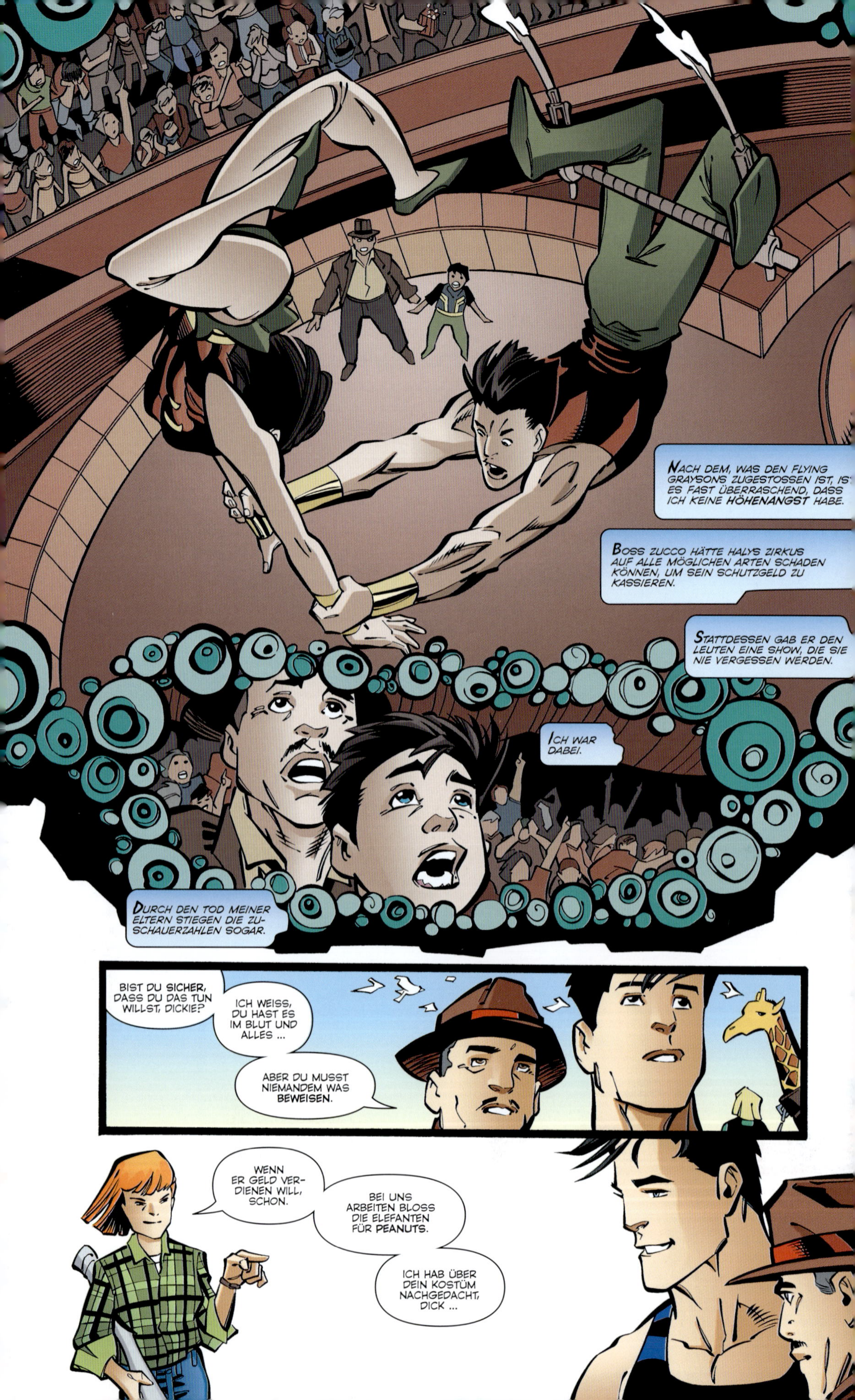
NACH DEM, WAS DEN FLYING GRAYSONS ZUGESTOSSEN IST, IST ES FAST ÜBERRASCHEND, DASS ICH KEINE HÖHENANGST HABE.
BOSS ZUCCO HÄTTE HALYS ZIRKUS AUF ALLE MÖGLICHEN ARTEN SCHADEN KÖNNEN, UM SEIN SCHUTZGELD ZU KASSIEREN.
STATTDESSEN GAB ER DEN LEUTEN EINE SHOW, DIE SIE NIE VERGESSEN WERDEN.
ICH WAR DABEI.
DURCH DEN TOD MEINER ELTERN STIEGEN DIE ZUSCHAUERZAHLEN SOGAR.
BIST DU SICHER, DASS DU DAS TUN WILLST, DICKIE?
ICH WEISS, DU HAST ES IM BLUT UND ALLES ...
ABER DU MUSST NIEMANDEM WAS BEWEISEN.
WENN ER GELD VERDIENEN WILL, SCHON.
BEI UNS ARBEITEN BLOSS DIE ELEFANTEN FÜR PEANUTS.
ICH HAB ÜBER DEIN KOSTÜM NACHGEDACHT, DICK ...

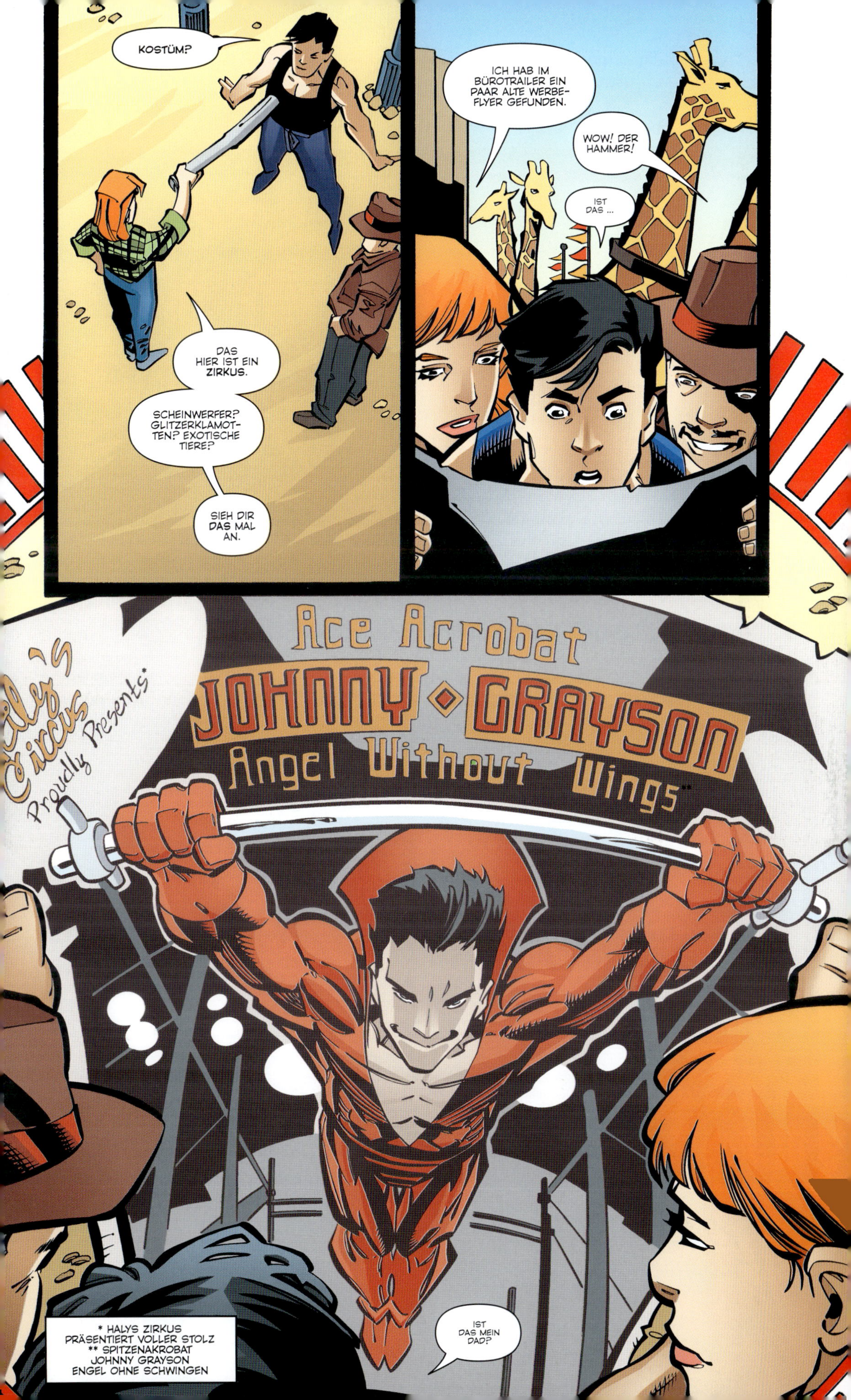
KOSTÜM?
DAS HIER IST EIN ZIRKUS.
SCHEINWERFER? GLITZERKLAMOTTEN? EXOTISCHE TIERE?
SIEH DIR DAS MAL AN.
ICH HAB IM BÜROTRAILER EIN PAAR ALTE WERBEFLYER GEFUNDEN.
WOW! DER HAMMER!
IST DAS ...
Ace Acrobat
JOHNNY GRAYSON
Angel Without Wings**
Proudly Presents*
* HALYS ZIRKUS PRÄSENTIERT VOLLER STOLZ
** SPITZENAKROBAT JOHNNY GRAYSON ENGEL OHNE SCHWINGEN
IST DAS MEIN DAD?

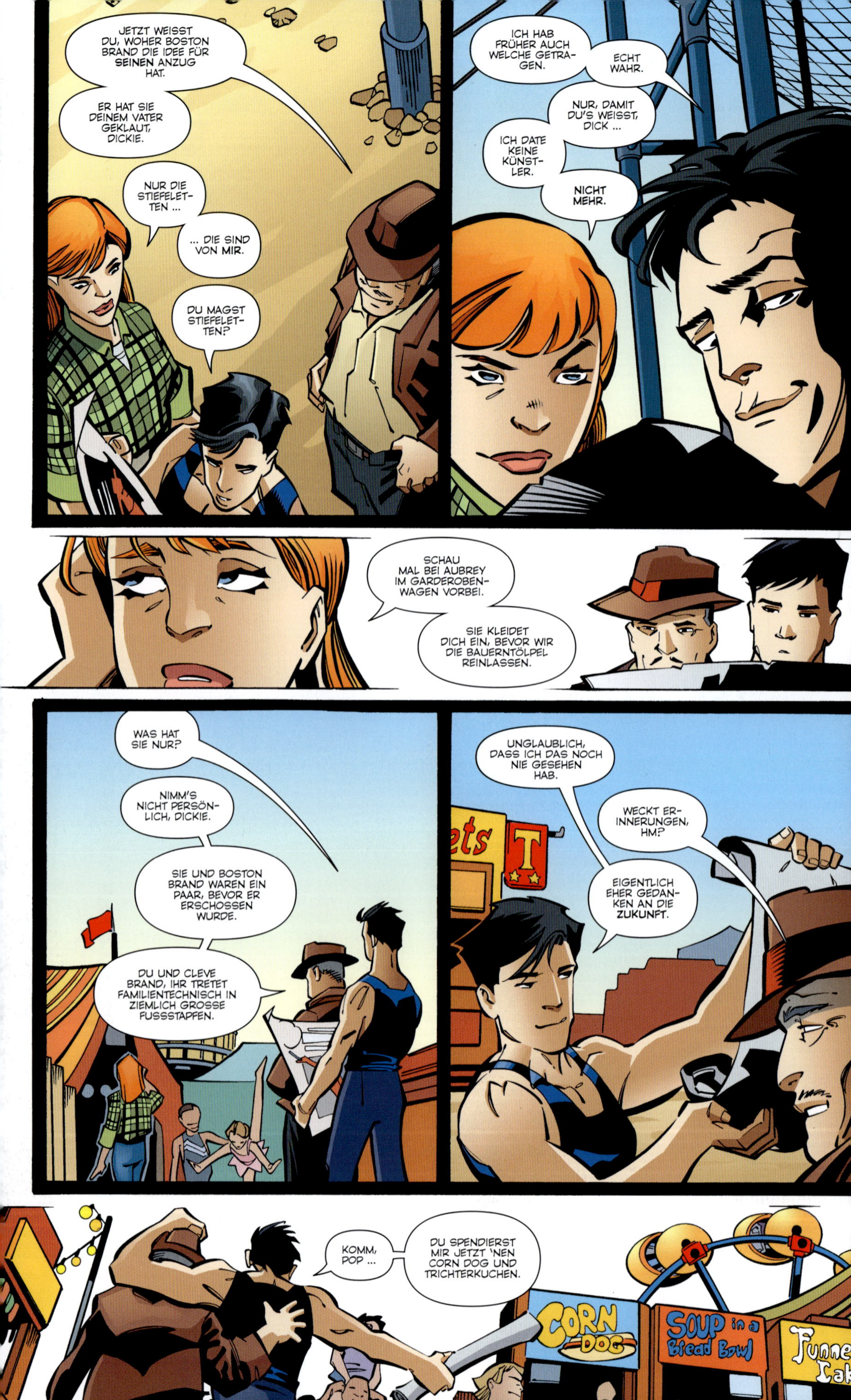
JETZT WEISST DU, WOHER BOSTON BRAND DIE IDEE FÜR SEINEN ANZUG HAT.
ER HAT SIE DEINEM VATER GEKLAUT, DICKIE.
NUR DIE STIEFELETTEN ...
... DIE SIND VON MIR.
DU MAGST STIEFELETTEN?
ICH HAB FRÜHER AUCH WELCHE GETRAGEN.
ECHT WAHR.
NUR, DAMIT DU'S WEISST, DICK ...
ICH DATE KEINE KÜNSTLER.
NICHT MEHR.
SCHAU MAL BEI AUBREY IM GARDEROBENWAGEN VORBEI.
SIE KLEIDET DICH EIN, BEVOR WIR DIE BAUERNTÖLPEL REINLASSEN.
WAS HAT SIE NUR?
NIMM'S NICHT PERSÖNLICH, DICKIE.
SIE UND BOSTON BRAND WAREN EIN PAAR, BEVOR ER ERSCHOSSEN WURDE.
DU UND CLEVE BRAND, IHR TRETET FAMILIENTECHNISCH IN ZIEMLICH GROSSE FUSSSTAPFEN.
UNGLAUBLICH, DASS ICH DAS NOCH NIE GESEHEN HAB.
WECKT ERINNERUNGEN, HM?
EIGENTLICH EHER GEDANKEN AN DIE ZUKUNFT.
KOMM, POP ...
DU SPENDIERST MIR JETZT 'NEN CORN DOG UND TRICHTERKUCHEN.
CORN DOG
SOUP in a Bread Bowl

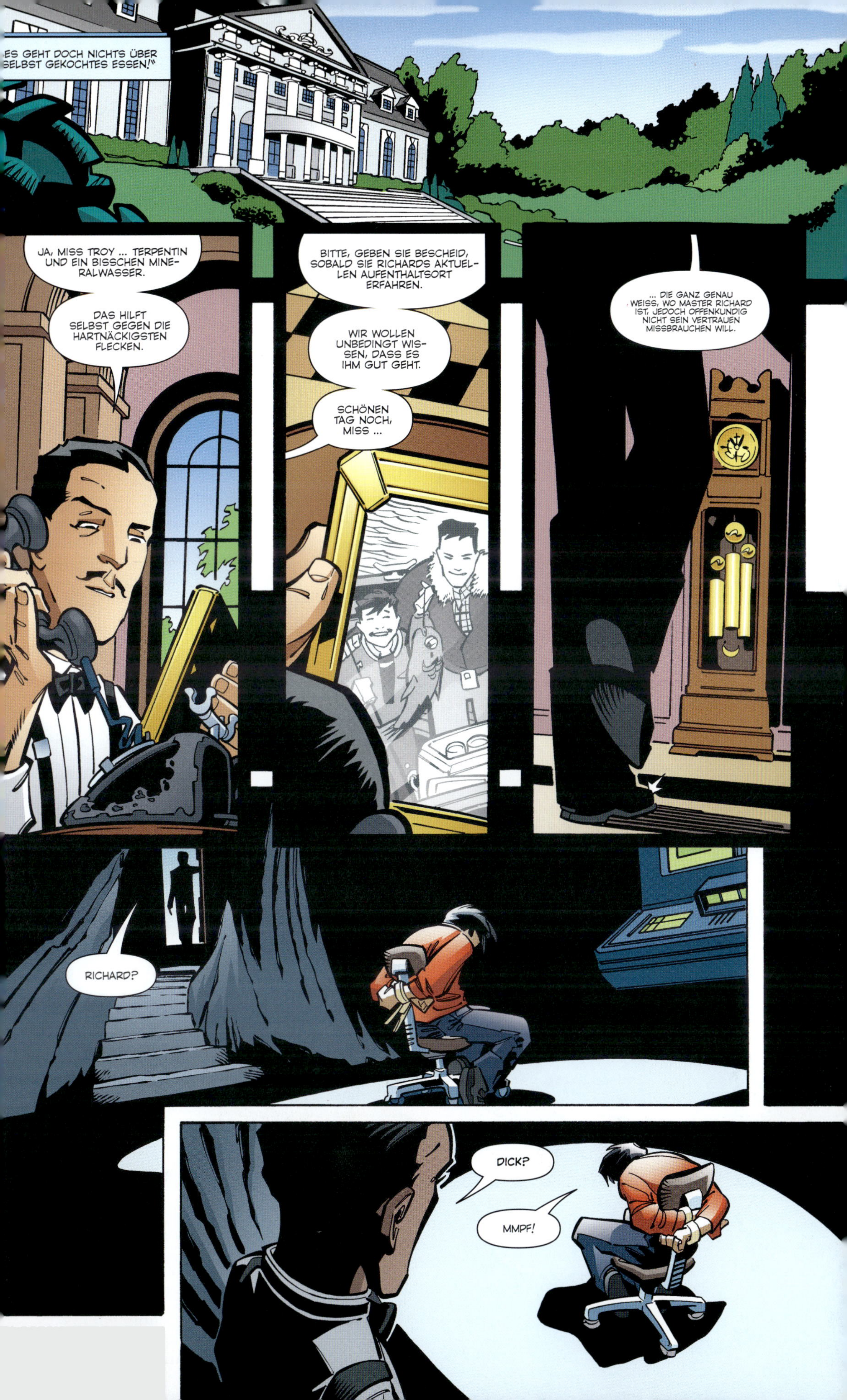
"ES GEHT DOCH NICHTS ÜBER SELBST GEKOCHTES ESSEN!"
JA, MISS TROY ... TERPENTIN UND EIN BISSCHEN MINERALWASSER.
DAS HILFT SELBST GEGEN DIE HARTNÄCKIGSTEN FLECKEN.
BITTE, GEBEN SIE BESCHEID, SOBALD SIE RICHARDS AKTUELLEN AUFENTHALTSORT ERFAHREN.
WIR WOLLEN UNBEDINGT WISSEN, DASS ES IHM GUT GEHT.
SCHÖNEN TAG NOCH, MISS ...
... DIE GANZ GENAU WEISS, WO MASTER RICHARD IST, JEDOCH OFFENKUNDIG NICHT SEIN VERTRAUEN MISSBRAUCHEN WILL.
RICHARD?
DICK?
MMPF!

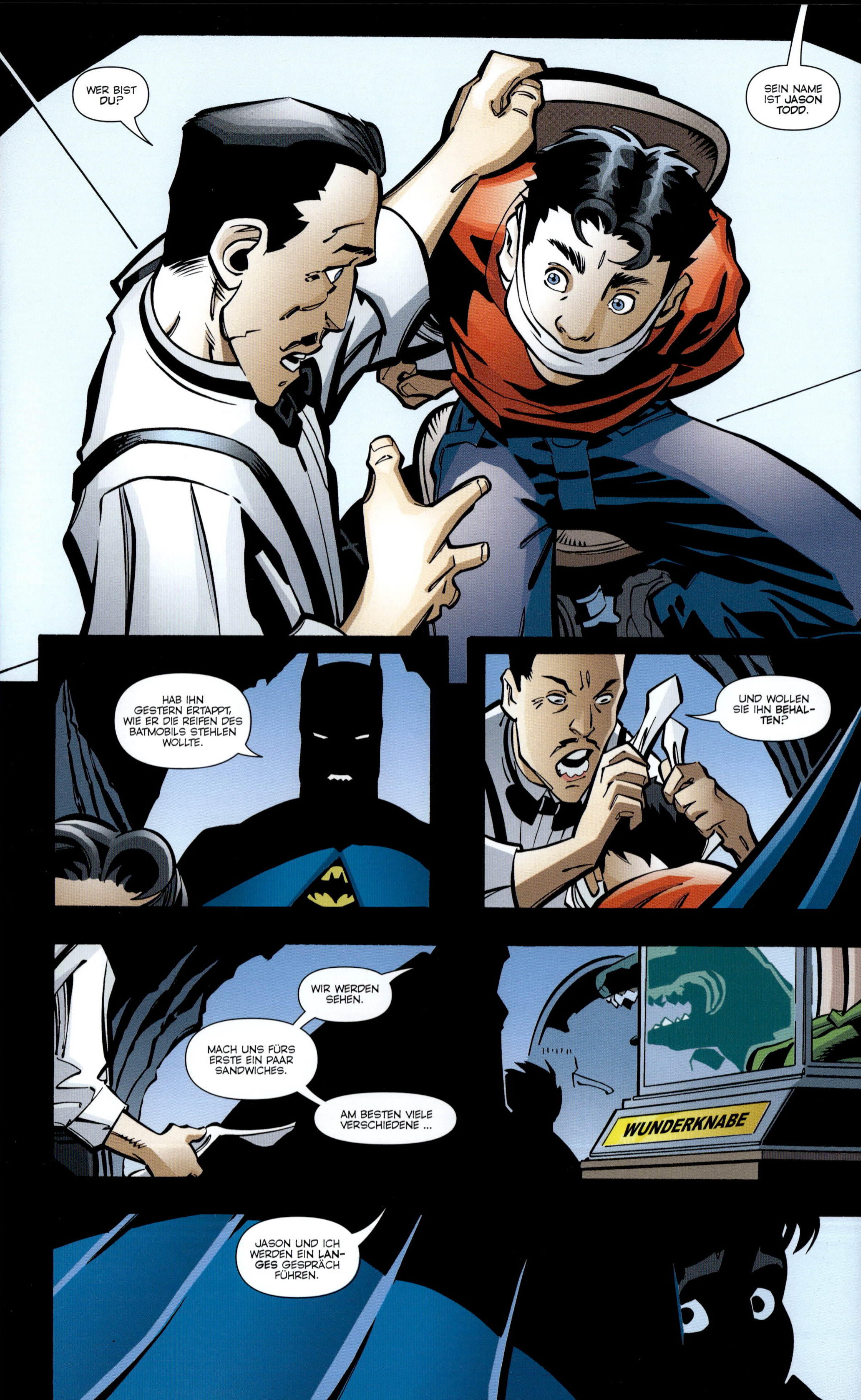
WER BIST DU?
SEIN NAME IST JASON TODD.
HAB IHN GESTERN ERTAPPT, WIE ER DIE REIFEN DES BATMOBILS STEHLEN WOLLTE.
UND WOLLEN SIE IHN BEHALTEN?
WIR WERDEN SEHEN.
MACH UNS FÜRS ERSTE EIN PAAR SANDWICHES.
AM BESTEN VIELE VERSCHIEDENE ...
WUNDERKNABE
JASON UND ICH WERDEN EIN LANGES GESPRÄCH FÜHREN.

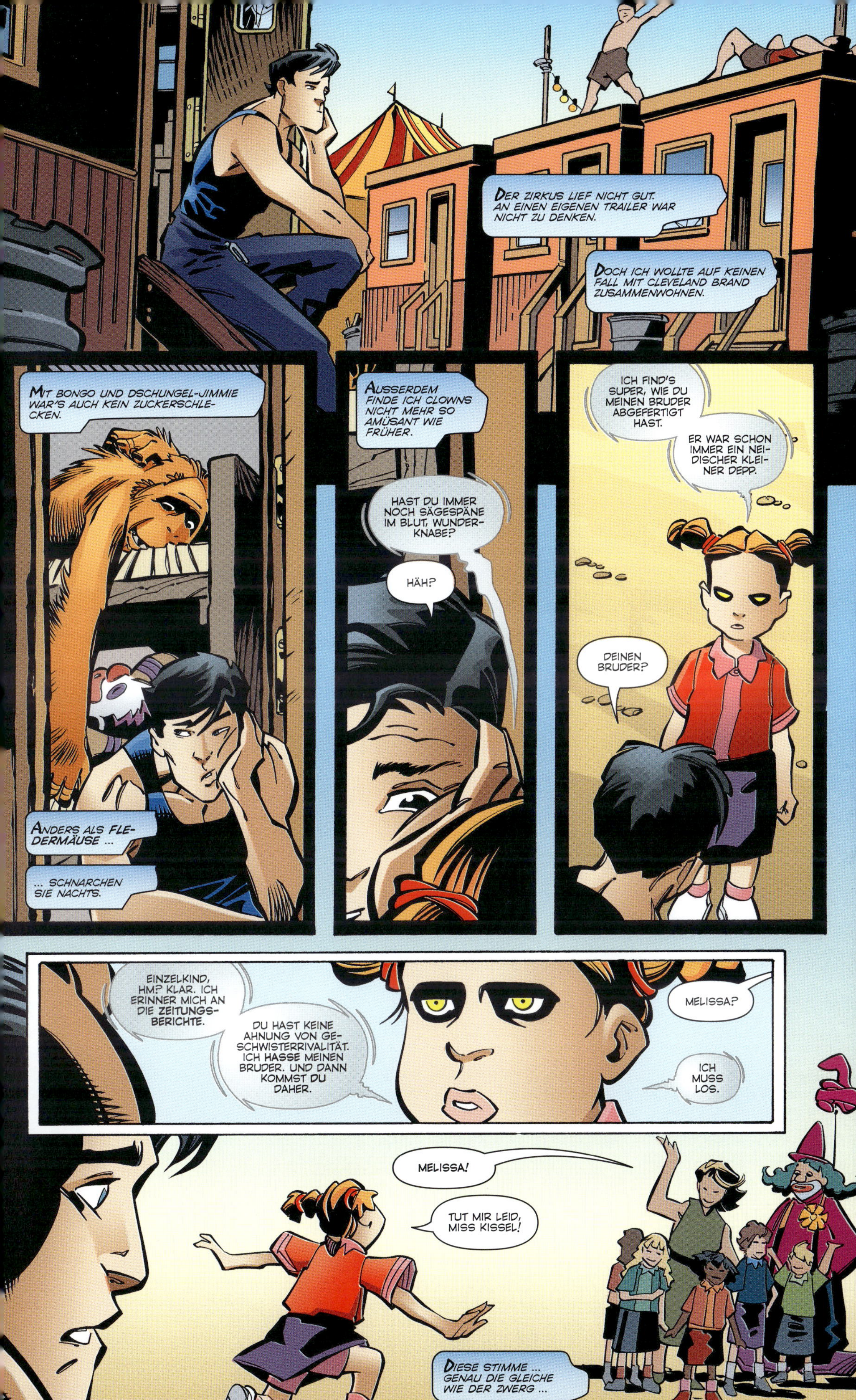

Der Zirkus lief nicht gut. An einen eigenen Trailer war nicht zu denken.
Doch ich wollte auf keinen Fall mit Cleveland Brand zusammenwohnen.
Mit Bongo und Dschungel-Jimmie war's auch kein Zuckerschlecken.
Anders als Fledermäuse ...
... schnarchen sie nachts.
Ausserdem finde ich Clowns nicht mehr so amüsant wie früher.
Hast du immer noch Sägespäne im Blut, Wunderknabe?
Häh?
Ich find's super, wie du meinen Bruder abgefertigt hast.
Er war schon immer ein neidischer kleiner Depp.
Deinen Bruder?
Einzelkind, hm? Klar. Ich erinner mich an die Zeitungsberichte.
Du hast keine Ahnung von Geschwisterrivalität. Ich hasse meinen Bruder. Und dann kommst du daher.
Melissa?
Ich muss los.
Melissa!
Tut mir leid, Miss Kissel!
Diese Stimme ... genau die gleiche wie der Zwerg ...

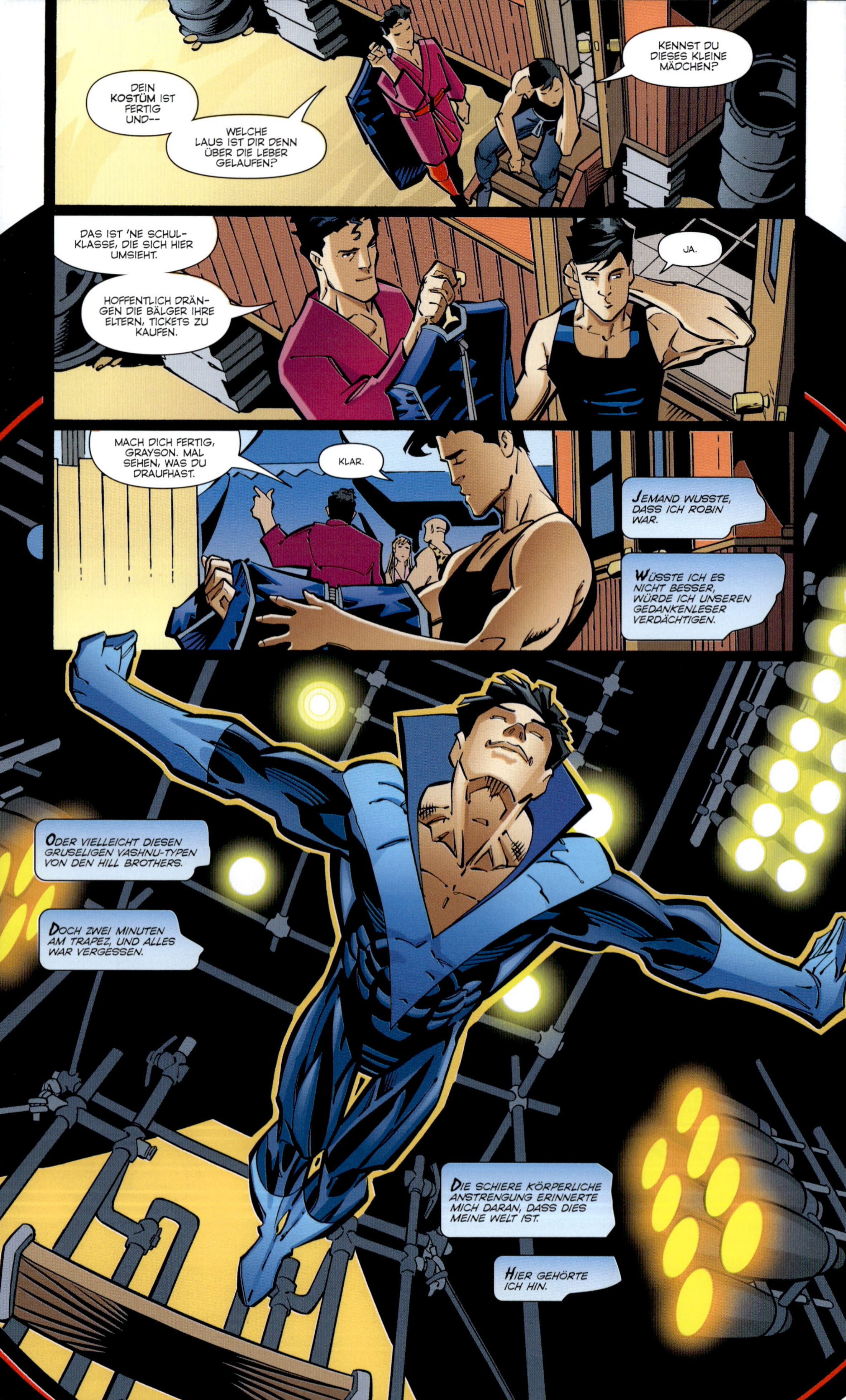
DEIN KOSTÜM IST FERTIG UND--
KENNST DU DIESES KLEINE MÄDCHEN?
WELCHE LAUS IST DIR DENN ÜBER DIE LEBER GELAUFEN?
DAS IST 'NE SCHUL-KLASSE, DIE SICH HIER UMSIEHT.
JA.
HOFFENTLICH DRÄN-GEN DIE BÄLGER IHRE ELTERN, TICKETS ZU KAUFEN.
MACH DICH FERTIG, GRAYSON. MAL SEHEN, WAS DU DRAUFHAST.
KLAR.
JEMAND WUSSTE, DASS ICH ROBIN WAR.
WÜSSTE ICH ES NICHT BESSER, WÜRDE ICH UNSEREN GEDANKENLESER VERDÄCHTIGEN.
ODER VIELLEICHT DIESEN GRUSELIGEN VASHNU-TYPEN VON DEN HILL BROTHERS.
DOCH ZWEI MINUTEN AM TRAPEZ, UND ALLES WAR VERGESSEN.
DIE SCHIERE KÖRPERLICHE ANSTRENGUNG ERINNERTE MICH DARAN, DASS DIES MEINE WELT IST.
HIER GEHÖRTE ICH HIN.

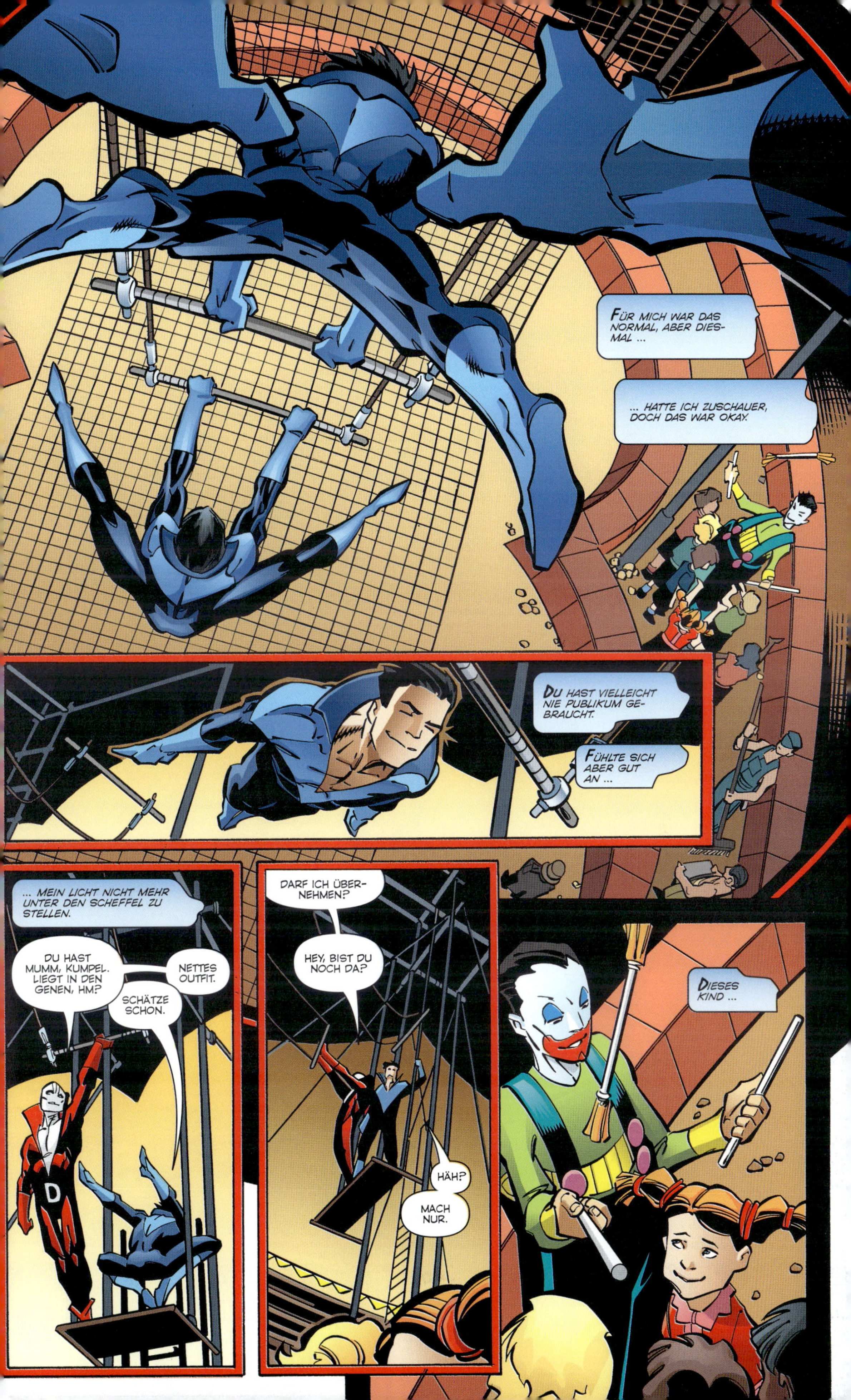
FÜR MICH WAR DAS NORMAL, ABER DIESMAL ...
... HATTE ICH ZUSCHAUER, DOCH DAS WAR OKAY.
DU HAST VIELLEICHT NIE PUBLIKUM GEBRAUCHT.
FÜHLTE SICH ABER GUT AN ...
... MEIN LICHT NICHT MEHR UNTER DEN SCHEFFEL ZU STELLEN.
DU HAST MUMM, KUMPEL. LIEGT IN DEN GENEN, HM?
NETTES OUTFIT.
SCHÄTZE SCHON.
DARF ICH ÜBERNEHMEN?
HEY, BIST DU NOCH DA?
HÄH?
MACH NUR.
DIESES KIND ...

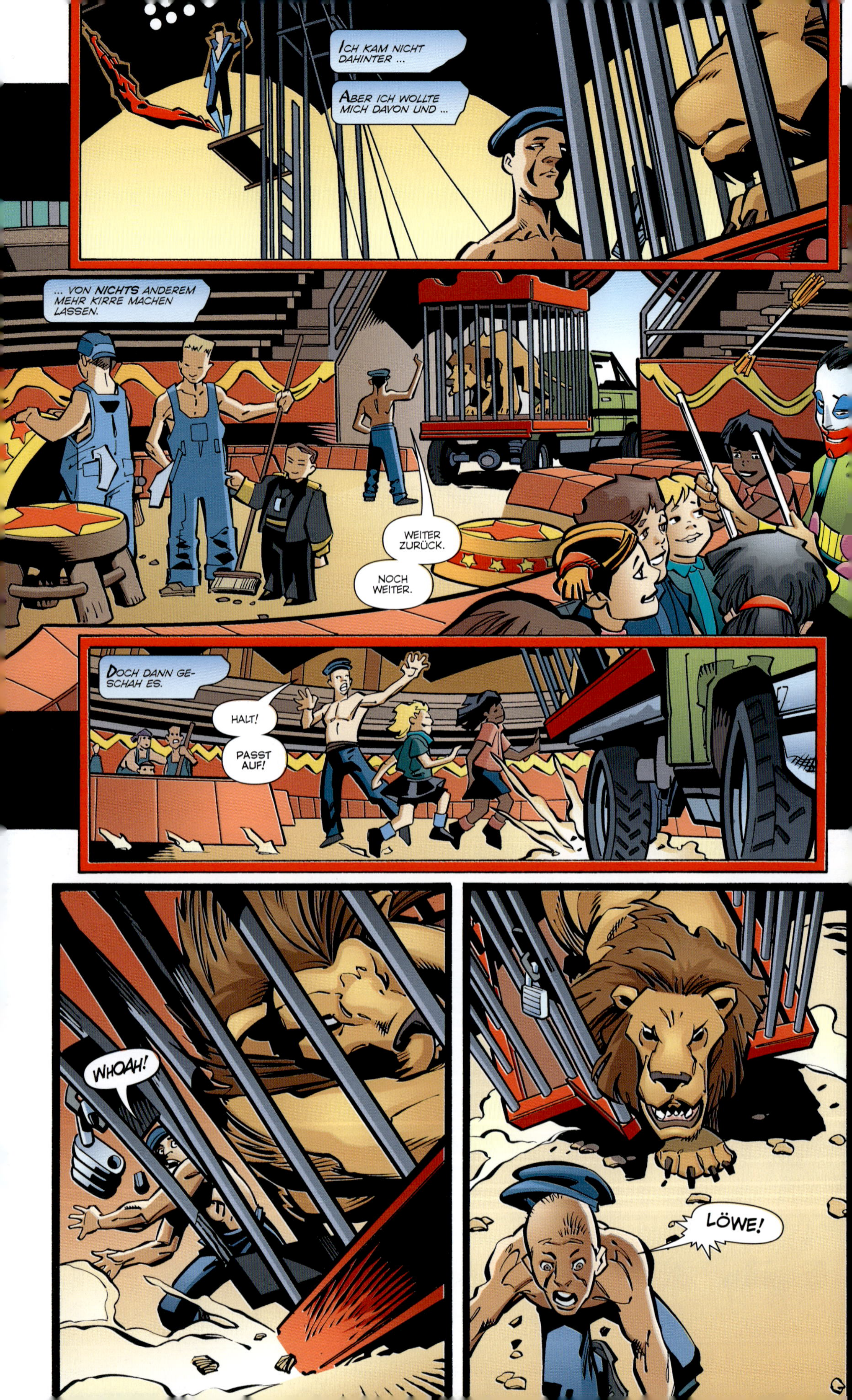

Ich kam nicht dahinter ...

Aber ich wollte mich davon und ...

... von **nichts** anderem mehr kirre machen lassen.

Weiter zurück.

Noch weiter.

Doch dann geschah es.

Halt!

Passt auf!

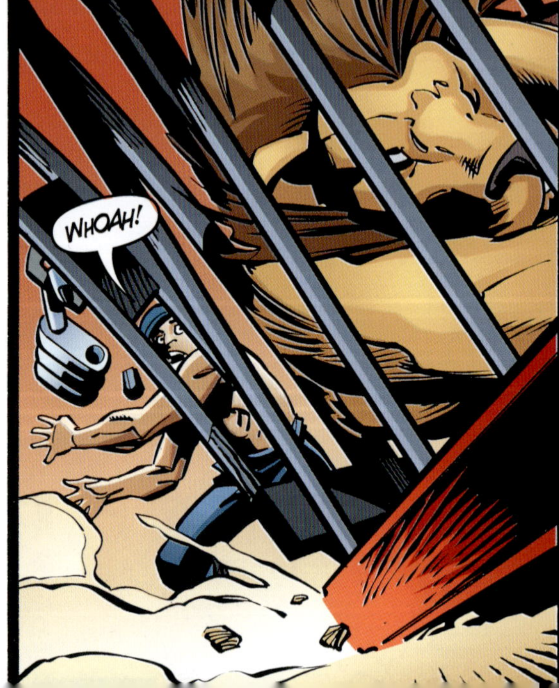


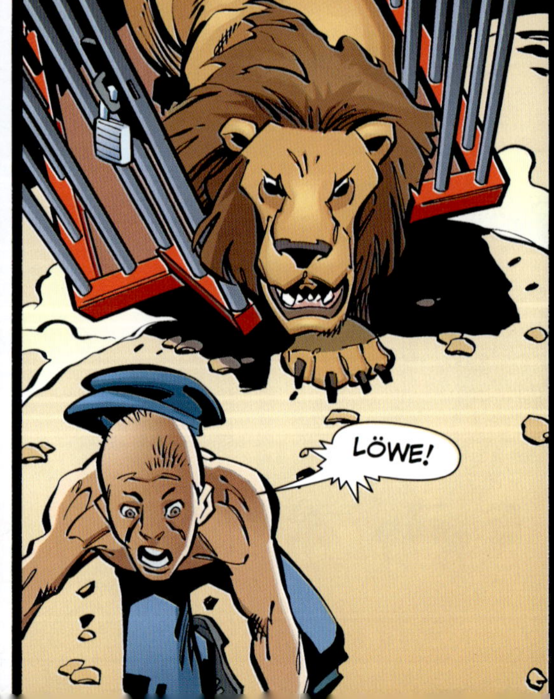

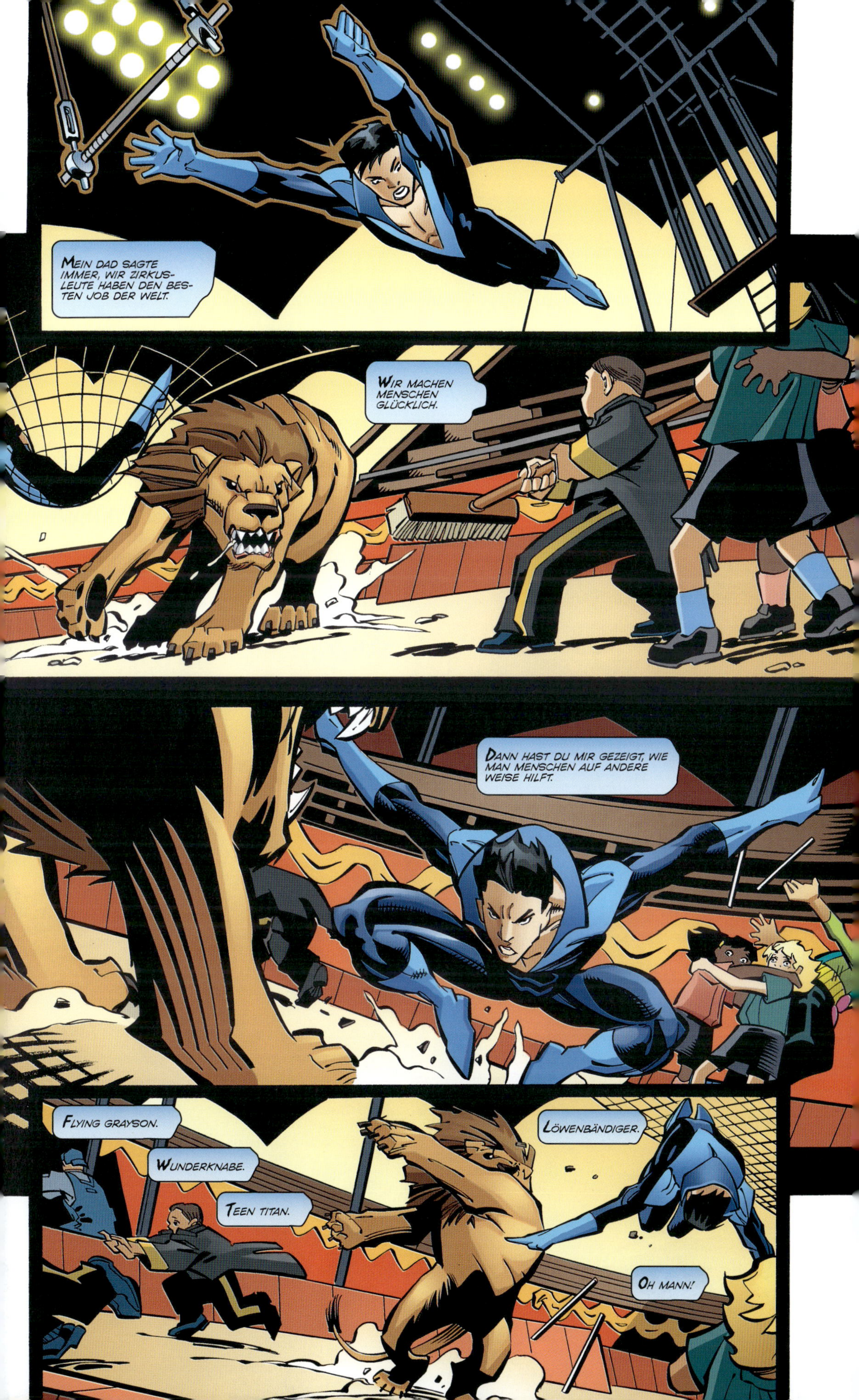
MEIN DAD SAGTE IMMER, WIR ZIRKUS-LEUTE HABEN DEN BES-TEN JOB DER WELT.
WIR MACHEN MENSCHEN GLÜCKLICH.
DANN HAST DU MIR GEZEIGT, WIE MAN MENSCHEN AUF ANDERE WEISE HILFT.
FLYING GRAYSON.
WUNDERKNABE.
TEEN TITAN.
LÖWENBÄNDIGER.
OH MANN!

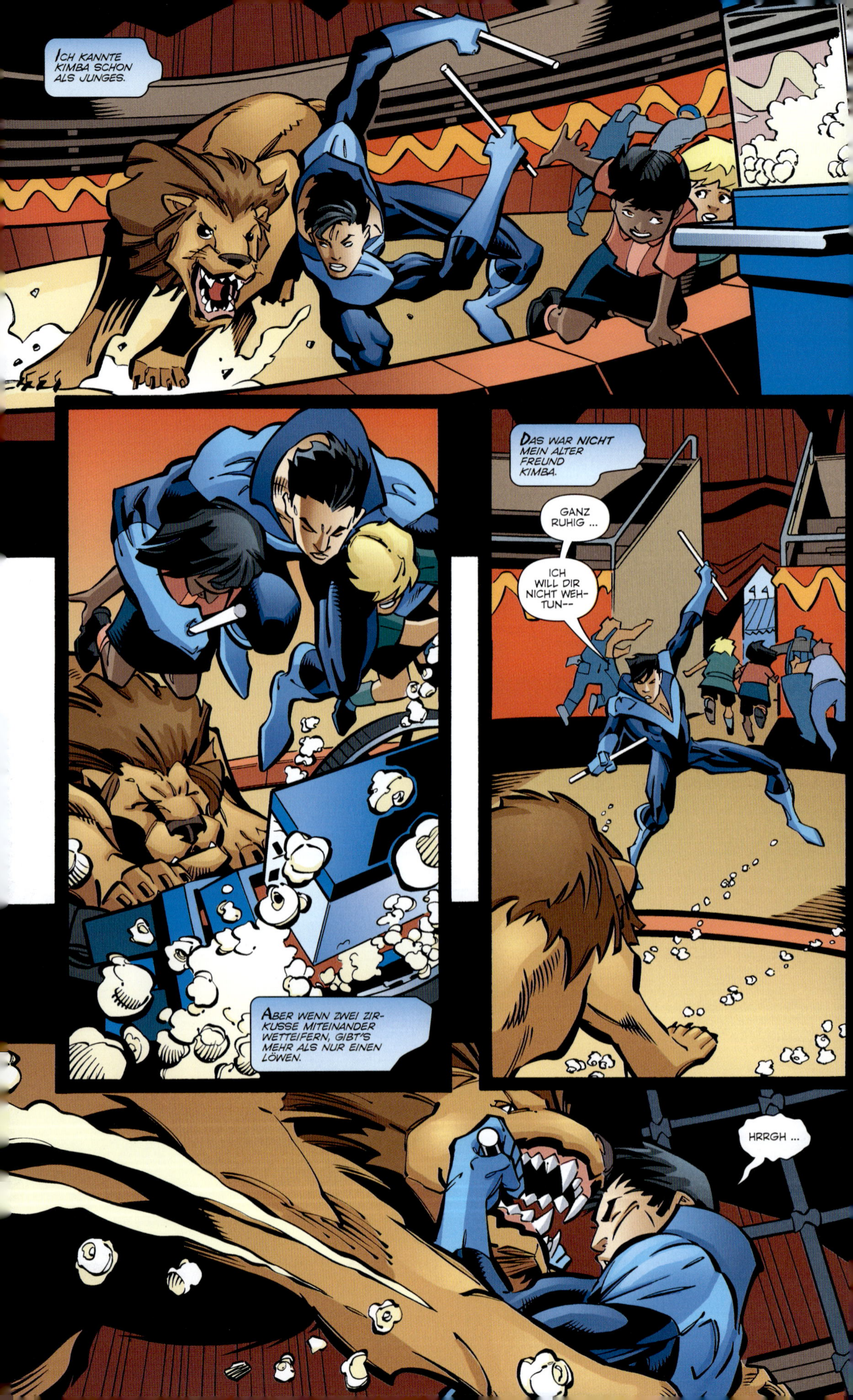
Ich kannte Kimba schon als Junges.
Das war nicht mein alter Freund Kimba.
Ganz ruhig ...
Ich will dir nicht weh-tun--
Aber wenn zwei Zirkusse miteinander wetteifern, gibt's mehr als nur einen Löwen.
HRRGH ...

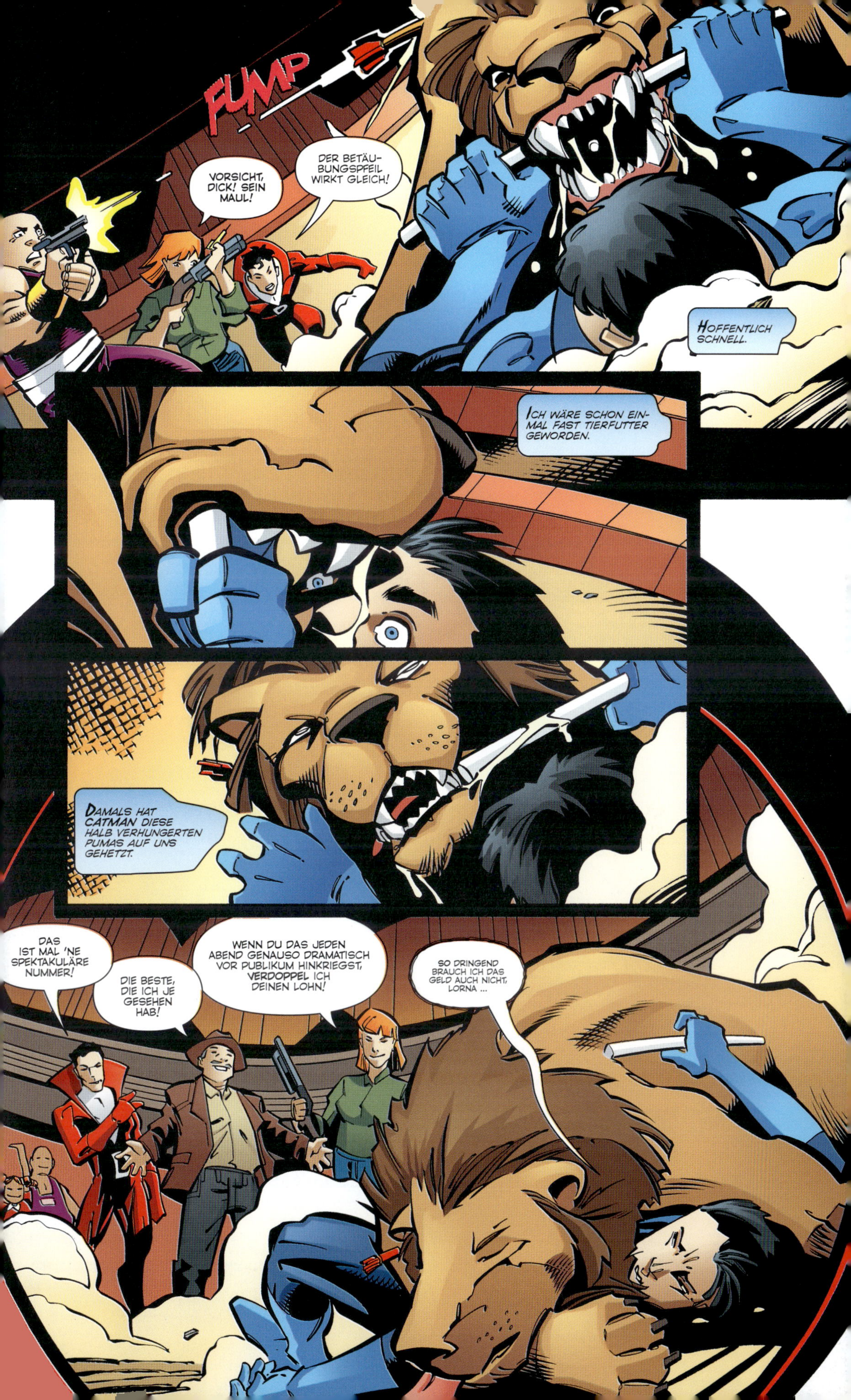
FUMP
VORSICHT, DICK! SEIN MAUL!
DER BETÄUBUNGSPFEIL WIRKT GLEICH!
HOFFENTLICH SCHNELL.
ICH WÄRE SCHON EINMAL FAST TIERFUTTER GEWORDEN.
DAMALS HAT CATMAN DIESE HALB VERHUNGERTEN PUMAS AUF UNS GEHETZT.
DAS IST MAL 'NE SPEKTAKULÄRE NUMMER!
DIE BESTE, DIE ICH JE GESEHEN HAB!
WENN DU DAS JEDEN ABEND GENAUSO DRAMATISCH VOR PUBLIKUM HINKRIEGST, VERDOPPEL ICH DEINEN LOHN!
SO DRINGEND BRAUCH ICH DAS GELD AUCH NICHT, LORNA ...

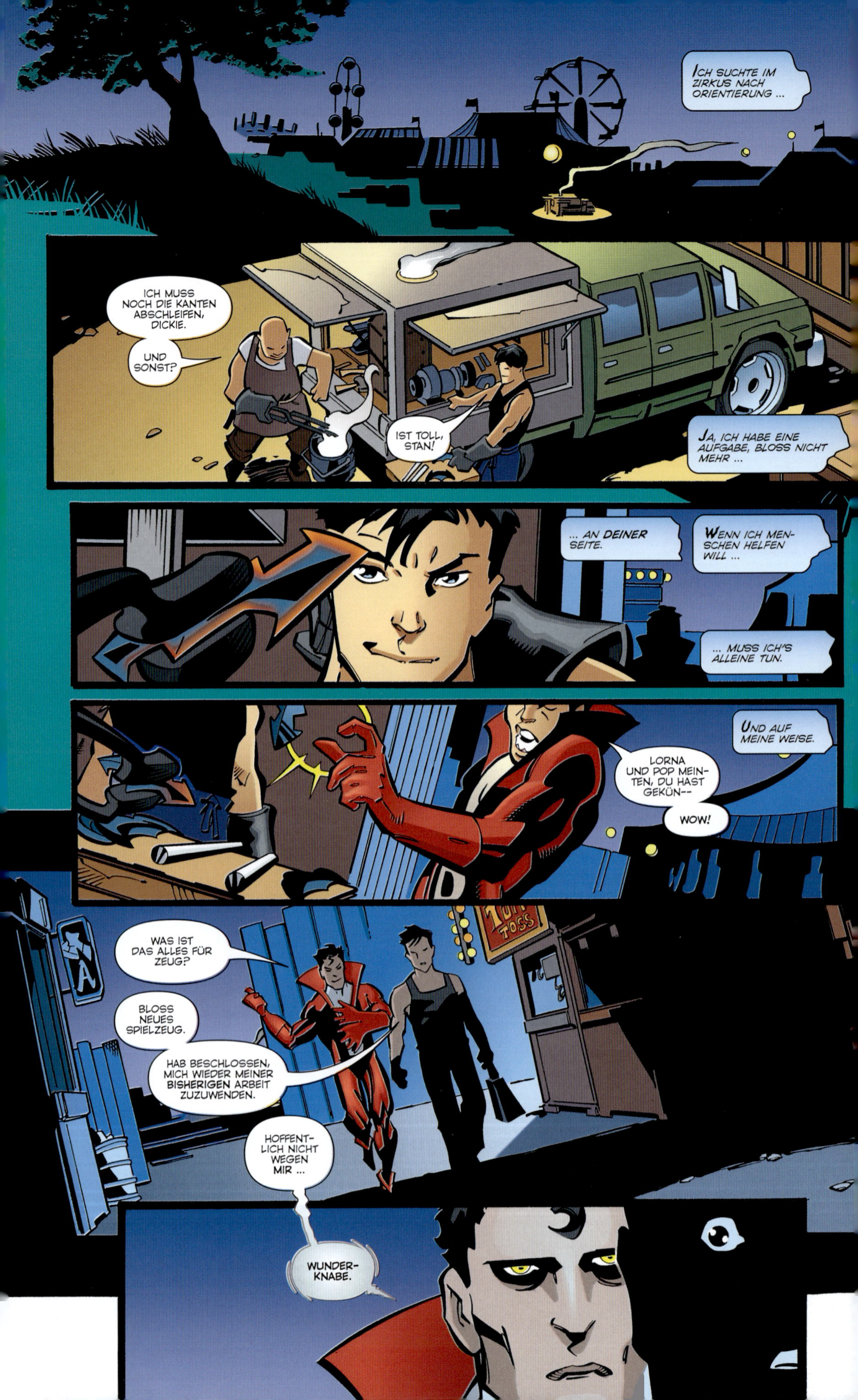
Ich suchte im Zirkus nach Orientierung ...
Ich muss noch die Kanten abschleifen, Dickie.
Und sonst?
Ist toll, Stan!
Ja, ich habe eine Aufgabe, bloss nicht mehr ...
... an deiner Seite.
Wenn ich Menschen helfen will ...
... muss ich's alleine tun.
Und auf meine Weise.
Lorna und Pop meinten, du hast gekün--
Wow!
Was ist das alles für Zeug?
Bloss neues Spielzeug.
Hab beschlossen, mich wieder meiner bisherigen Arbeit zuzuwenden.
Hoffentlich nicht wegen mir ...
Wunderknabe.

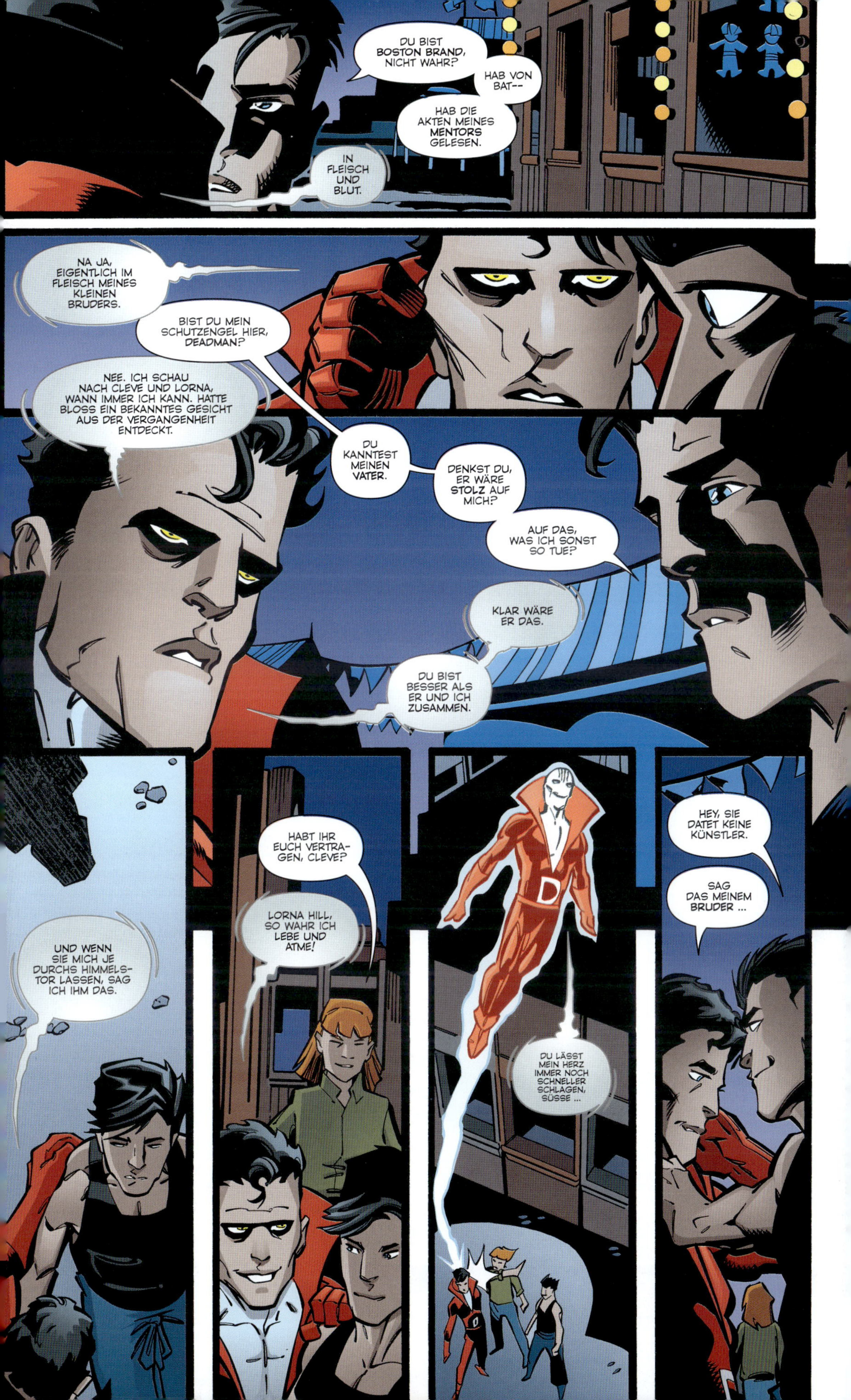
DU BIST BOSTON BRAND, NICHT WAHR?
HAB VON BAT--
HAB DIE AKTEN MEINES MENTORS GELESEN.
IN FLEISCH UND BLUT.
NA JA, EIGENTLICH IM FLEISCH MEINES KLEINEN BRUDERS.
BIST DU MEIN SCHUTZENGEL HIER, DEADMAN?
NEE. ICH SCHAU NACH CLEVE UND LORNA, WANN IMMER ICH KANN. HATTE BLOSS EIN BEKANNTES GESICHT AUS DER VERGANGENHEIT ENTDECKT.
DU KANNTEST MEINEN VATER.
DENKST DU, ER WÄRE STOLZ AUF MICH?
AUF DAS, WAS ICH SONST SO TUE?
KLAR WÄRE ER DAS.
DU BIST BESSER ALS ER UND ICH ZUSAMMEN.
UND WENN SIE MICH JE DURCHS HIMMELS-TOR LASSEN, SAG ICH IHM DAS.
HABT IHR EUCH VERTRA-GEN, CLEVE?
LORNA HILL, SO WAHR ICH LEBE UND ATME!
DU LÄSST MEIN HERZ IMMER NOCH SCHNELLER SCHLAGEN, SÜSSE ...
HEY, SIE DATET KEINE KÜNSTLER.
SAG DAS MEINEM BRUDER ...

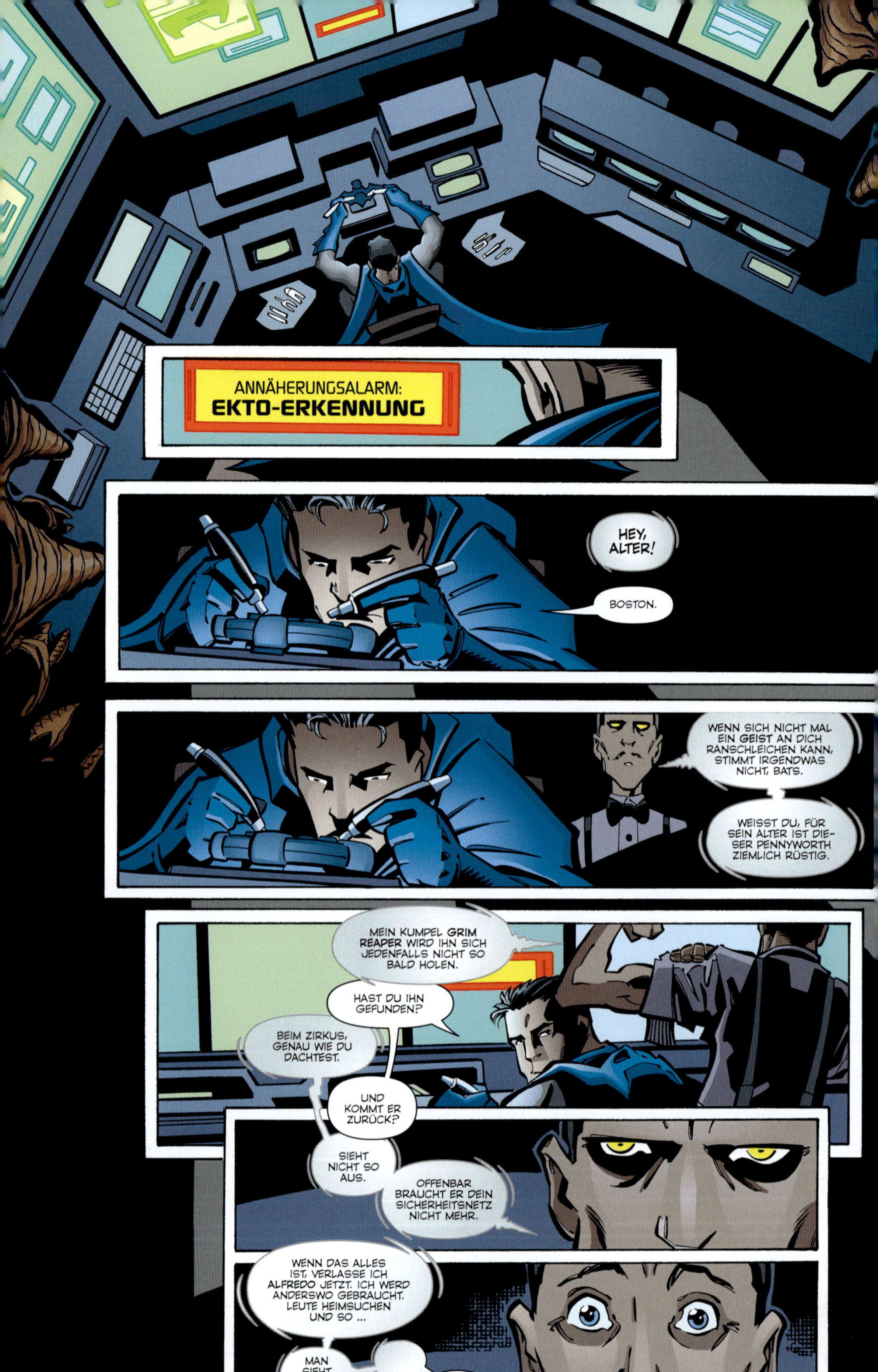
ANNÄHERUNGSALARM:
EKTO-ERKENNUNG
HEY, ALTER!
BOSTON.
WENN SICH NICHT MAL EIN GEIST AN DICH RANSCHLEICHEN KANN, STIMMT IRGENDWAS NICHT, BATS.
WEISST DU, FÜR SEIN ALTER IST DIESER PENNYWORTH ZIEMLICH RÜSTIG.
MEIN KUMPEL GRIM REAPER WIRD IHN SICH JEDENFALLS NICHT SO BALD HOLEN.
HAST DU IHN GEFUNDEN?
BEIM ZIRKUS, GENAU WIE DU DACHTEST.
UND KOMMT ER ZURÜCK?
SIEHT NICHT SO AUS.
OFFENBAR BRAUCHT ER DEIN SICHERHEITSNETZ NICHT MEHR.
WENN DAS ALLES IST, VERLASSE ICH ALFREDO JETZT. ICH WERD ANDERSWO GEBRAUCHT. LEUTE HEIMSUCHEN UND SO ...
MAN SIEHT SICH, BATS.
OH ...

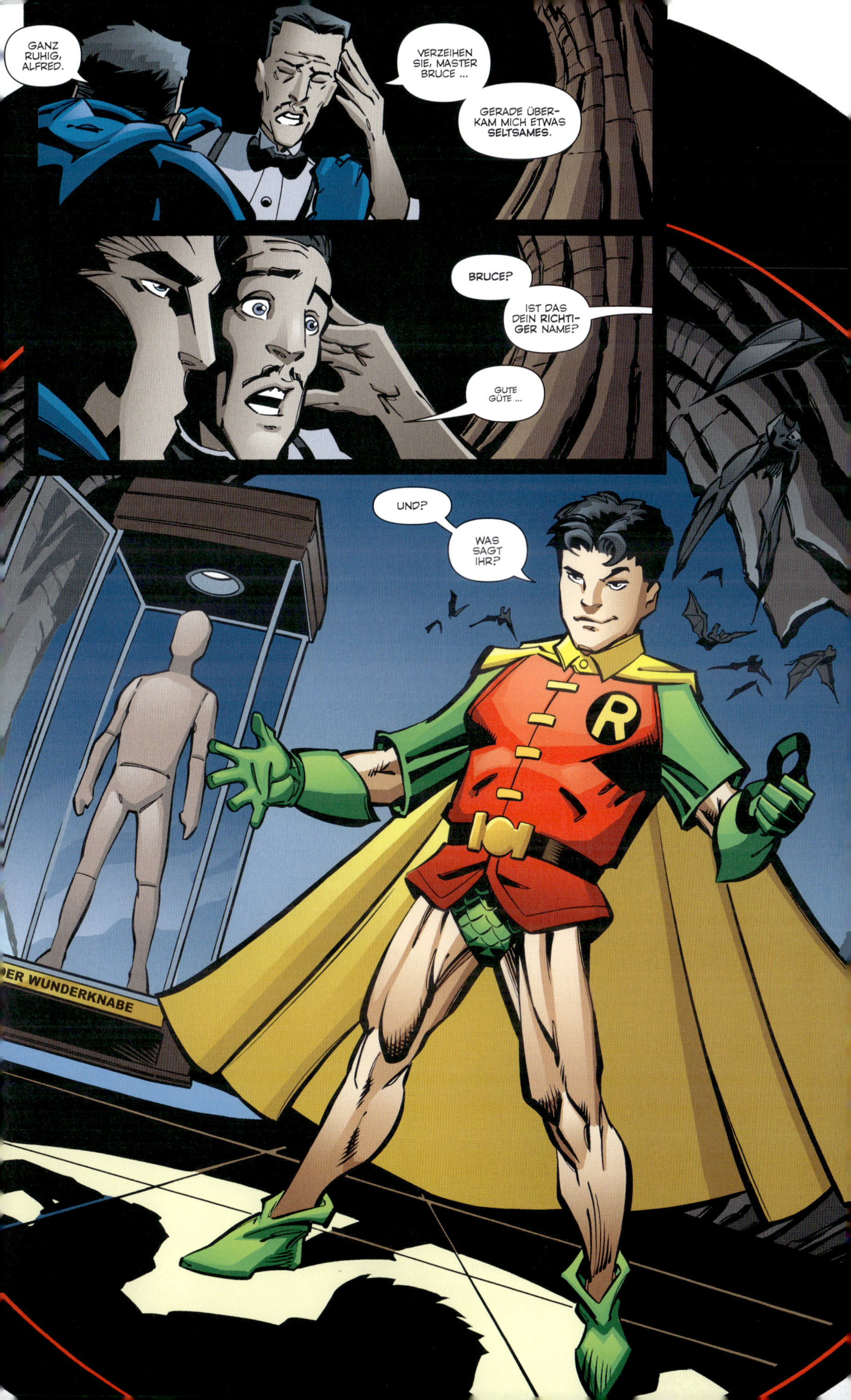
GANZ RUHIG, ALFRED.
VERZEIHEN SIE, MASTER BRUCE ...
GERADE ÜBERKAM MICH ETWAS SELTSAMES.
BRUCE?
IST DAS DEIN RICHTIGER NAME?
GUTE GÜTE ...
UND?
WAS SAGT IHR?
DER WUNDERKNABE

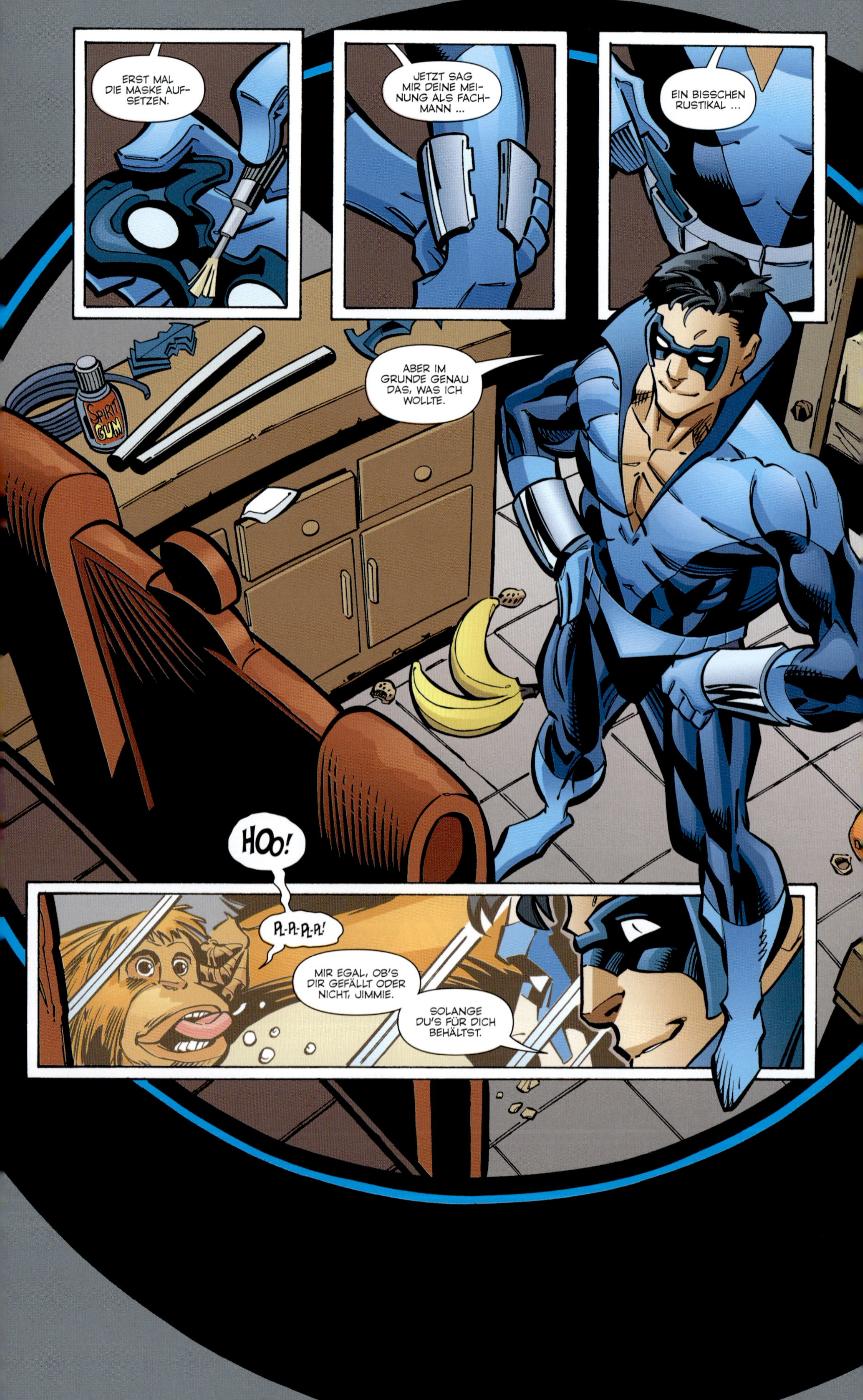
ERST MAL DIE MASKE AUF-SETZEN.
JETZT SAG MIR DEINE MEI-NUNG ALS FACH-MANN ...
EIN BISSCHEN RUSTIKAL ...
SPIRIT GUM
ABER IM GRUNDE GENAU DAS, WAS ICH WOLLTE.
HOO!
PL-PL-PL-PL!
MIR EGAL, OB'S DIR GEFÄLLT ODER NICHT, JIMMIE.
SOLANGE DU'S FÜR DICH BEHÄLTST.

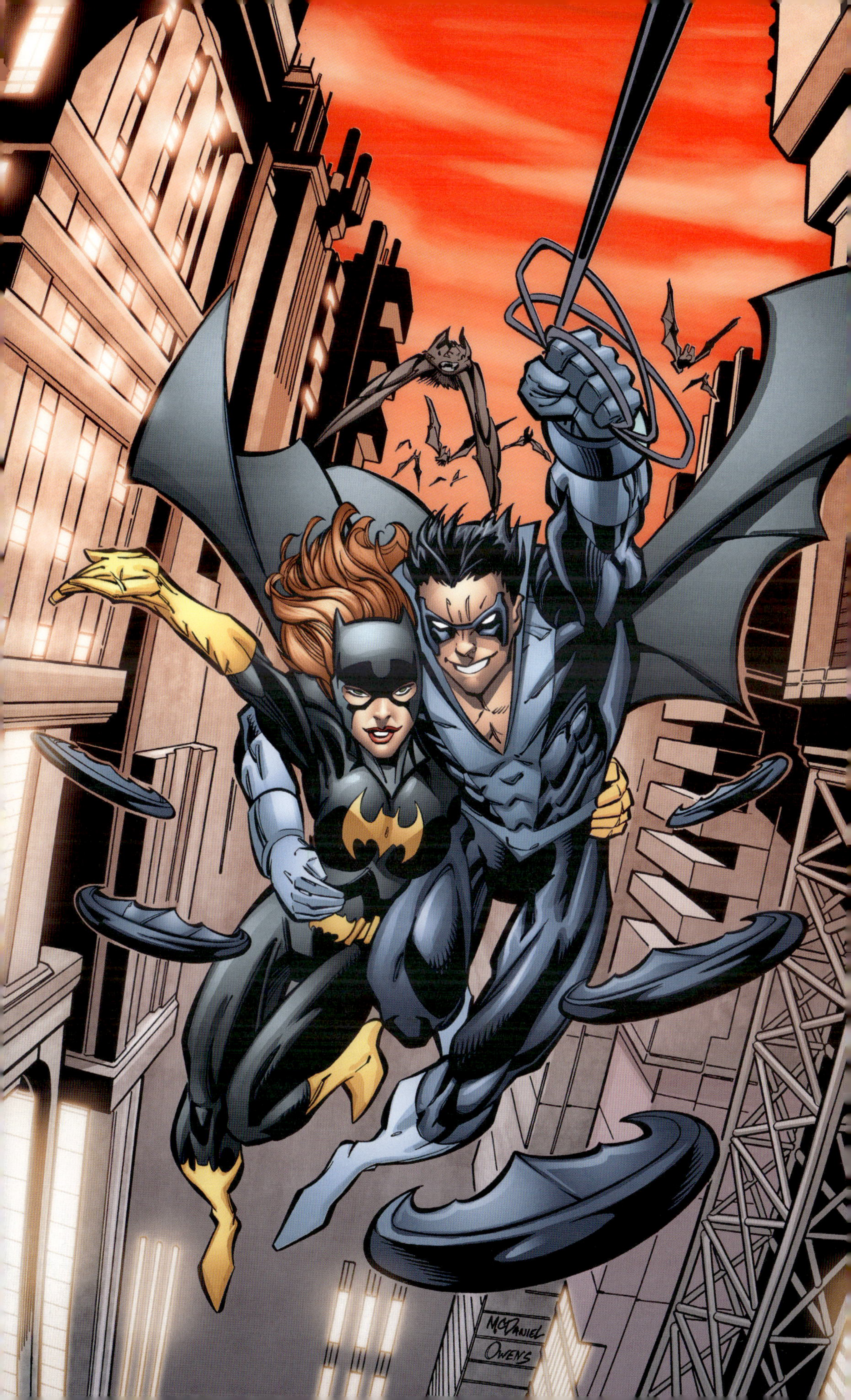
McDANIEL
OWENS

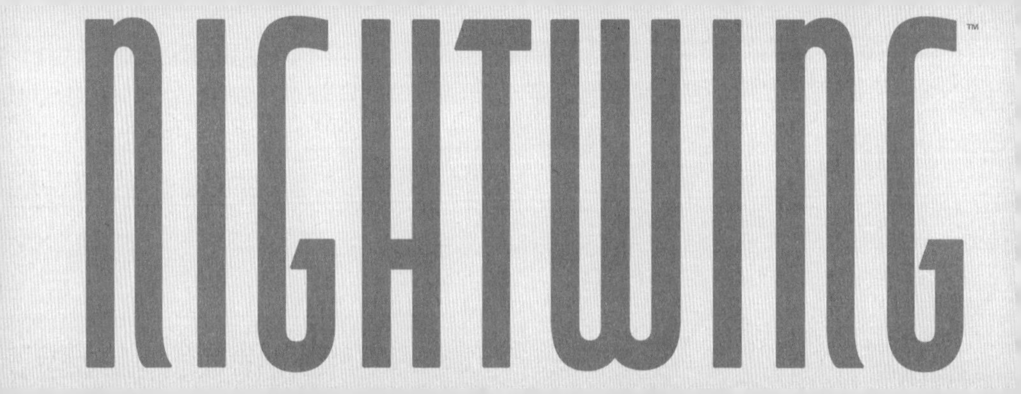
NIGHTWING™

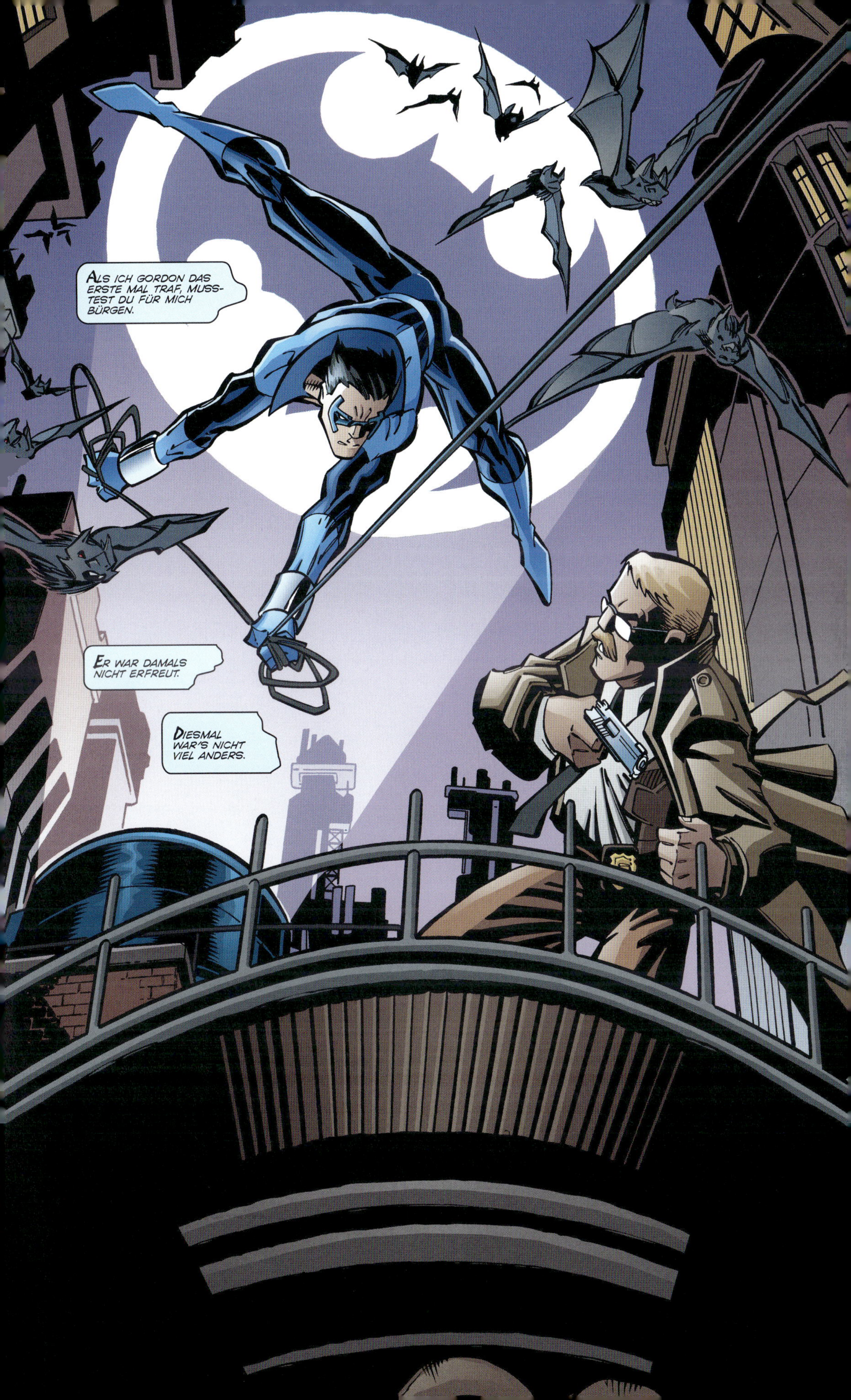
ALS ICH GORDON DAS ERSTE MAL TRAF, MUSSTEST DU FÜR MICH BÜRGEN.
ER WAR DAMALS NICHT ERFREUT.
DIESMAL WAR'S NICHT VIEL ANDERS.

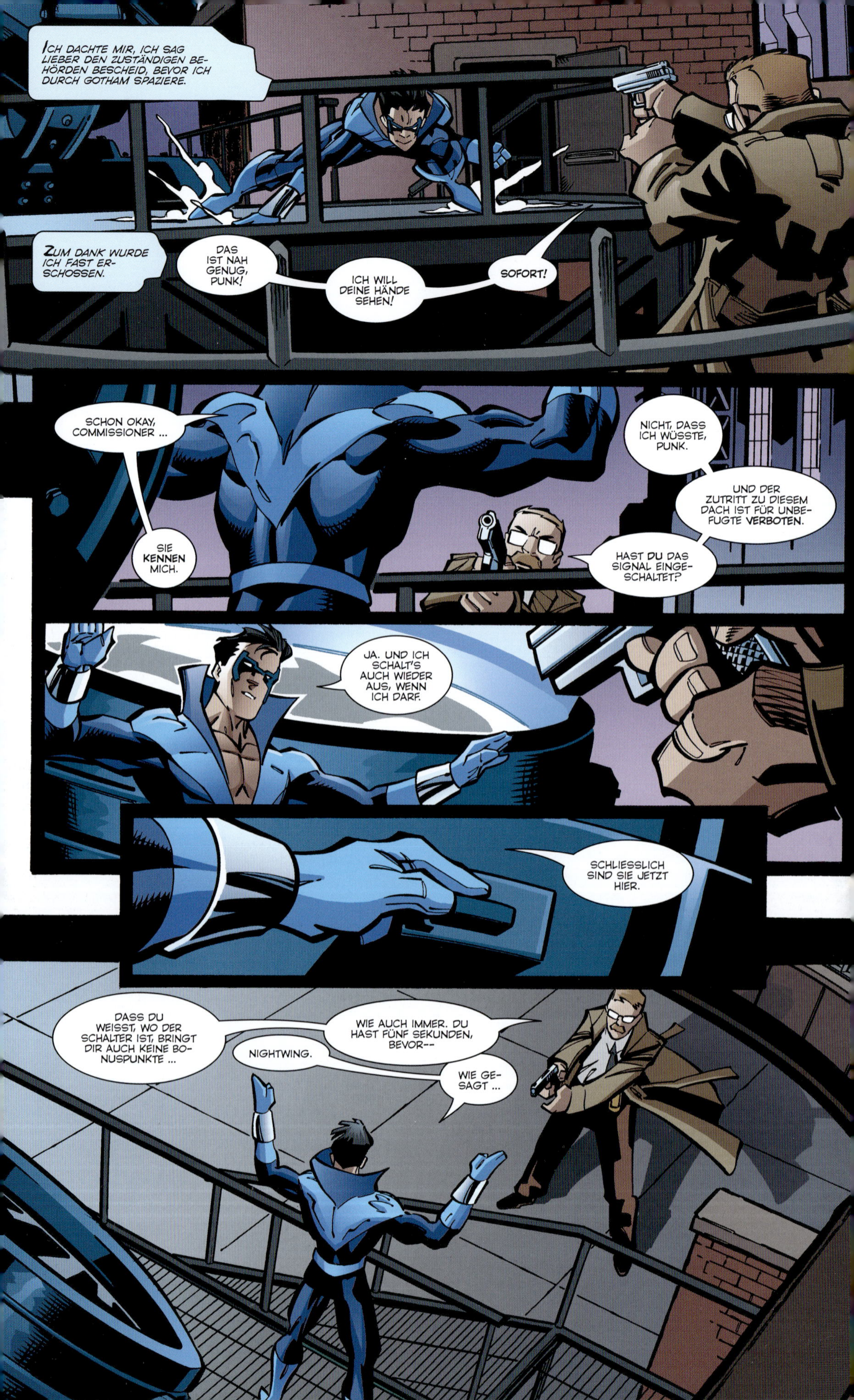

ICH DACHTE MIR, ICH SAG LIEBER DEN ZUSTÄNDIGEN BEHÖRDEN BESCHEID, BEVOR ICH DURCH GOTHAM SPAZIERE.
ZUM DANK WURDE ICH FAST ERSCHOSSEN.
DAS IST NAH GENUG, PUNK!
ICH WILL DEINE HÄNDE SEHEN!
SOFORT!
SCHON OKAY, COMMISSIONER ...
SIE KENNEN MICH.
NICHT, DASS ICH WÜSSTE, PUNK.
UND DER ZUTRITT ZU DIESEM DACH IST FÜR UNBEFUGTE VERBOTEN.
HAST DU DAS SIGNAL EINGESCHALTET?
JA. UND ICH SCHALT'S AUCH WIEDER AUS, WENN ICH DARF.
SCHLIESSLICH SIND SIE JETZT HIER.
DASS DU WEISST, WO DER SCHALTER IST, BRINGT DIR AUCH KEINE BONUSPUNKTE ...
WIE AUCH IMMER. DU HAST FÜNF SEKUNDEN, BEVOR--
NIGHTWING.
WIE GESAGT ...

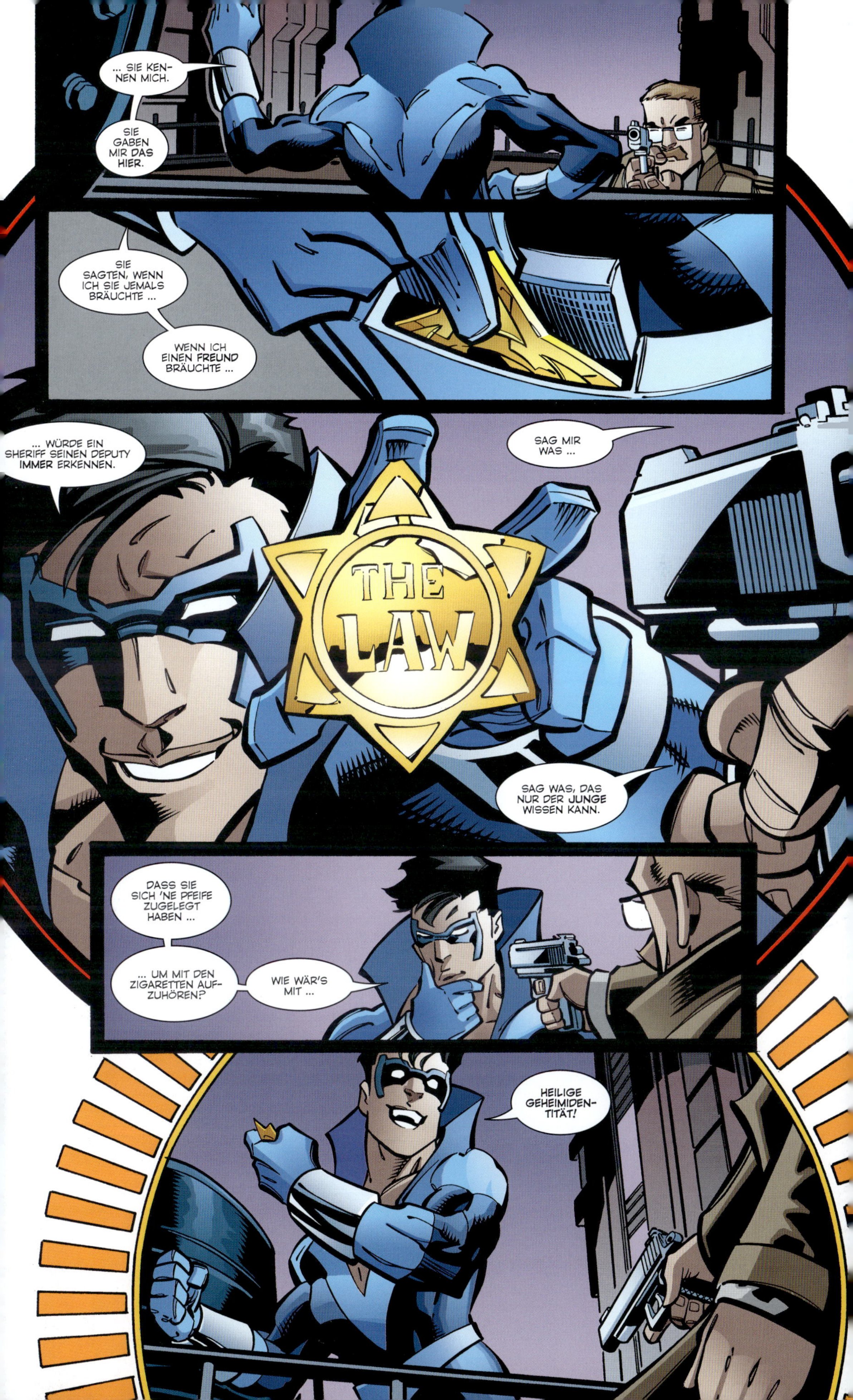
... SIE KENNEN MICH.
SIE GABEN MIR DAS HIER.
SIE SAGTEN, WENN ICH SIE JEMALS BRÄUCHTE ...
WENN ICH EINEN FREUND BRÄUCHTE ...
... WÜRDE EIN SHERIFF SEINEN DEPUTY IMMER ERKENNEN.
SAG MIR WAS ...
THE LAW
SAG WAS, DAS NUR DER JUNGE WISSEN KANN.
DASS SIE SICH 'NE PFEIFE ZUGELEGT HABEN ...
... UM MIT DEN ZIGARETTEN AUFZUHÖREN?
WIE WÄR'S MIT ...
HEILIGE GEHEIMIDENTITÄT!

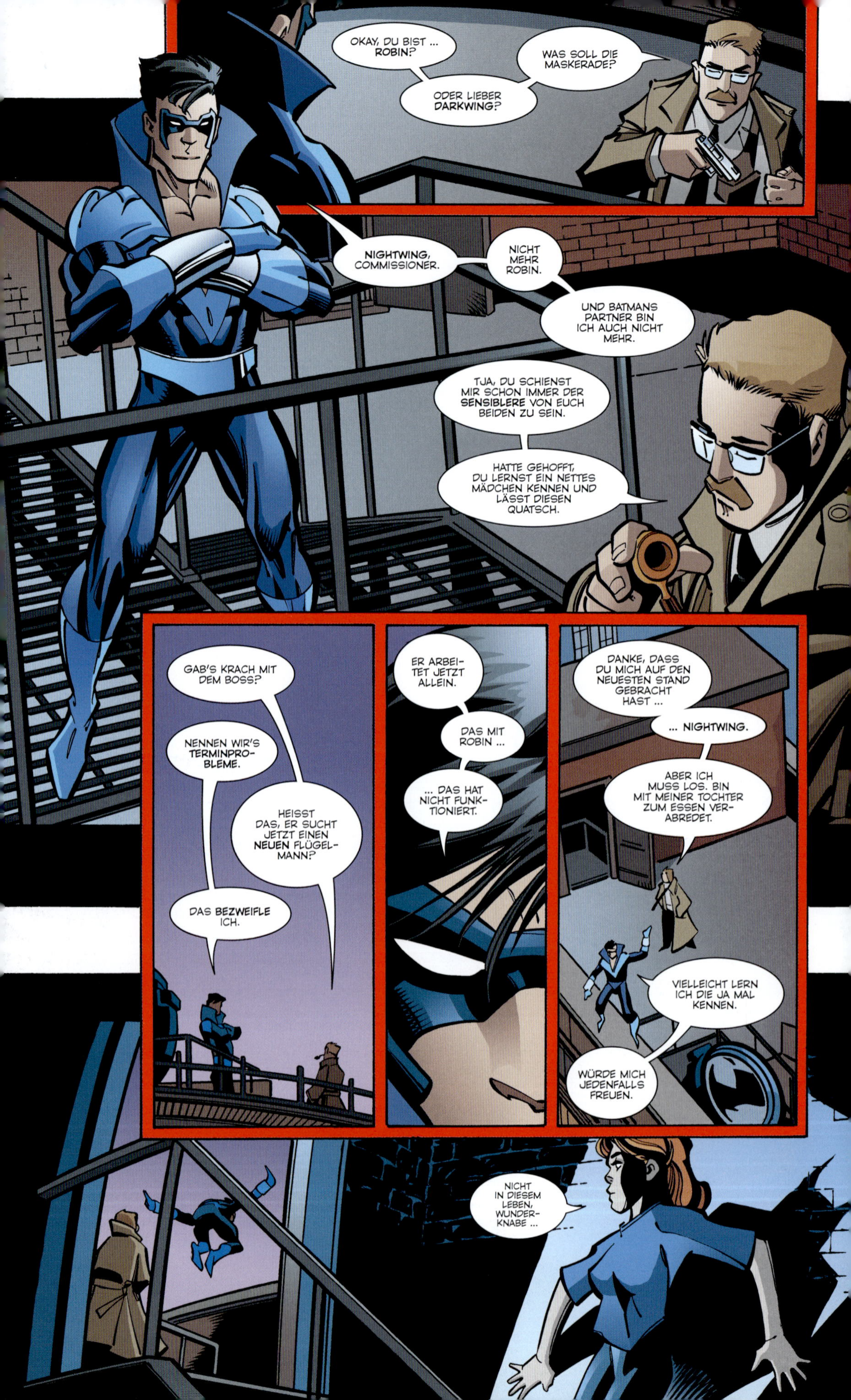
OKAY, DU BIST ... ROBIN?
ODER LIEBER DARKWING?
WAS SOLL DIE MASKERADE?
NIGHTWING, COMMISSIONER.
NICHT MEHR ROBIN.
UND BATMANS PARTNER BIN ICH AUCH NICHT MEHR.
TJA, DU SCHIENST MIR SCHON IMMER DER SENSIBLERE VON EUCH BEIDEN ZU SEIN.
HATTE GEHOFFT, DU LERNST EIN NETTES MÄDCHEN KENNEN UND LÄSST DIESEN QUATSCH.
GAB'S KRACH MIT DEM BOSS?
NENNEN WIR'S TERMINPROBLEME.
HEISST DAS, ER SUCHT JETZT EINEN NEUEN FLÜGELMANN?
DAS BEZWEIFLE ICH.
ER ARBEITET JETZT ALLEIN.
DAS MIT ROBIN ...
... DAS HAT NICHT FUNKTIONIERT.
DANKE, DASS DU MICH AUF DEN NEUESTEN STAND GEBRACHT HAST ...
... NIGHTWING.
ABER ICH MUSS LOS. BIN MIT MEINER TOCHTER ZUM ESSEN VERABREDET.
VIELLEICHT LERN ICH DIE JA MAL KENNEN.
WÜRDE MICH JEDENFALLS FREUEN.
NICHT IN DIESEM LEBEN, WUNDERKNABE ...

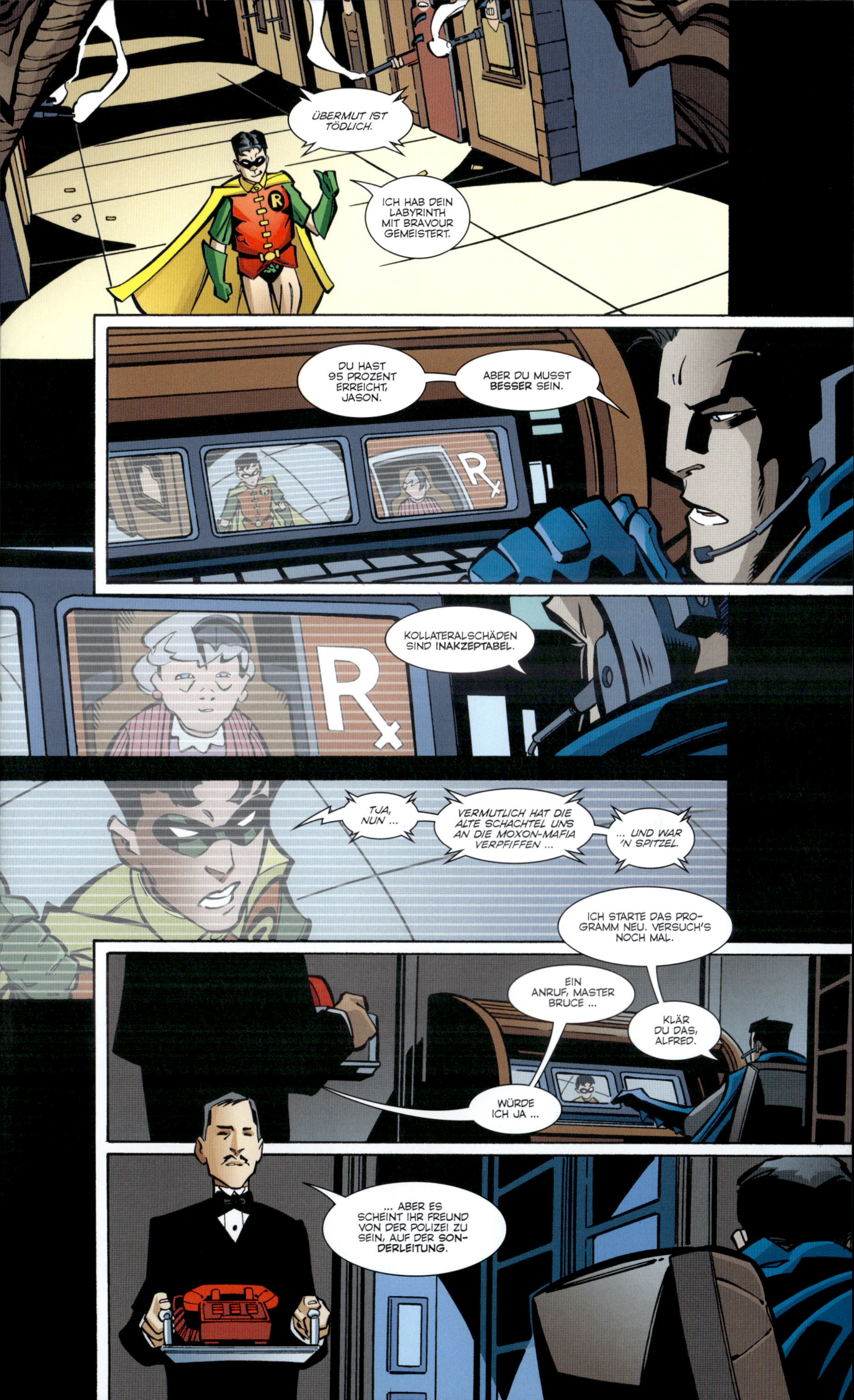

ÜBERMUT IST TÖDLICH.
ICH HAB DEIN LABYRINTH MIT BRAVOUR GEMEISTERT.
DU HAST 95 PROZENT ERREICHT, JASON.
ABER DU MUSST **BESSER** SEIN.
KOLLATERALSCHÄDEN SIND **INAKZEPTABEL**.
TJA, NUN ...
VERMUTLICH HAT DIE ALTE SCHACHTEL UNS AN DIE MOXON-MAFIA VERPFIFFEN ...
... UND WAR 'N SPITZEL.
ICH STARTE DAS PROGRAMM NEU. VERSUCH'S NOCH MAL.
EIN ANRUF, MASTER BRUCE ...
KLÄR DU DAS, ALFRED.
WÜRDE ICH JA ...
... ABER ES SCHEINT IHR FREUND VON DER POLIZEI ZU SEIN, AUF DER **SONDERLEITUNG**.

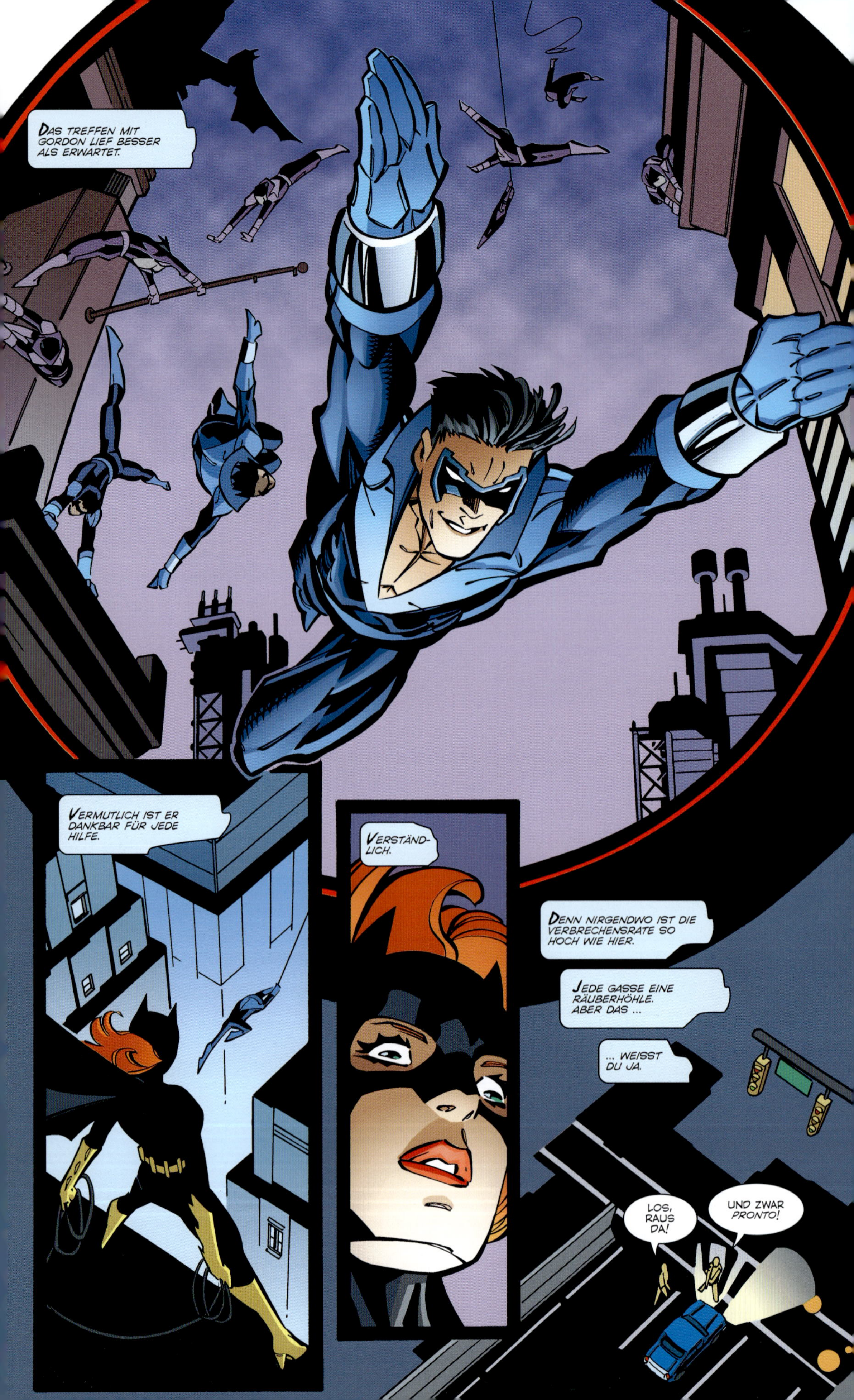
DAS TREFFEN MIT GORDON LIEF BESSER ALS ERWARTET.
VERMUTLICH IST ER DANKBAR FÜR JEDE HILFE.
VERSTÄND-LICH.
DENN NIRGENDWO IST DIE VERBRECHENSRATE SO HOCH WIE HIER.
JEDE GASSE EINE RÄUBERHÖHLE. ABER DAS ...
... WEISST DU JA.
LOS, RAUS DA!
UND ZWAR PRONTO!

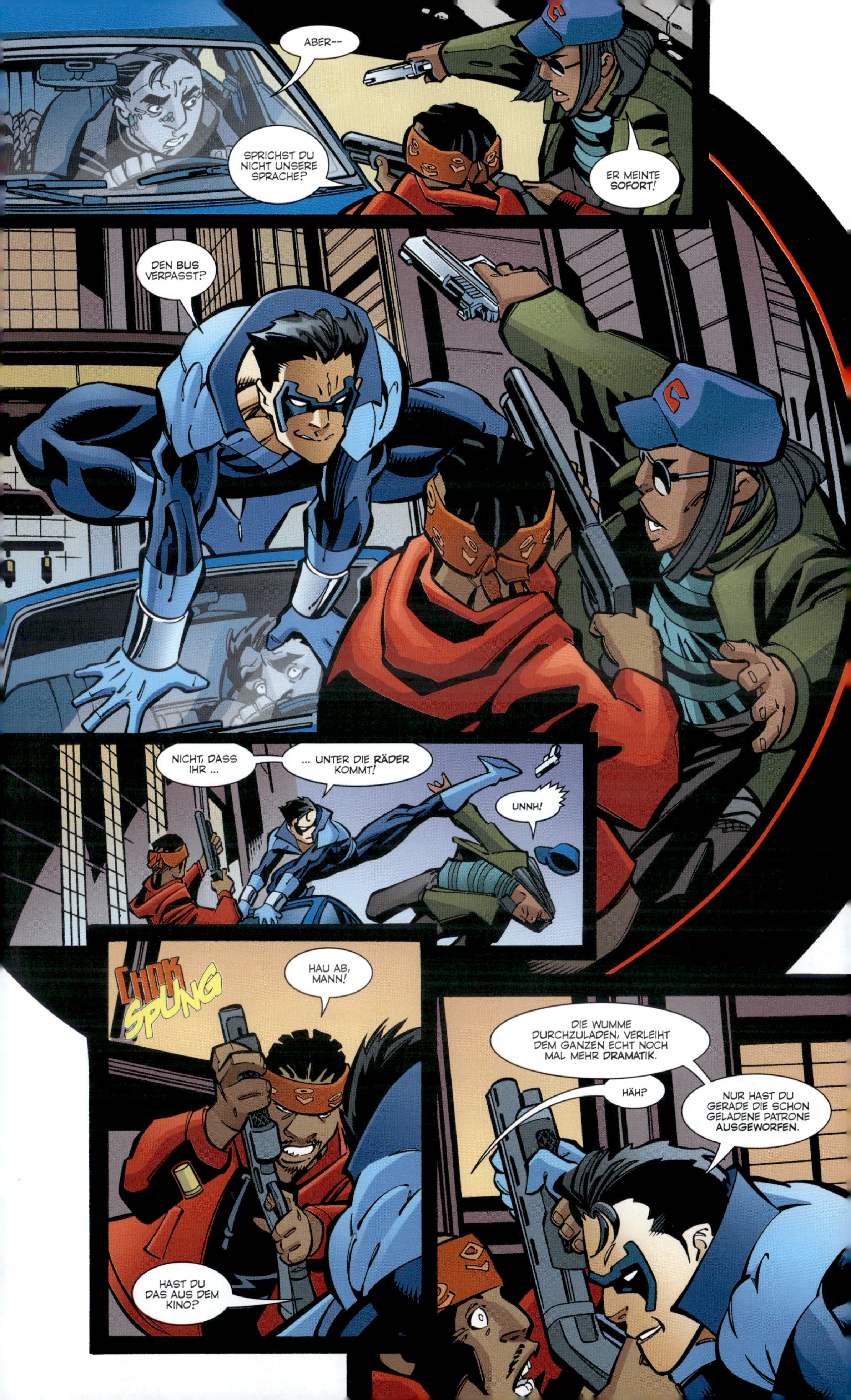
ABER--
SPRICHST DU NICHT UNSERE SPRACHE?
ER MEINTE SOFORT!
DEN BUS VERPASST?
NICHT, DASS IHR ...
... UNTER DIE RÄDER KOMMT!
UNNH!
CHNK
SPUNG
HAU AB, MANN!
HAST DU DAS AUS DEM KINO?
DIE WUMME DURCHZULADEN, VERLEIHT DEM GANZEN ECHT NOCH MAL MEHR DRAMATIK.
HÄH?
NUR HAST DU GERADE DIE SCHON GELADENE PATRONE AUSGEWORFEN.

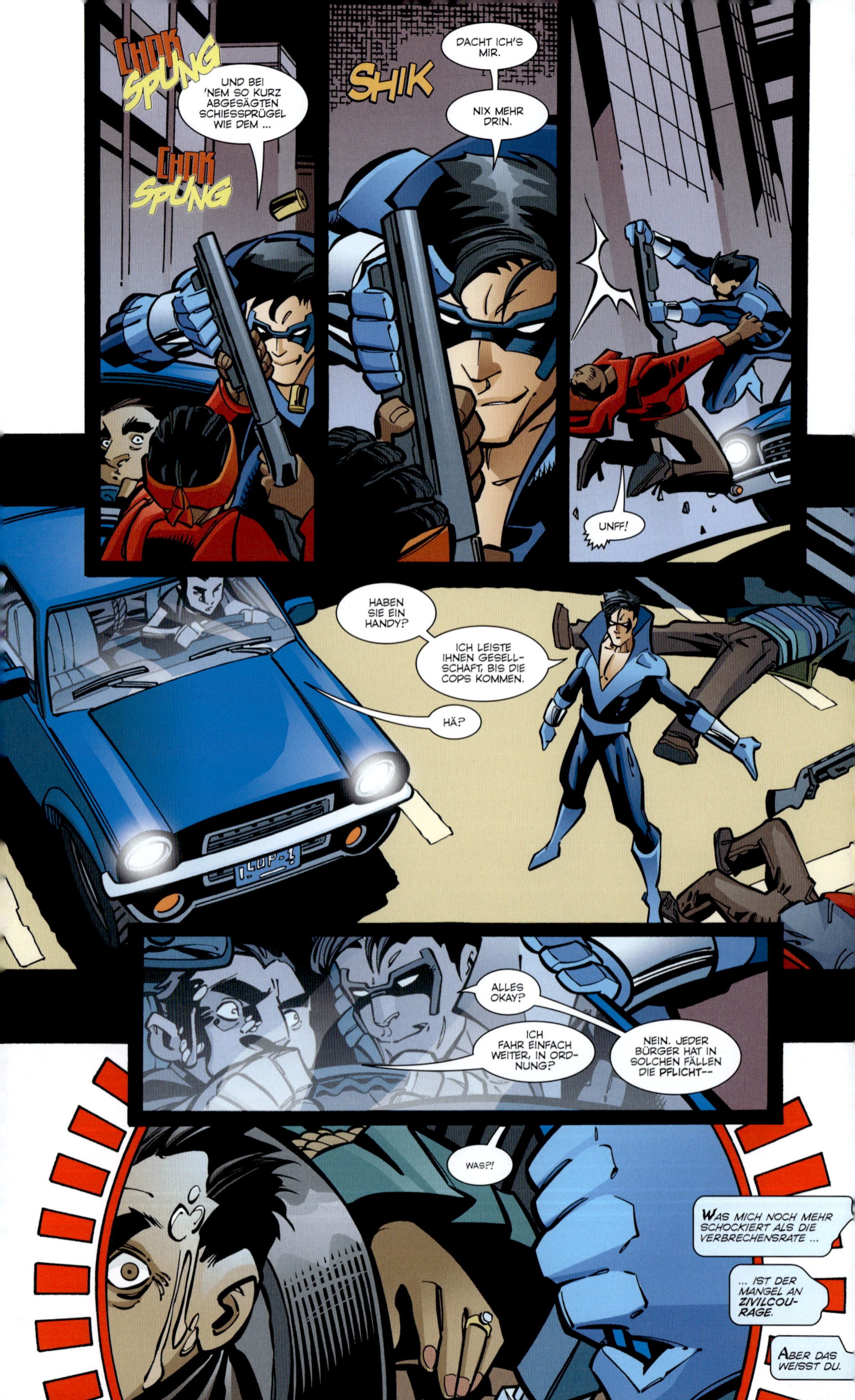
CHOK
SPUNG
UND BEI 'NEM SO KURZ ABGESÄGTEN SCHIESSPRÜGEL WIE DEM ...
CHOK
SPUNG
SHIK
DACHT ICH'S MIR.
NIX MEHR DRIN.
UNFF!
HABEN SIE EIN HANDY?
ICH LEISTE IHNEN GESELL-SCHAFT, BIS DIE COPS KOMMEN.
HÄ?
ALLES OKAY?
ICH FAHR EINFACH WEITER, IN ORD-NUNG?
NEIN. JEDER BÜRGER HAT IN SOLCHEN FÄLLEN DIE PFLICHT--
WAS?!
WAS MICH NOCH MEHR SCHOCKIERT ALS DIE VERBRECHENSRATE ...
... IST DER MANGEL AN ZIVILCOURAGE.
ABER DAS WEISST DU.

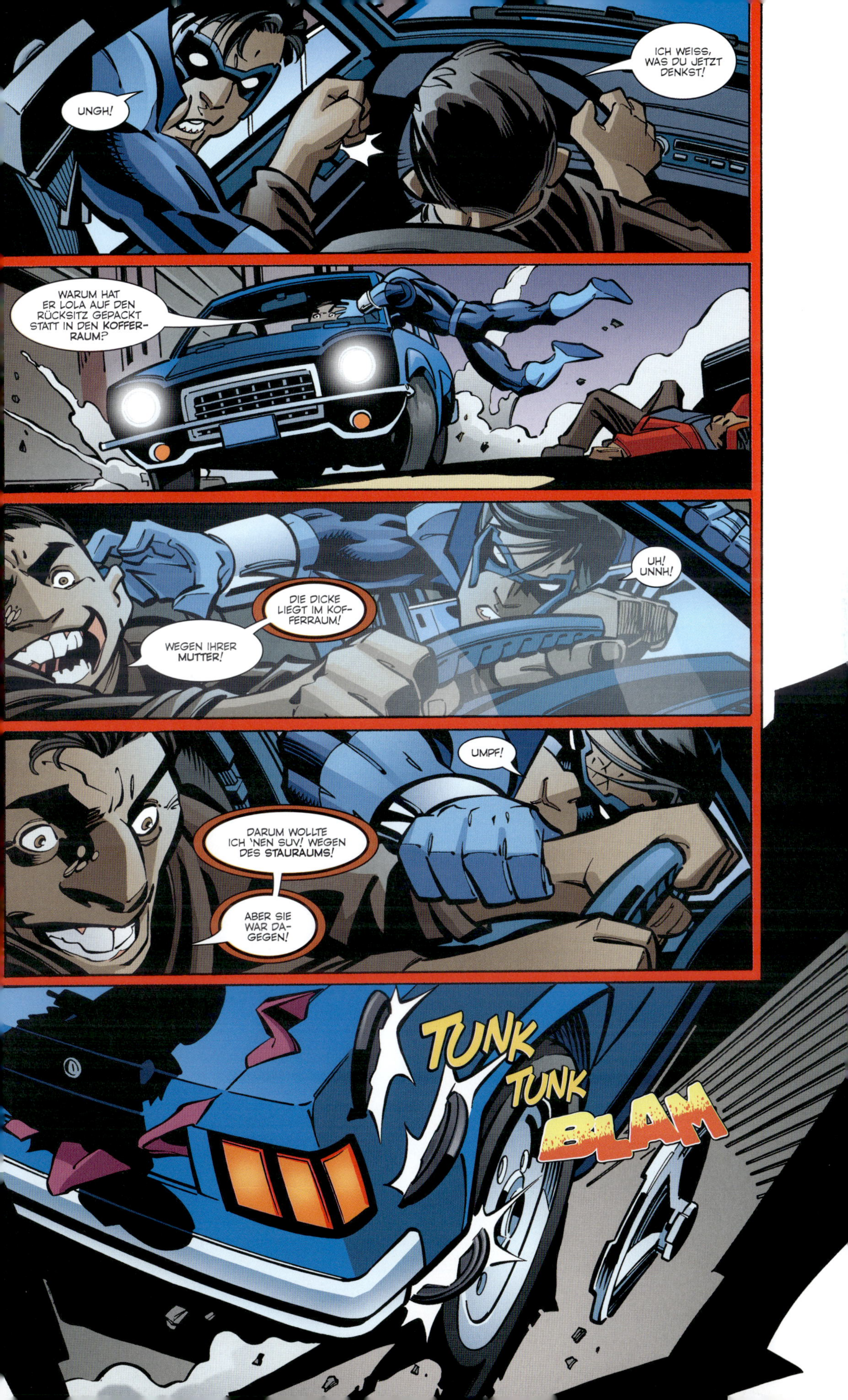
ICH WEISS, WAS DU JETZT DENKST!
UNGH!
WARUM HAT ER LOLA AUF DEN RÜCKSITZ GEPACKT STATT IN DEN KOFFERRAUM?
UH! UNNH!
DIE DICKE LIEGT IM KOFFERRAUM!
WEGEN IHRER MUTTER!
UMPF!
DARUM WOLLTE ICH 'NEN SUV! WEGEN DES STAURAUMS!
ABER SIE WAR DAGEGEN!
TUNK
TUNK
BLAM

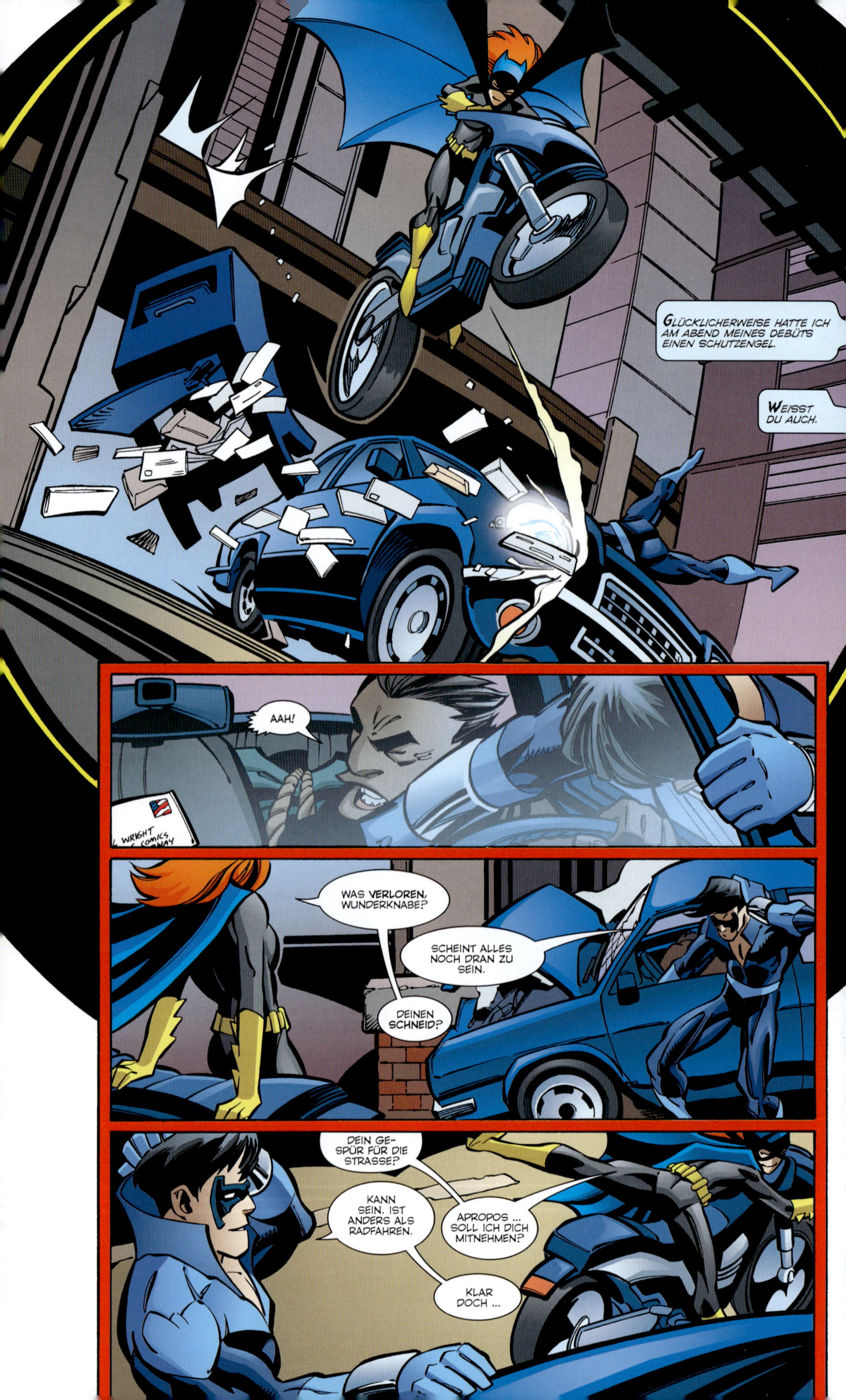
GLÜCKLICHERWEISE HATTE ICH AM ABEND MEINES DEBÜTS EINEN SCHUTZENGEL.
WEISST DU AUCH.
AAH!
WAS VERLOREN, WUNDERKNABE?
SCHEINT ALLES NOCH DRAN ZU SEIN.
DEINEN SCHNEID?
DEIN GESPÜR FÜR DIE STRASSE?
KANN SEIN. IST ANDERS ALS RADFAHREN.
APROPOS ... SOLL ICH DICH MITNEHMEN?
KLAR DOCH ...

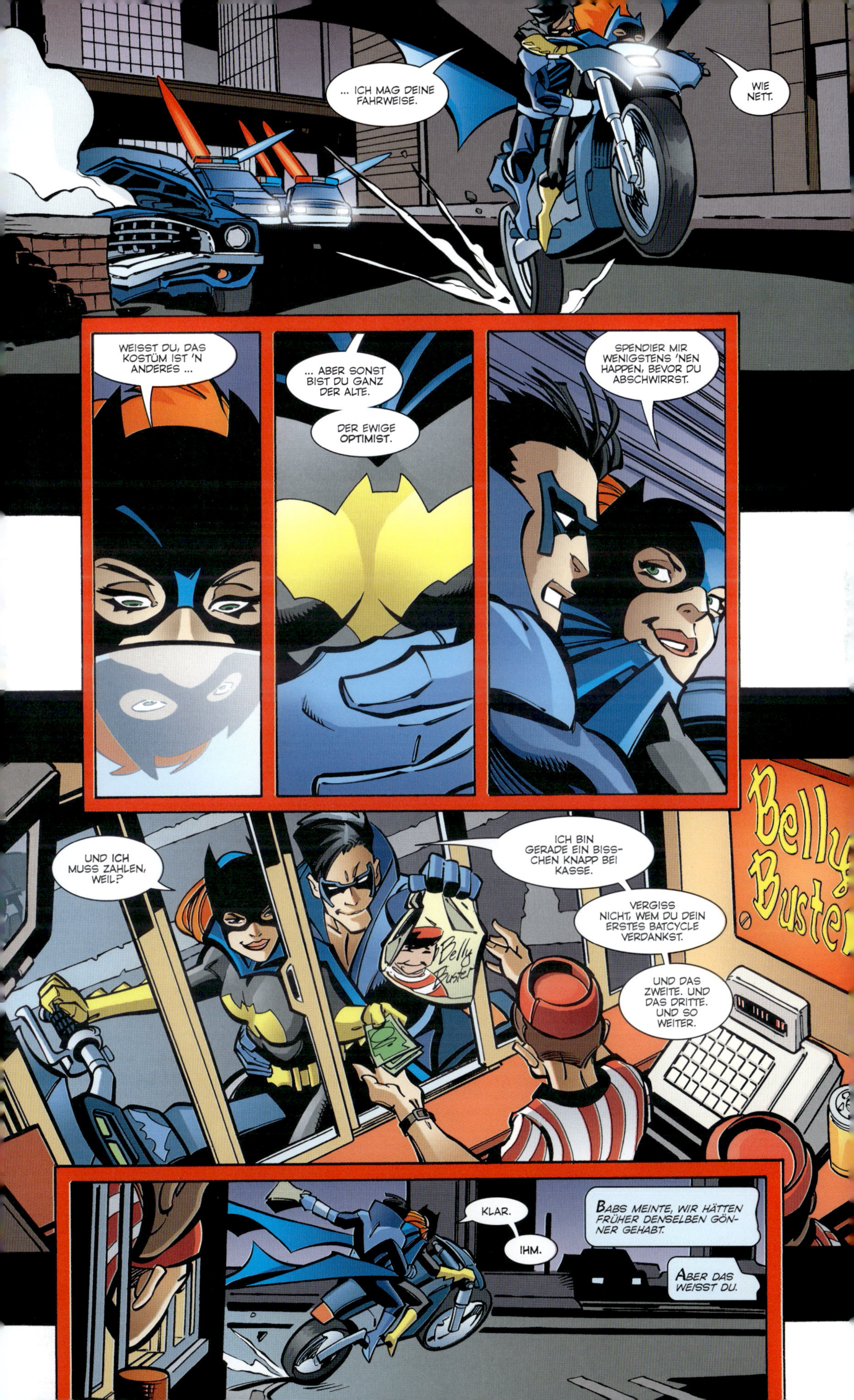
... ICH MAG DEINE FAHRWEISE.
WIE NETT.
WEISST DU, DAS KOSTÜM IST 'N ANDERES ...
... ABER SONST BIST DU GANZ DER ALTE.
DER EWIGE OPTIMIST.
SPENDIER MIR WENIGSTENS 'NEN HAPPEN, BEVOR DU ABSCHWIRRST.
Belly Buster
UND ICH MUSS ZAHLEN, WEIL?
ICH BIN GERADE EIN BISSCHEN KNAPP BEI KASSE.
VERGISS NICHT, WEM DU DEIN ERSTES BATCYCLE VERDANKST.
UND DAS ZWEITE. UND DAS DRITTE. UND SO WEITER.
KLAR.
IHM.
BABS MEINTE, WIR HÄTTEN FRÜHER DENSELBEN GÖNNER GEHABT.
ABER DAS WEISST DU.

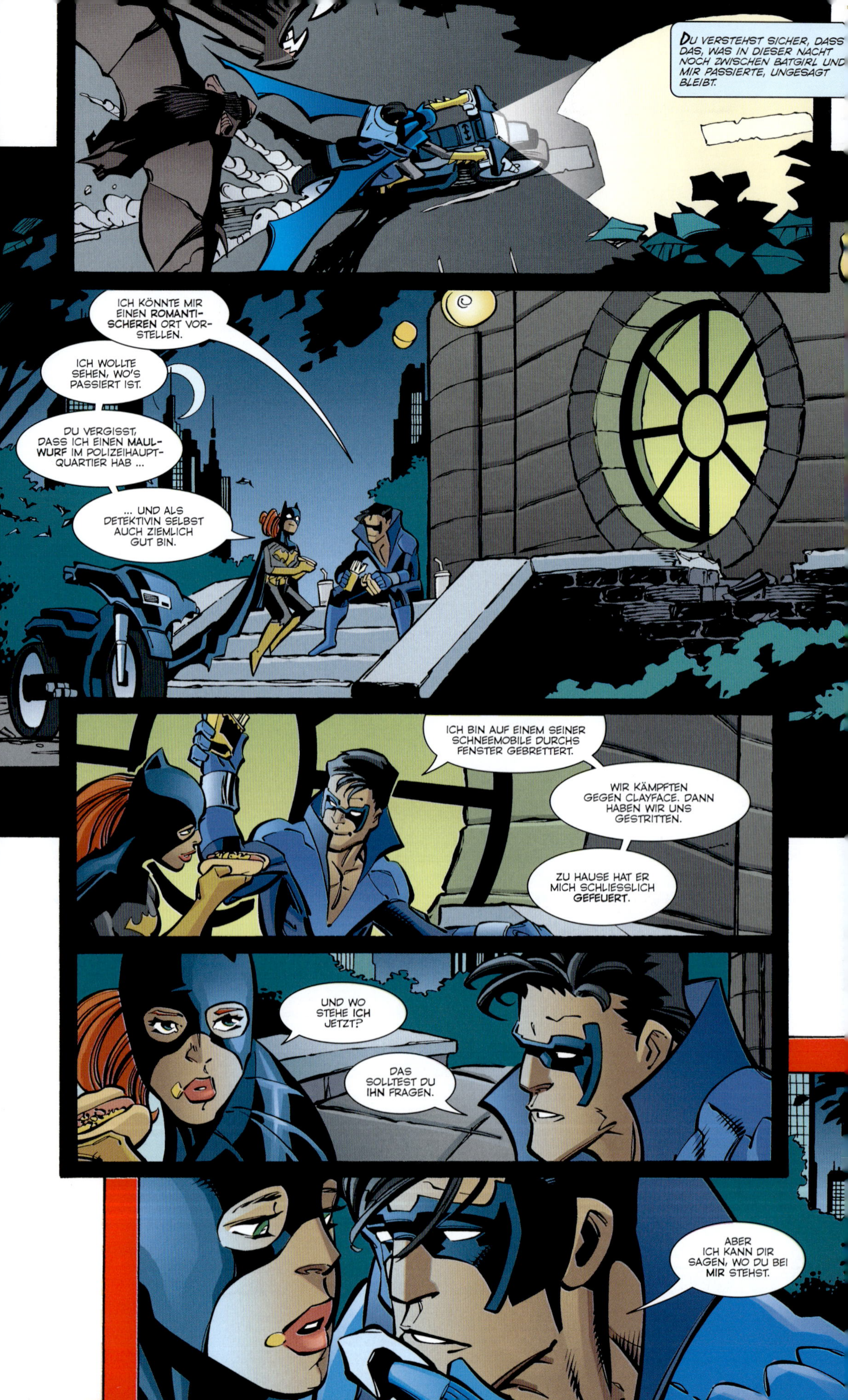
DU VERSTEHST SICHER, DASS DAS, WAS IN DIESER NACHT NOCH ZWISCHEN BATGIRL UND MIR PASSIERTE, UNGESAGT BLEIBT.
ICH KÖNNTE MIR EINEN ROMANTISCHEREN ORT VORSTELLEN.
ICH WOLLTE SEHEN, WO'S PASSIERT IST.
DU VERGISST, DASS ICH EINEN MAULWURF IM POLIZEIHAUPTQUARTIER HAB ...
... UND ALS DETEKTIVIN SELBST AUCH ZIEMLICH GUT BIN.
ICH BIN AUF EINEM SEINER SCHNEEMOBILE DURCHS FENSTER GEBRETTERT.
WIR KÄMPFTEN GEGEN CLAYFACE. DANN HABEN WIR UNS GESTRITTEN.
ZU HAUSE HAT ER MICH SCHLIESSLICH GEFEUERT.
UND WO STEHE ICH JETZT?
DAS SOLLTEST DU IHN FRAGEN.
ABER ICH KANN DIR SAGEN, WO DU BEI MIR STEHST.

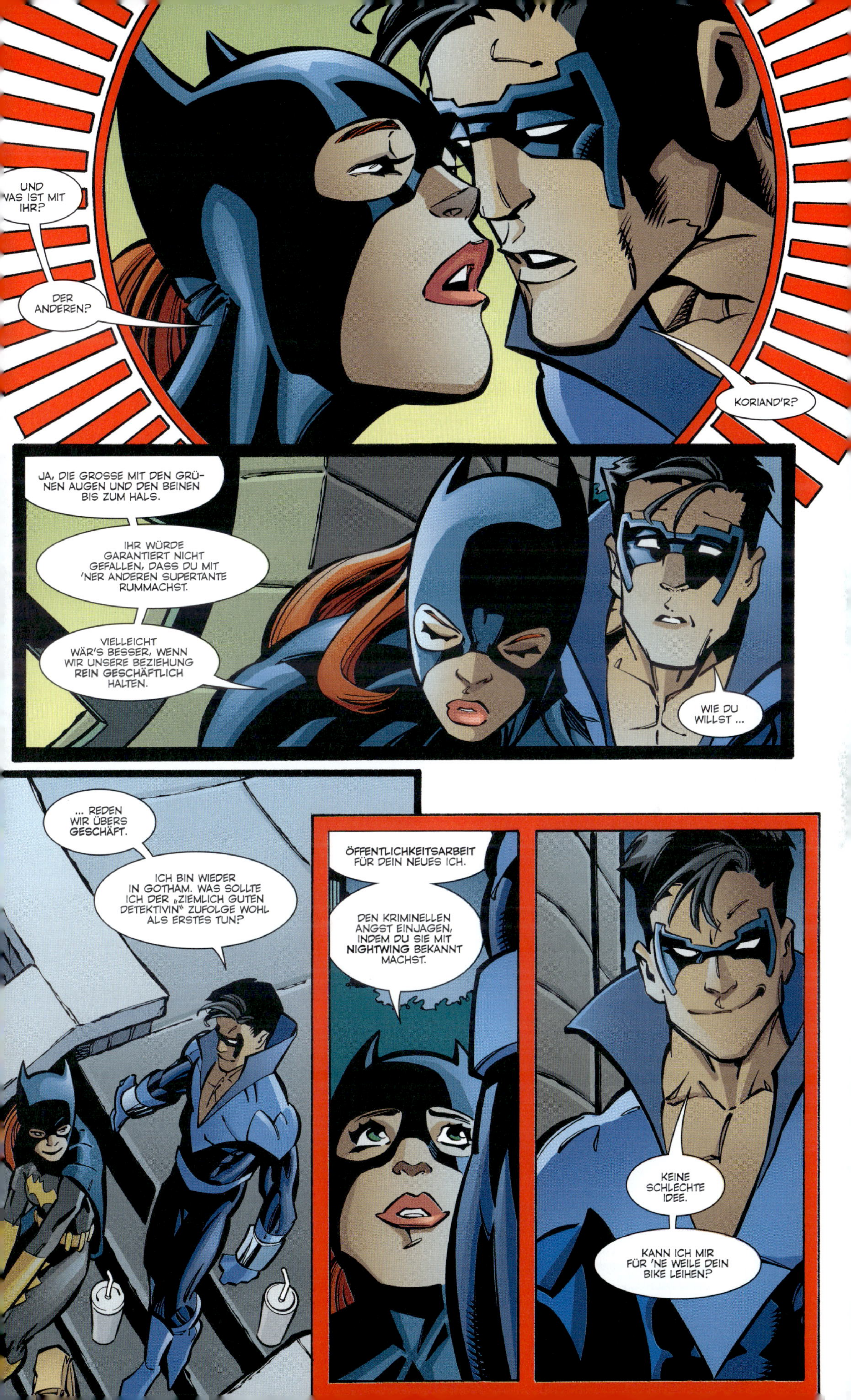

UND
WAS IST MIT
IHR?
DER
ANDEREN?
KORIAND'R?
JA, DIE GROSSE MIT DEN GRÜNEN AUGEN UND DEN BEINEN BIS ZUM HALS.
IHR WÜRDE GARANTIERT NICHT GEFALLEN, DASS DU MIT 'NER ANDEREN SUPERTANTE RUMMACHST.
VIELLEICHT WÄR'S BESSER, WENN WIR UNSERE BEZIEHUNG REIN GESCHÄFTLICH HALTEN.
WIE DU WILLST ...
... REDEN WIR ÜBERS GESCHÄFT.
ICH BIN WIEDER IN GOTHAM. WAS SOLLTE ICH DER „ZIEMLICH GUTEN DETEKTIVIN" ZUFOLGE WOHL ALS ERSTES TUN?
ÖFFENTLICHKEITSARBEIT FÜR DEIN NEUES ICH.
DEN KRIMINELLEN ANGST EINJAGEN, INDEM DU SIE MIT **NIGHTWING** BEKANNT MACHST.
KEINE SCHLECHTE IDEE.
KANN ICH MIR FÜR 'NE WEILE DEIN BIKE LEIHEN?

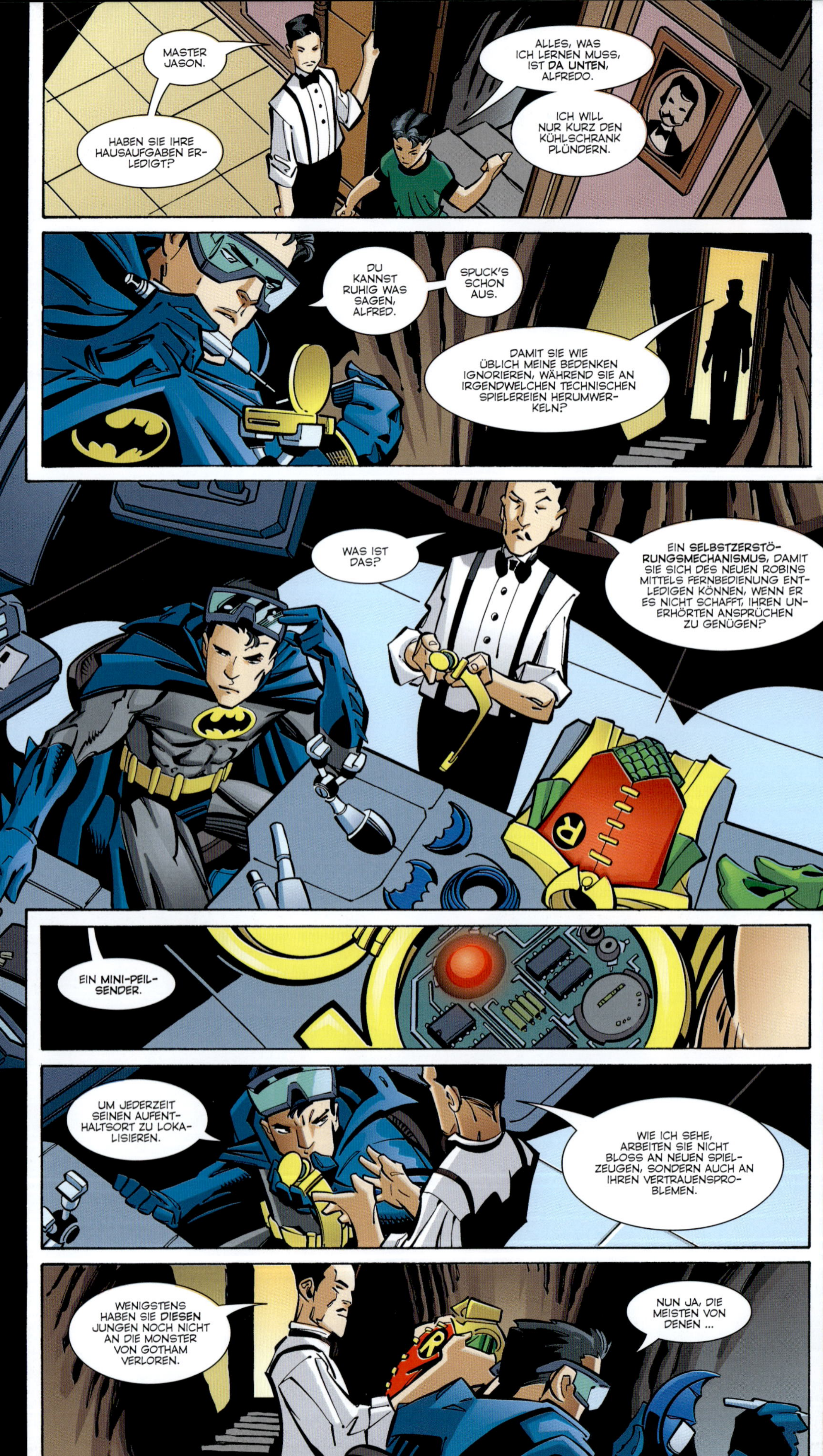
MASTER JASON.
HABEN SIE IHRE HAUSAUFGABEN ERLEDIGT?
ALLES, WAS ICH LERNEN MUSS, IST DA UNTEN, ALFREDO.
ICH WILL NUR KURZ DEN KÜHLSCHRANK PLÜNDERN.
DU KANNST RUHIG WAS SAGEN, ALFRED.
SPUCK'S SCHON AUS.
DAMIT SIE WIE ÜBLICH MEINE BEDENKEN IGNORIEREN, WÄHREND SIE AN IRGENDWELCHEN TECHNISCHEN SPIELEREIEN HERUMWERKELN?
WAS IST DAS?
EIN SELBSTZERSTÖRUNGSMECHANISMUS, DAMIT SIE SICH DES NEUEN ROBINS MITTELS FERNBEDIENUNG ENTLEDIGEN KÖNNEN, WENN ER ES NICHT SCHAFFT, IHREN UNERHÖRTEN ANSPRÜCHEN ZU GENÜGEN?
EIN MINI-PEILSENDER.
UM JEDERZEIT SEINEN AUFENTHALTSORT ZU LOKALISIEREN.
WIE ICH SEHE, ARBEITEN SIE NICHT BLOSS AN NEUEN SPIELZEUGEN, SONDERN AUCH AN IHREN VERTRAUENSPROBLEMEN.
WENIGSTENS HABEN SIE DIESEN JUNGEN NOCH NICHT AN DIE MONSTER VON GOTHAM VERLOREN.
NUN JA, DIE MEISTEN VON DENEN ...

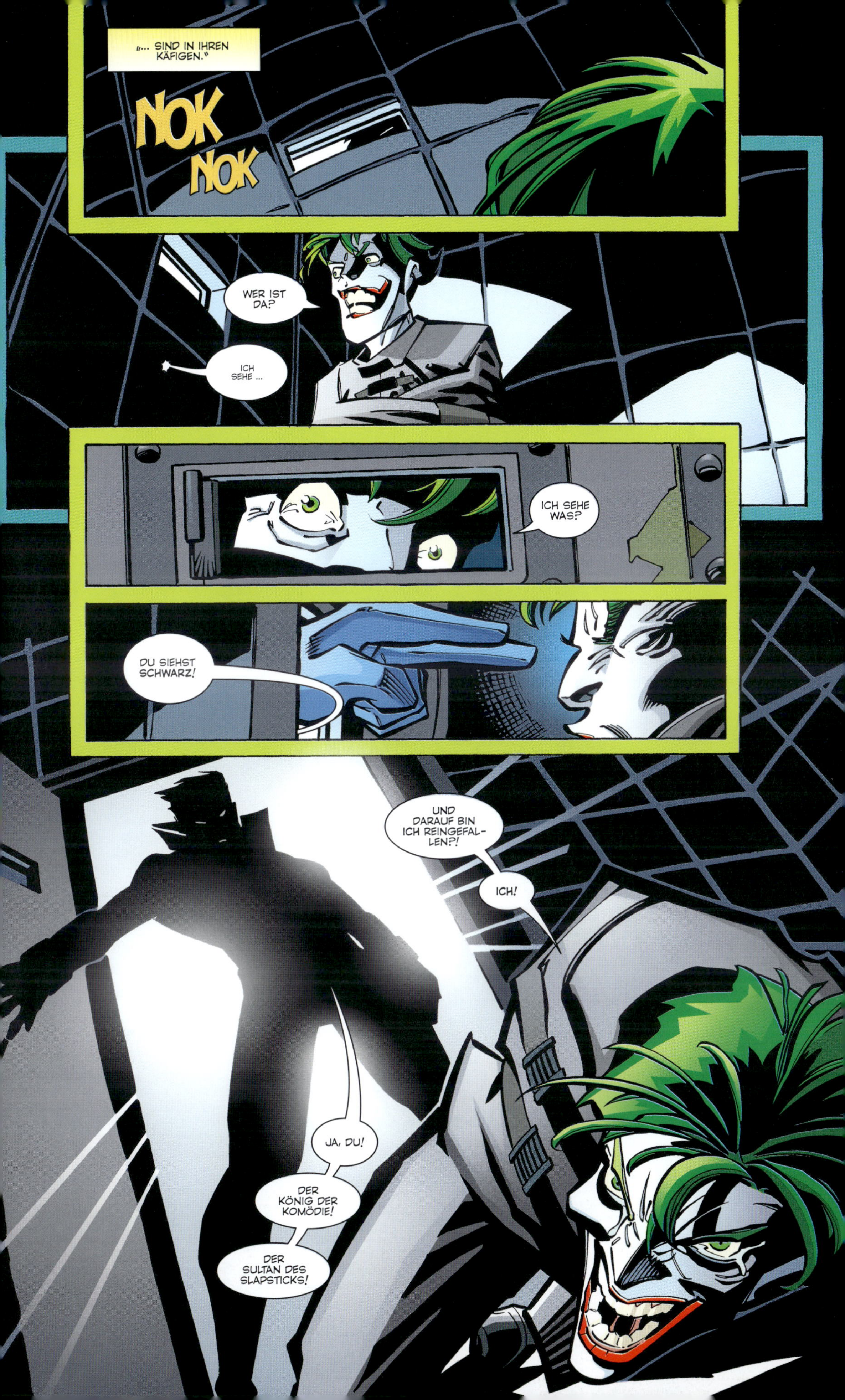
„... SIND IN IHREN KÄFIGEN."
NOK NOK
WER IST DA?
ICH SEHE ...
ICH SEHE WAS?
DU SIEHST SCHWARZ!
UND DARAUF BIN ICH REINGEFALLEN?!
ICH!
JA, DU!
DER KÖNIG DER KOMÖDIE!
DER SULTAN DES SLAPSTICKS!

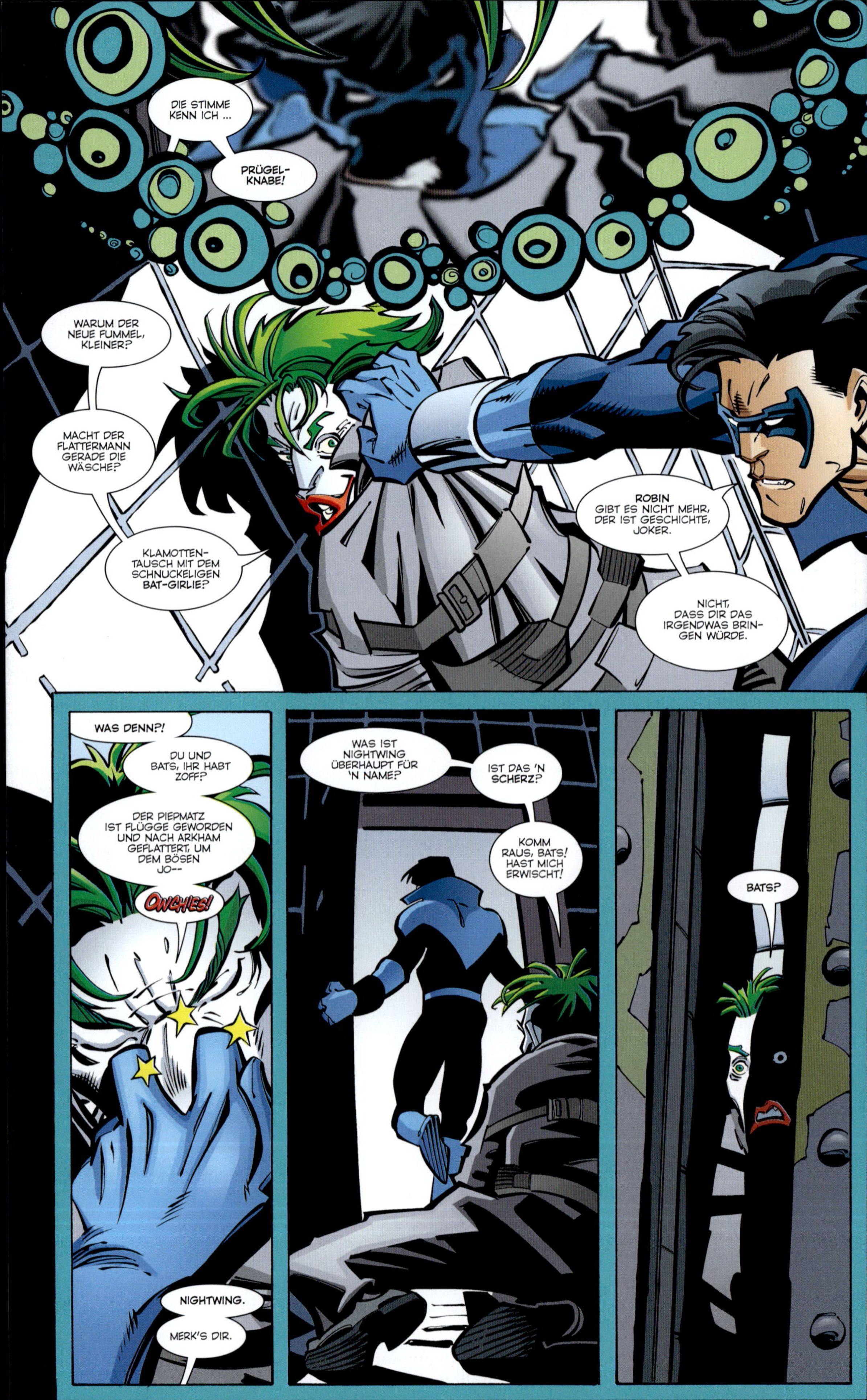

DIE STIMME KENN ICH ...
PRÜGEL-KNABE!
WARUM DER NEUE FUMMEL, KLEINER?
MACHT DER FLATTERMANN GERADE DIE WÄSCHE?
KLAMOTTEN-TAUSCH MIT DEM SCHNUCKELIGEN BAT-GIRLIE?
ROBIN GIBT ES NICHT MEHR, DER IST GESCHICHTE, JOKER.
NICHT, DASS DIR DAS IRGENDWAS BRINGEN WÜRDE.

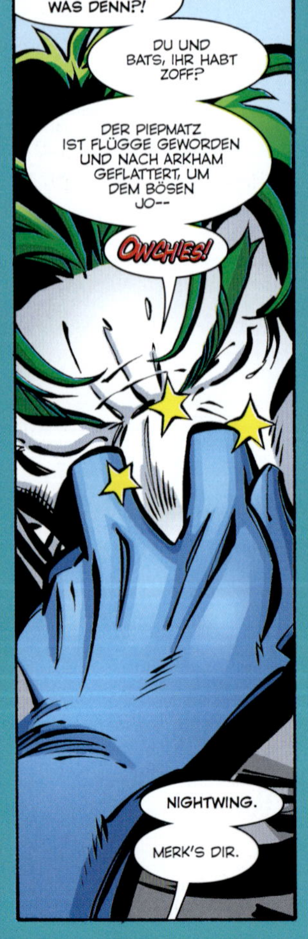
WAS DENN?!
DU UND BATS, IHR HABT ZOFF?
DER PIEPMATZ IST FLÜGGE GEWORDEN UND NACH ARKHAM GEFLATTERT, UM DEM BÖSEN JO--
OWCHIES!
NIGHTWING.
MERK'S DIR.

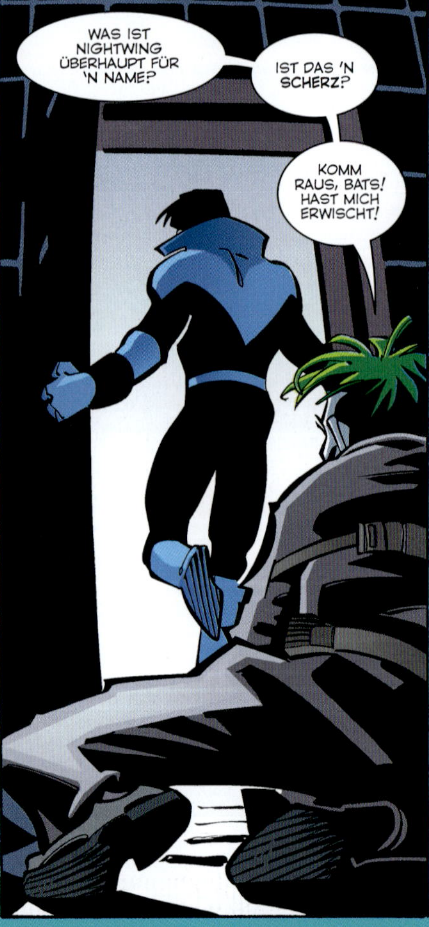
WAS IST NIGHTWING ÜBERHAUPT FÜR 'N NAME?
IST DAS 'N SCHERZ?
KOMM RAUS, BATS! HAST MICH ERWISCHT!

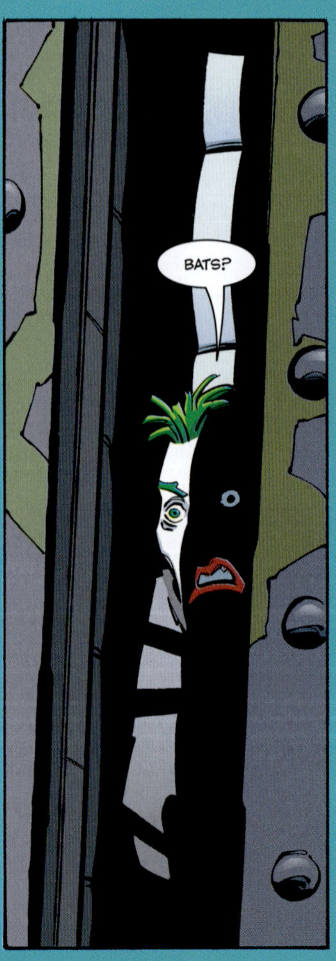
BATS?

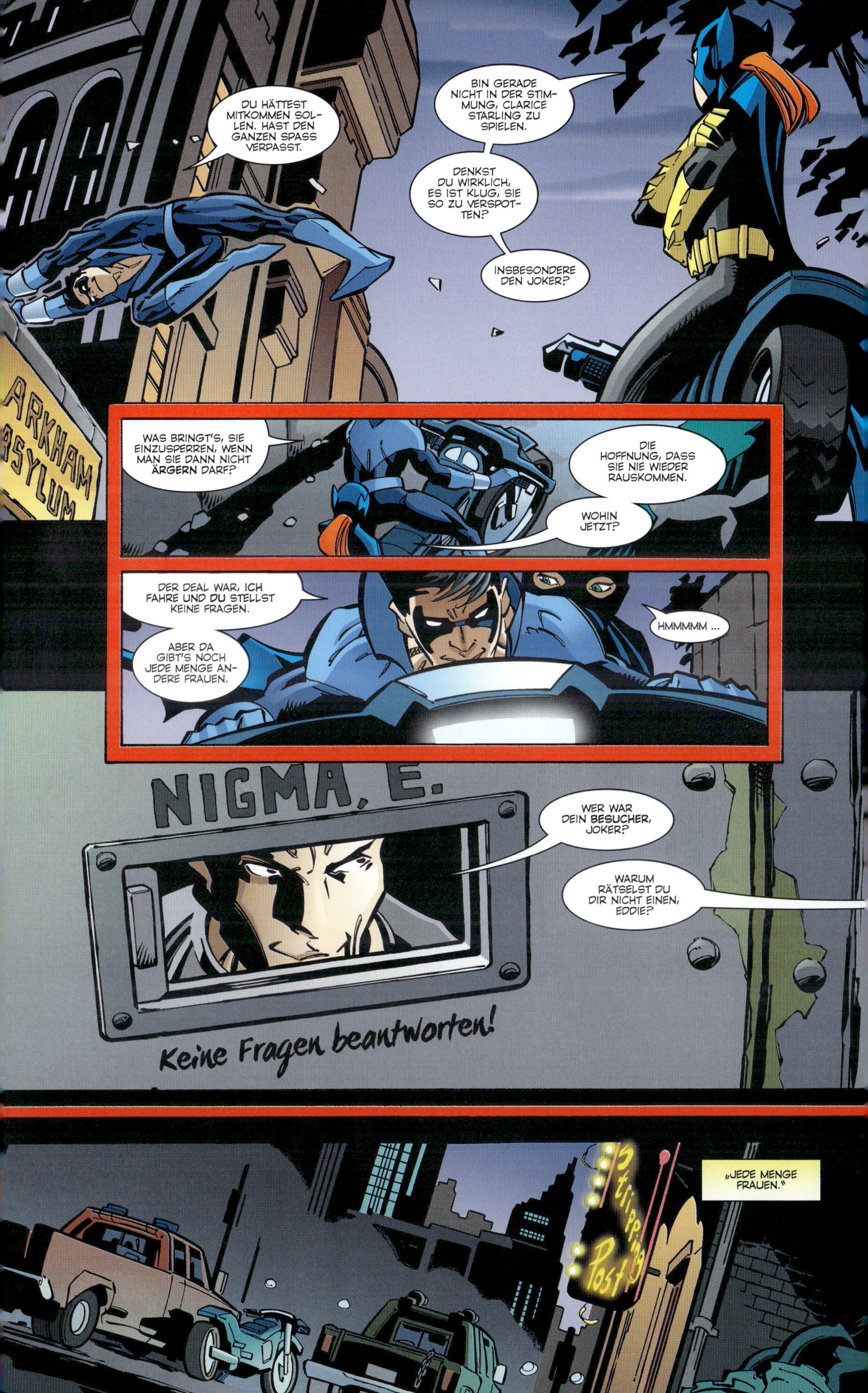
DU HÄTTEST MITKOMMEN SOLLEN. HAST DEN GANZEN SPASS VERPASST.
BIN GERADE NICHT IN DER STIMMUNG, CLARICE STARLING ZU SPIELEN.
DENKST DU WIRKLICH, ES IST KLUG, SIE SO ZU VERSPOTTEN?
INSBESONDERE DEN JOKER?
ARKHAM ASYLUM
WAS BRINGT'S, SIE EINZUSPERREN, WENN MAN SIE DANN NICHT ÄRGERN DARF?
DIE HOFFNUNG, DASS SIE NIE WIEDER RAUSKOMMEN.
WOHIN JETZT?
DER DEAL WAR, ICH FAHRE UND DU STELLST KEINE FRAGEN.
HMMMMM ...
ABER DA GIBT'S NOCH JEDE MENGE ANDERE FRAUEN.
NIGMA, E.
WER WAR DEIN BESUCHER, JOKER?
WARUM RÄTSELST DU DIR NICHT EINEN, EDDIE?
Keine Fragen beantworten!
„JEDE MENGE FRAUEN."
Stripping Post

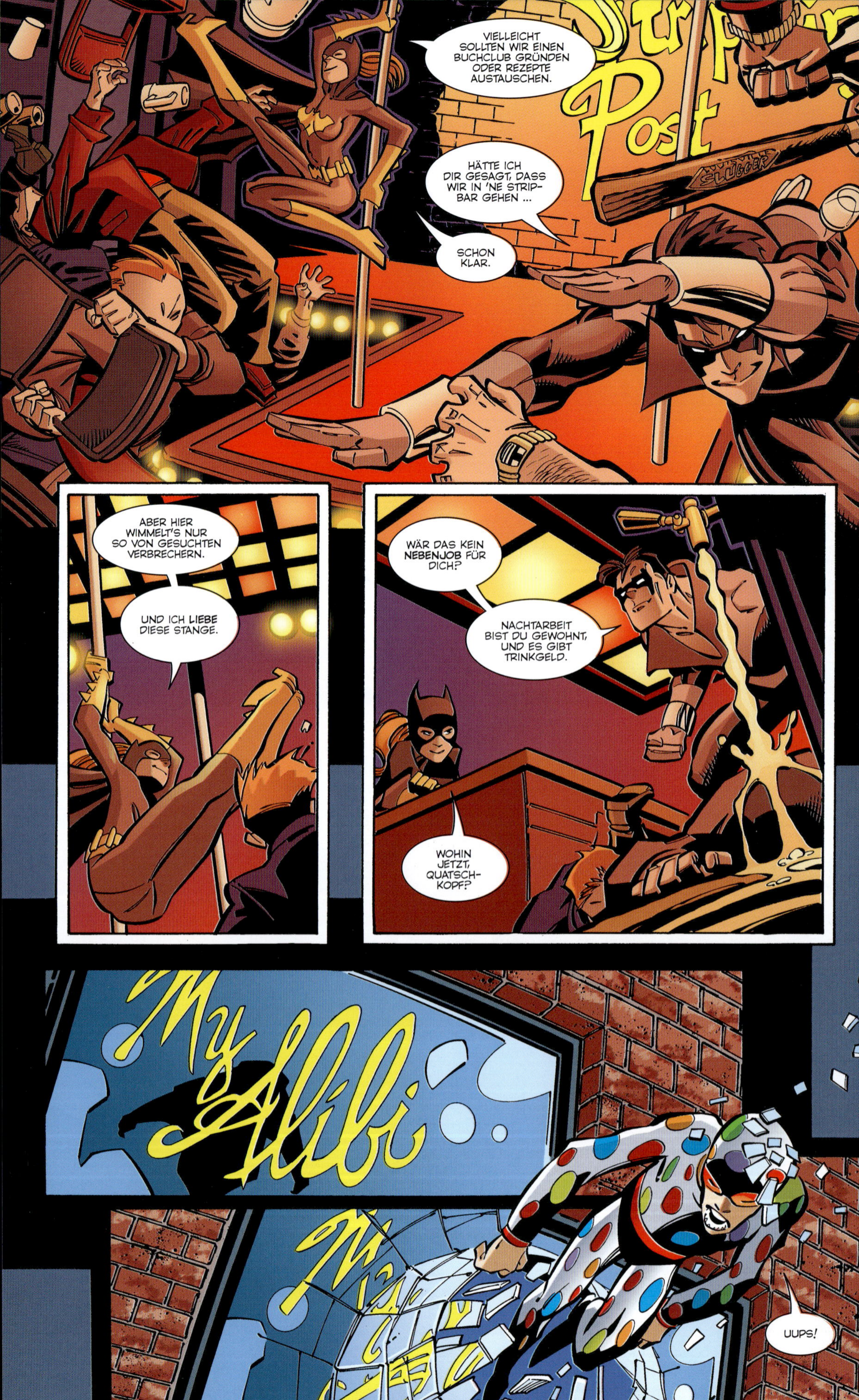
VIELLEICHT SOLLTEN WIR EINEN BUCHCLUB GRÜNDEN ODER REZEPTE AUSTAUSCHEN.
Strip Post
HÄTTE ICH DIR GESAGT, DASS WIR IN 'NE STRIP-BAR GEHEN ...
SCHON KLAR.
SLUGGER
ABER HIER WIMMELT'S NUR SO VON GESUCHTEN VERBRECHERN.
UND ICH LIEBE DIESE STANGE.
WÄR DAS KEIN NEBENJOB FÜR DICH?
NACHTARBEIT BIST DU GEWOHNT, UND ES GIBT TRINKGELD.
WOHIN JETZT, QUATSCH-KOPF?
My Alibi
UUPS!

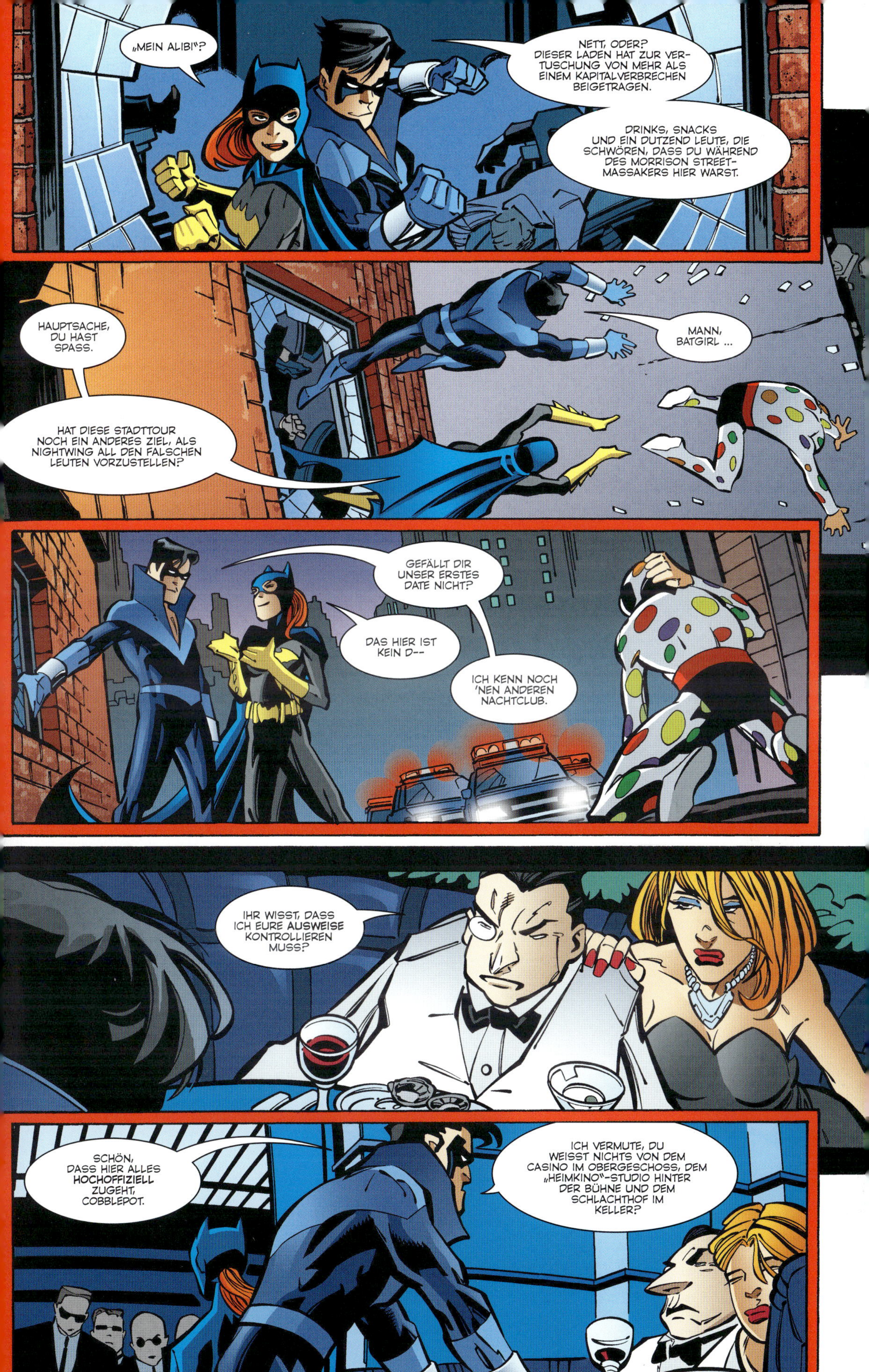
„MEIN ALIBI“?
NETT, ODER? DIESER LADEN HAT ZUR VERTUSCHUNG VON MEHR ALS EINEM KAPITALVERBRECHEN BEIGETRAGEN.
DRINKS, SNACKS UND EIN DUTZEND LEUTE, DIE SCHWÖREN, DASS DU WÄHREND DES MORRISON STREET-MASSAKERS HIER WARST.
HAUPTSACHE, DU HAST SPASS.
MANN, BATGIRL ...
HAT DIESE STADTTOUR NOCH EIN ANDERES ZIEL, ALS NIGHTWING ALL DEN FALSCHEN LEUTEN VORZUSTELLEN?
GEFÄLLT DIR UNSER ERSTES DATE NICHT?
DAS HIER IST KEIN D--
ICH KENN NOCH 'NEN ANDEREN NACHTCLUB.
IHR WISST, DASS ICH EURE AUSWEISE KONTROLLIEREN MUSS?
SCHÖN, DASS HIER ALLES HOCHOFFIZIELL ZUGEHT, COBBLEPOT.
ICH VERMUTE, DU WEISST NICHTS VON DEM CASINO IM OBERGESCHOSS, DEM „HEIMKINO“-STUDIO HINTER DER BÜHNE UND DEM SCHLACHTHOF IM KELLER?

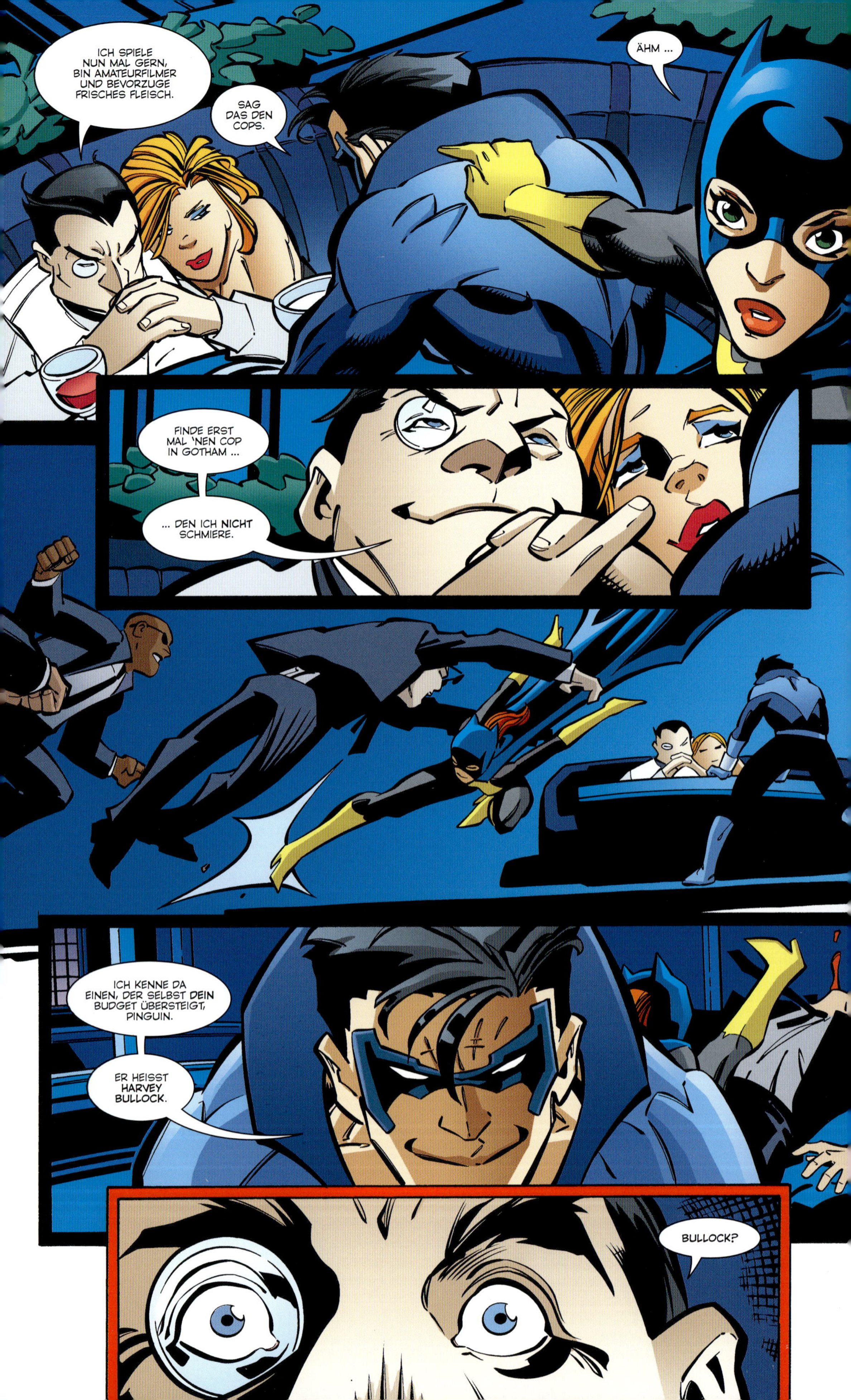
ICH SPIELE NUN MAL GERN, BIN AMATEURFILMER UND BEVORZUGE FRISCHES FLEISCH.
SAG DAS DEN COPS.
ÄHM ...
FINDE ERST MAL 'NEN COP IN GOTHAM ...
... DEN ICH **NICHT** SCHMIERE.
ICH KENNE DA EINEN, DER SELBST **DEIN** BUDGET ÜBERSTEIGT, PINGUIN.
ER HEISST **HARVEY BULLOCK.**
BULLOCK?

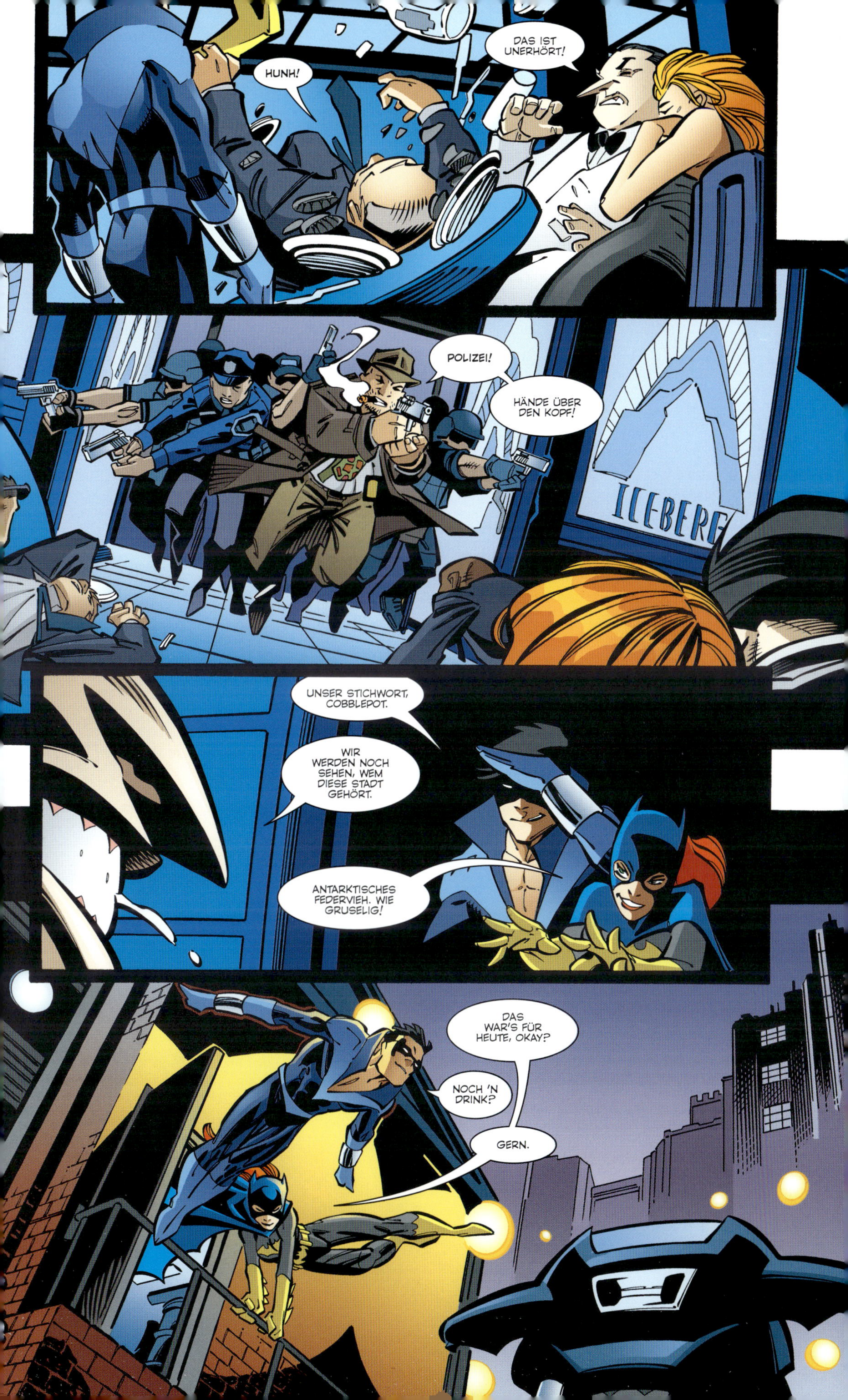
HUNH!
DAS IST UNERHÖRT!
POLIZEI!
HÄNDE ÜBER DEN KOPF!
ICEBERG
UNSER STICHWORT, COBBLEPOT.
WIR WERDEN NOCH SEHEN, WEM DIESE STADT GEHÖRT.
ANTARKTISCHES FEDERVIEH. WIE GRUSELIG!
DAS WAR'S FÜR HEUTE, OKAY?
NOCH 'N DRINK?
GERN.

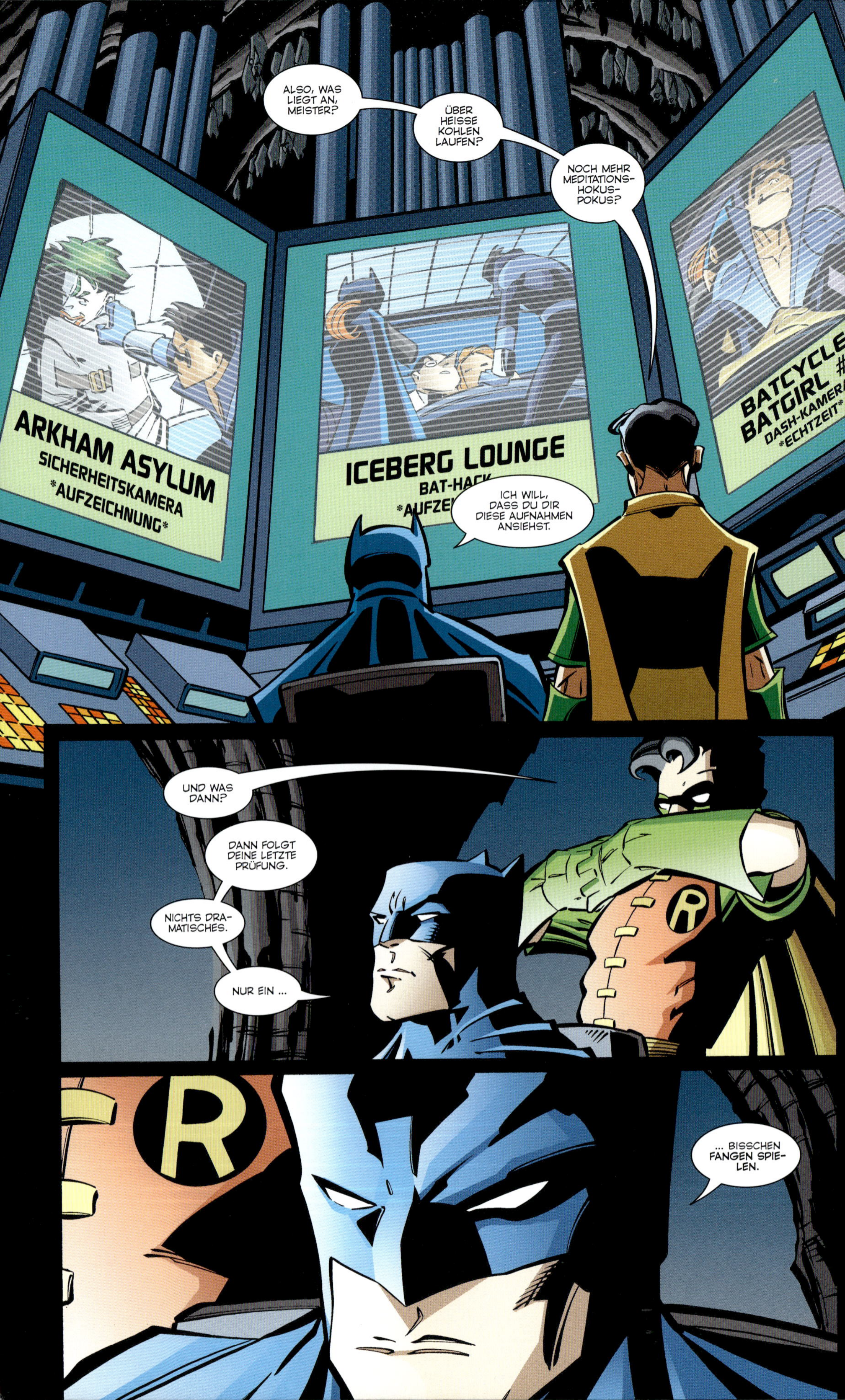
ALSO, WAS LIEGT AN, MEISTER?
ÜBER HEISSE KOHLEN LAUFEN?
NOCH MEHR MEDITATIONS-HOKUS-POKUS?
ARKHAM ASYLUM
SICHERHEITSKAMERA
*AUFZEICHNUNG*
ICEBERG LOUNGE
BAT-HACK
BATCYCLE
BATGIRL
ICH WILL, DASS DU DIR DIESE AUFNAHMEN ANSIEHST.
UND WAS DANN?
DANN FOLGT DEINE LETZTE PRÜFUNG.
NICHTS DRAMATISCHES.
NUR EIN ...
... BISSCHEN FANGEN SPIELEN.

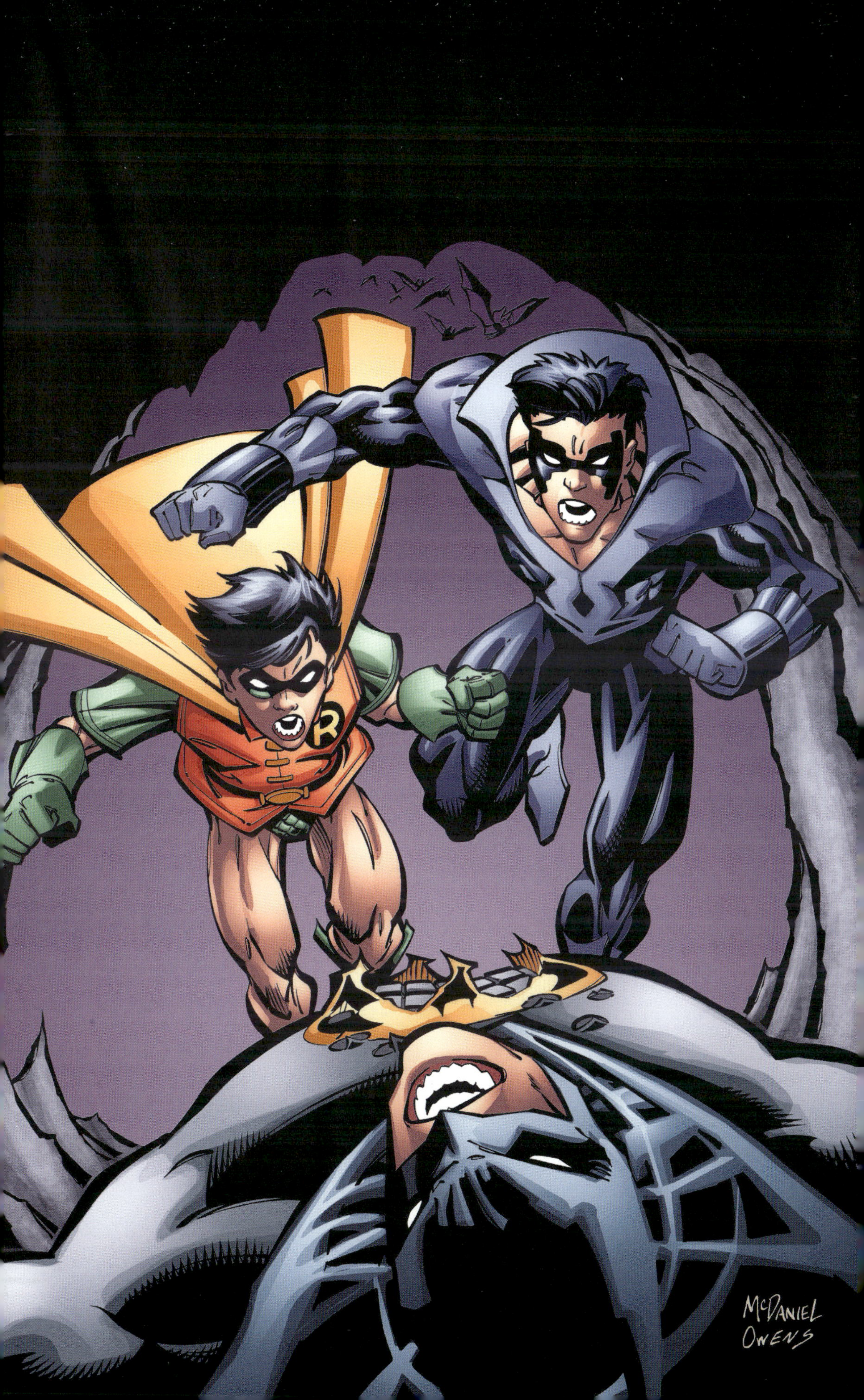
McDANIEL
OWENS

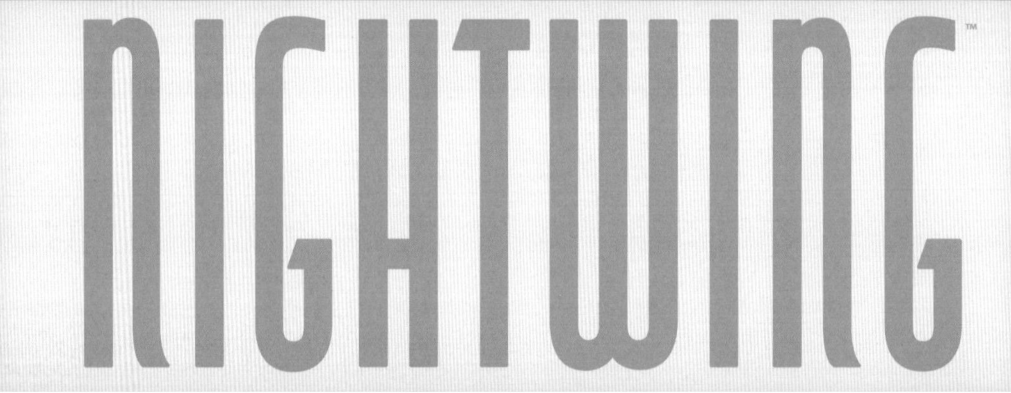
NIGHTWING™

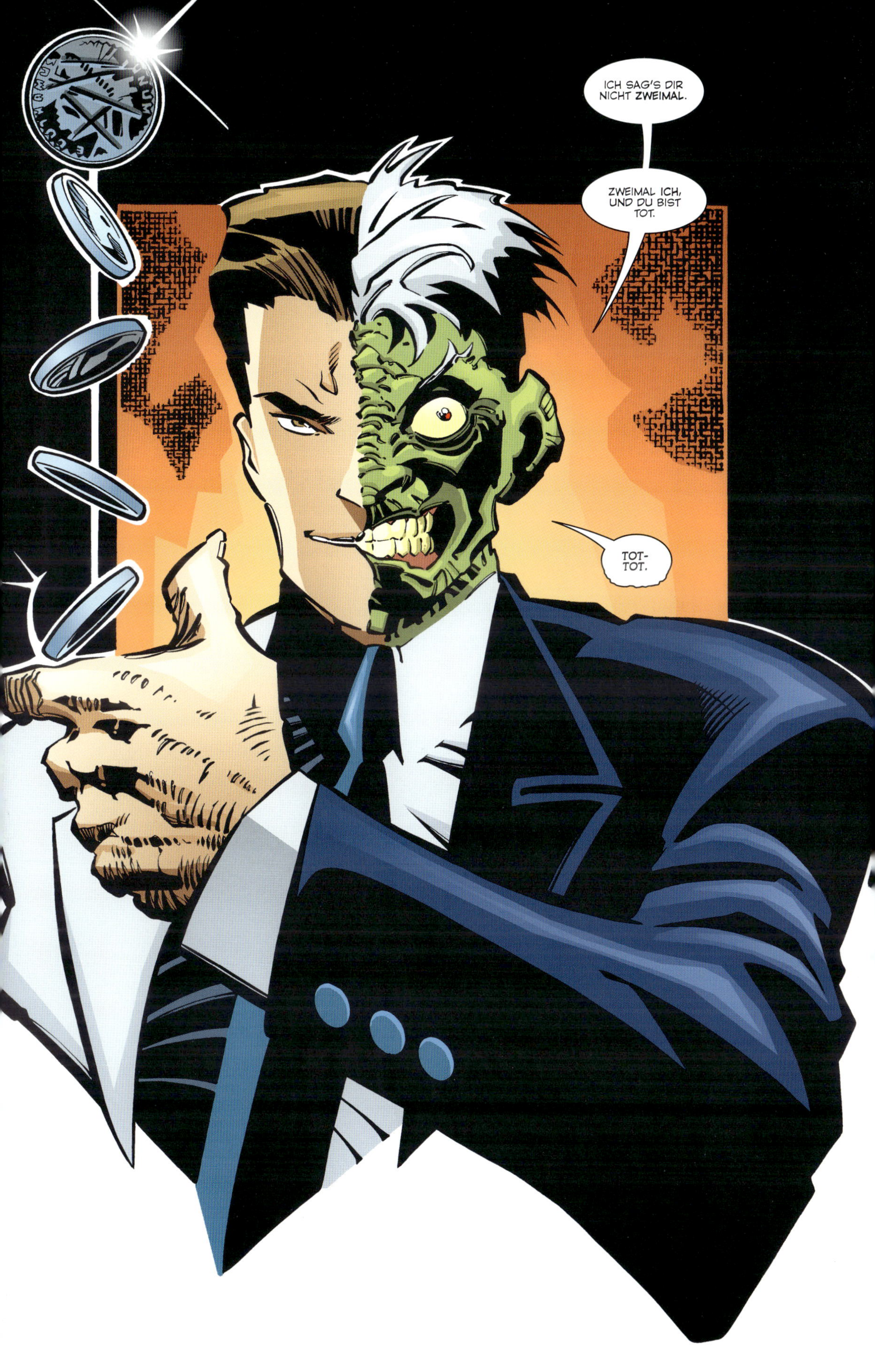
ICH SAG'S DIR NICHT ZWEIMAL.
ZWEIMAL ICH, UND DU BIST TOT.
TOT-TOT.

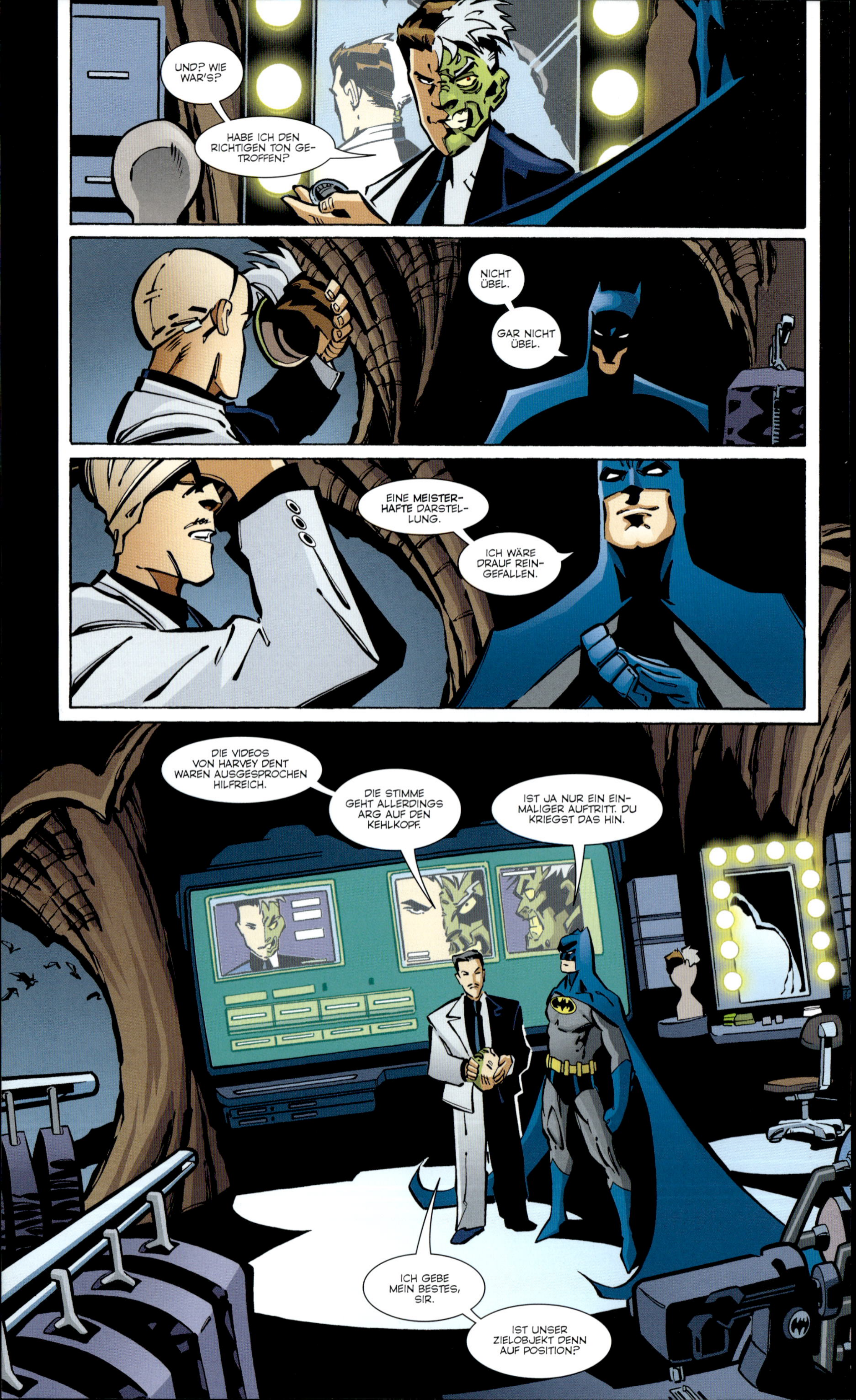

UND? WIE WAR'S?
HABE ICH DEN RICHTIGEN TON GETROFFEN?
NICHT ÜBEL.
GAR NICHT ÜBEL.
EINE **MEISTER**HAFTE DARSTELLUNG.
ICH WÄRE DRAUF REINGEFALLEN.
DIE VIDEOS VON HARVEY DENT WAREN AUSGESPROCHEN HILFREICH.
DIE STIMME GEHT ALLERDINGS ARG AUF DEN KEHLKOPF.
IST JA NUR EIN EINMALIGER AUFTRITT. DU KRIEGST DAS HIN.
ICH GEBE MEIN BESTES, SIR.
IST UNSER ZIELOBJEKT DENN AUF POSITION?

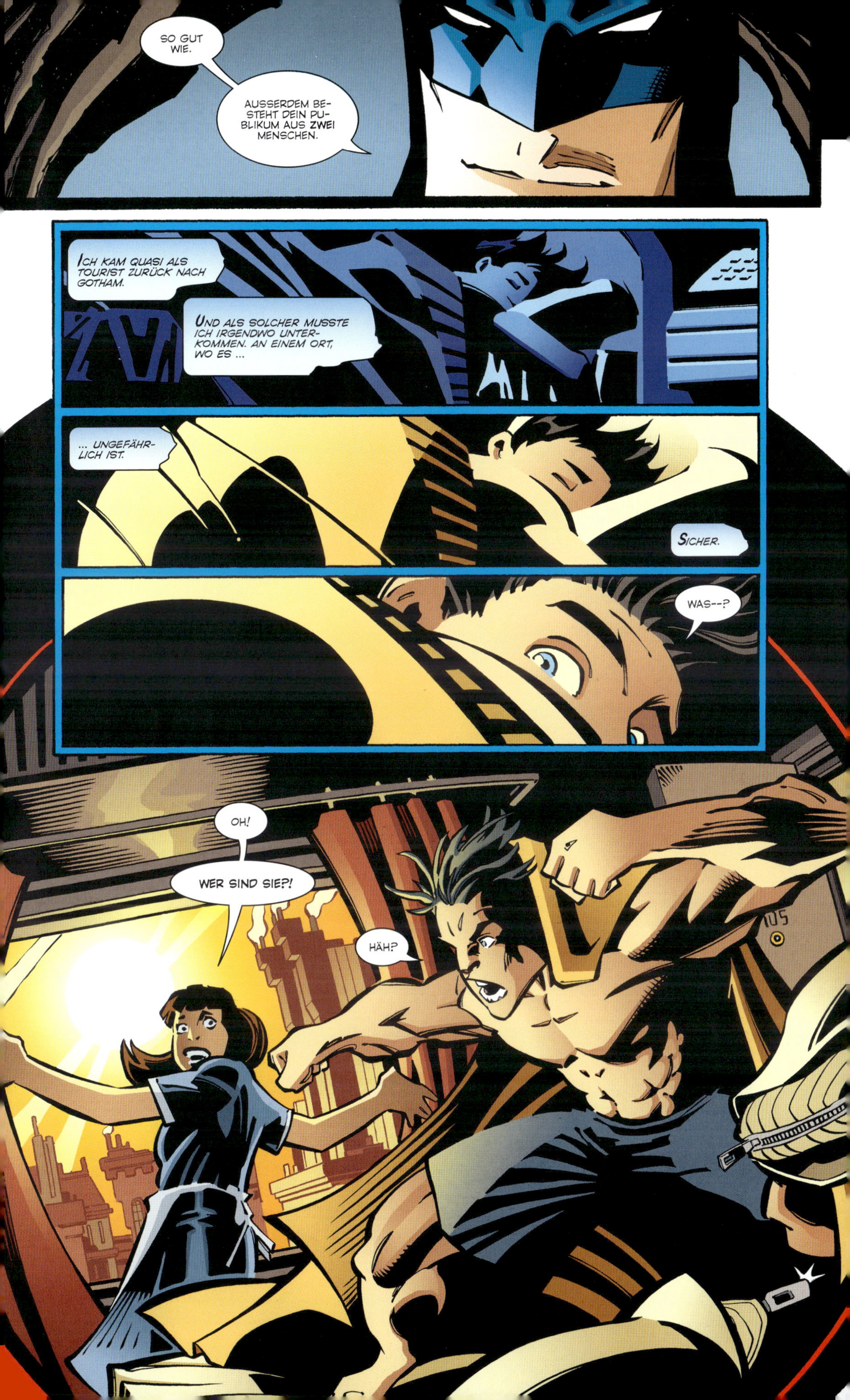
SO GUT WIE.
AUSSERDEM BESTEHT DEIN PUBLIKUM AUS ZWEI MENSCHEN.
ICH KAM QUASI ALS TOURIST ZURÜCK NACH GOTHAM.
UND ALS SOLCHER MUSSTE ICH IRGENDWO UNTERKOMMEN. AN EINEM ORT, WO ES ...
... UNGEFÄHRLICH IST.
SICHER.
WAS--?
OH!
WER SIND SIE?!
HÄH?
105

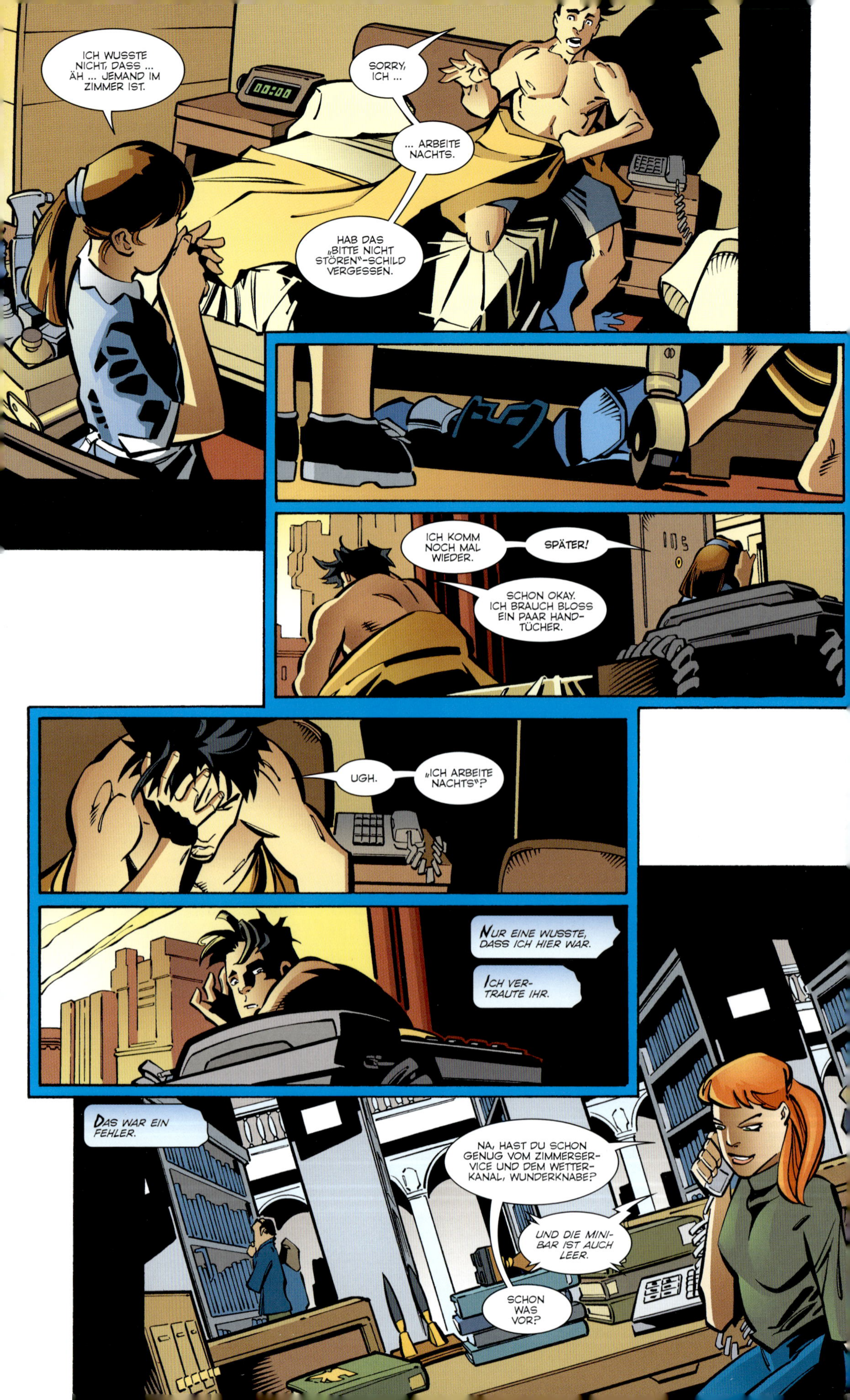

ICH WUSSTE NICHT, DASS ... ÄH ... JEMAND IM ZIMMER IST.

SORRY, ICH ...

... ARBEITE NACHTS.

HAB DAS „BITTE NICHT STÖREN"-SCHILD VERGESSEN.

ICH KOMM NOCH MAL WIEDER.

SPÄTER!

SCHON OKAY. ICH BRAUCH BLOSS EIN PAAR HANDTÜCHER.

UGH.

„ICH ARBEITE NACHTS"?

*NUR EINE WUSSTE, DASS ICH HIER WAR.*

*ICH VERTRAUTE IHR.*

*DAS WAR EIN FEHLER.*

NA, HAST DU SCHON GENUG VOM ZIMMERSERVICE UND DEM WETTERKANAL, WUNDERKNABE?

*UND DIE MINIBAR IST AUCH LEER.*

SCHON WAS VOR?

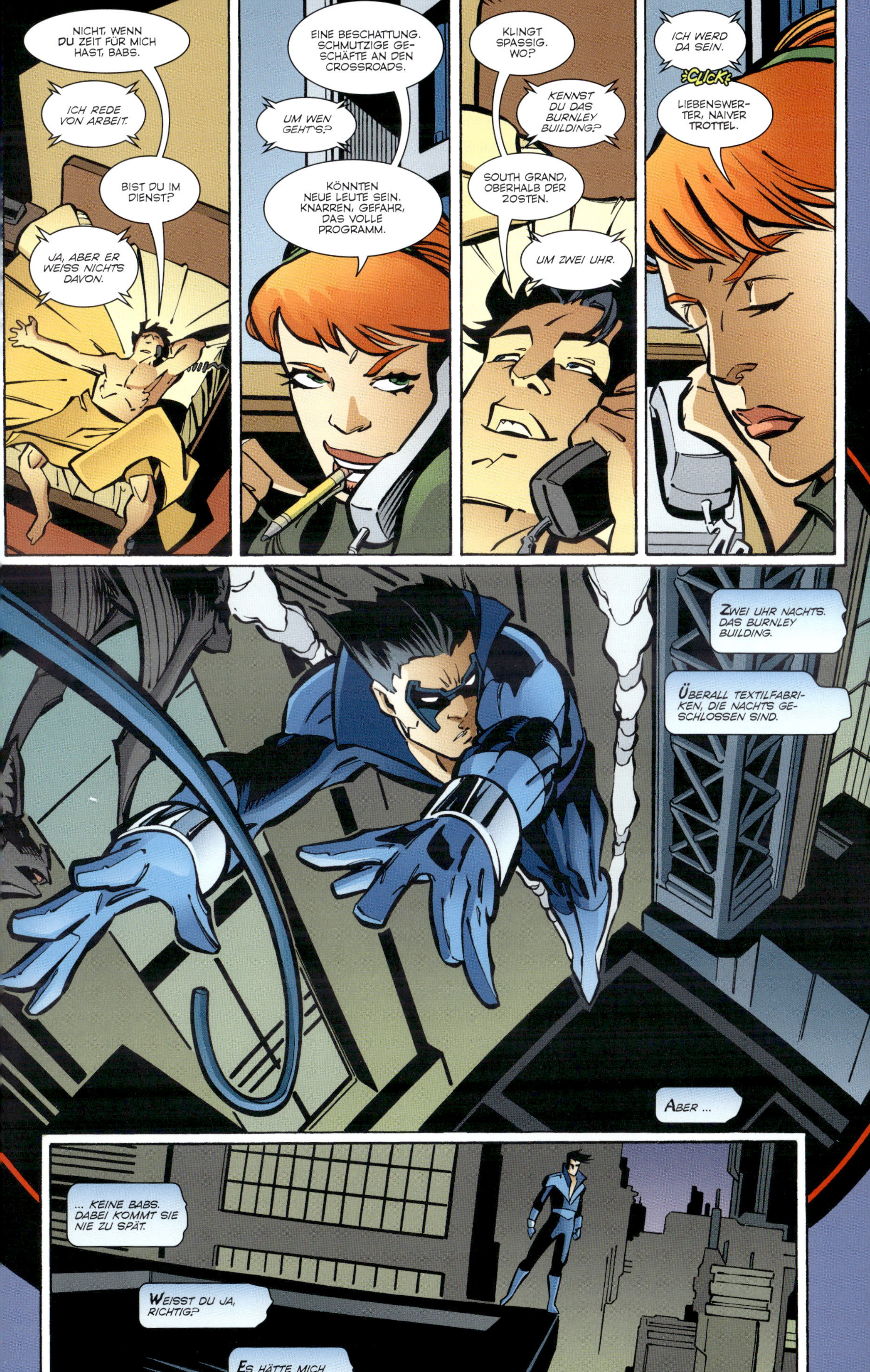
NICHT, WENN DU ZEIT FÜR MICH HAST, BABS.
ICH REDE VON ARBEIT.
BIST DU IM DIENST?
JA, ABER ER WEISS NICHTS DAVON.
EINE BESCHATTUNG. SCHMUTZIGE GESCHÄFTE AN DEN CROSSROADS.
UM WEN GEHT'S?
KÖNNTEN NEUE LEUTE SEIN. KNARREN, GEFAHR, DAS VOLLE PROGRAMM.
KLINGT SPASSIG. WO?
KENNST DU DAS BURNLEY BUILDING?
SOUTH GRAND, OBERHALB DER ZOSTEN.
UM ZWEI UHR.
ICH WERD DA SEIN.
CLICK
LIEBENSWERTER, NAIVER TROTTEL.
ZWEI UHR NACHTS. DAS BURNLEY BUILDING.
ÜBERALL TEXTILFABRIKEN, DIE NACHTS GESCHLOSSEN SIND.
ABER ...
... KEINE BABS. DABEI KOMMT SIE NIE ZU SPÄT.
WEISST DU JA, RICHTIG?
ES HÄTTE MICH STUTZIG MACHEN MÜSSEN.

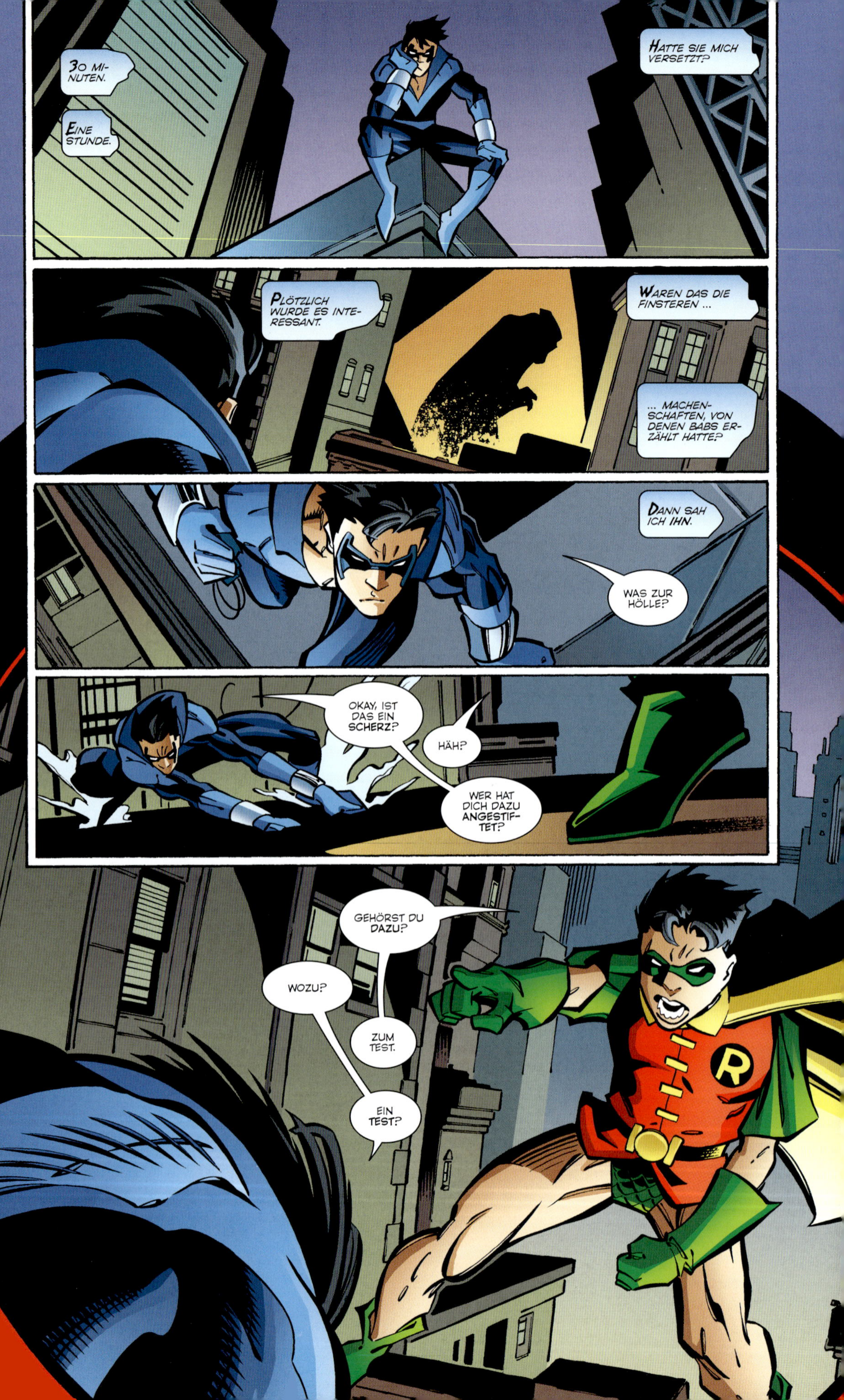
30 MINUTEN.
EINE STUNDE.
HATTE SIE MICH VERSETZT?
PLÖTZLICH WURDE ES INTERESSANT.
WAREN DAS DIE FINSTEREN ...
... MACHENSCHAFTEN, VON DENEN BABS ERZÄHLT HATTE?
DANN SAH ICH IHN.
WAS ZUR HÖLLE?
OKAY, IST DAS EIN SCHERZ?
HÄH?
WER HAT DICH DAZU ANGESTIFTET?
GEHÖRST DU DAZU?
WOZU?
ZUM TEST.
EIN TEST?

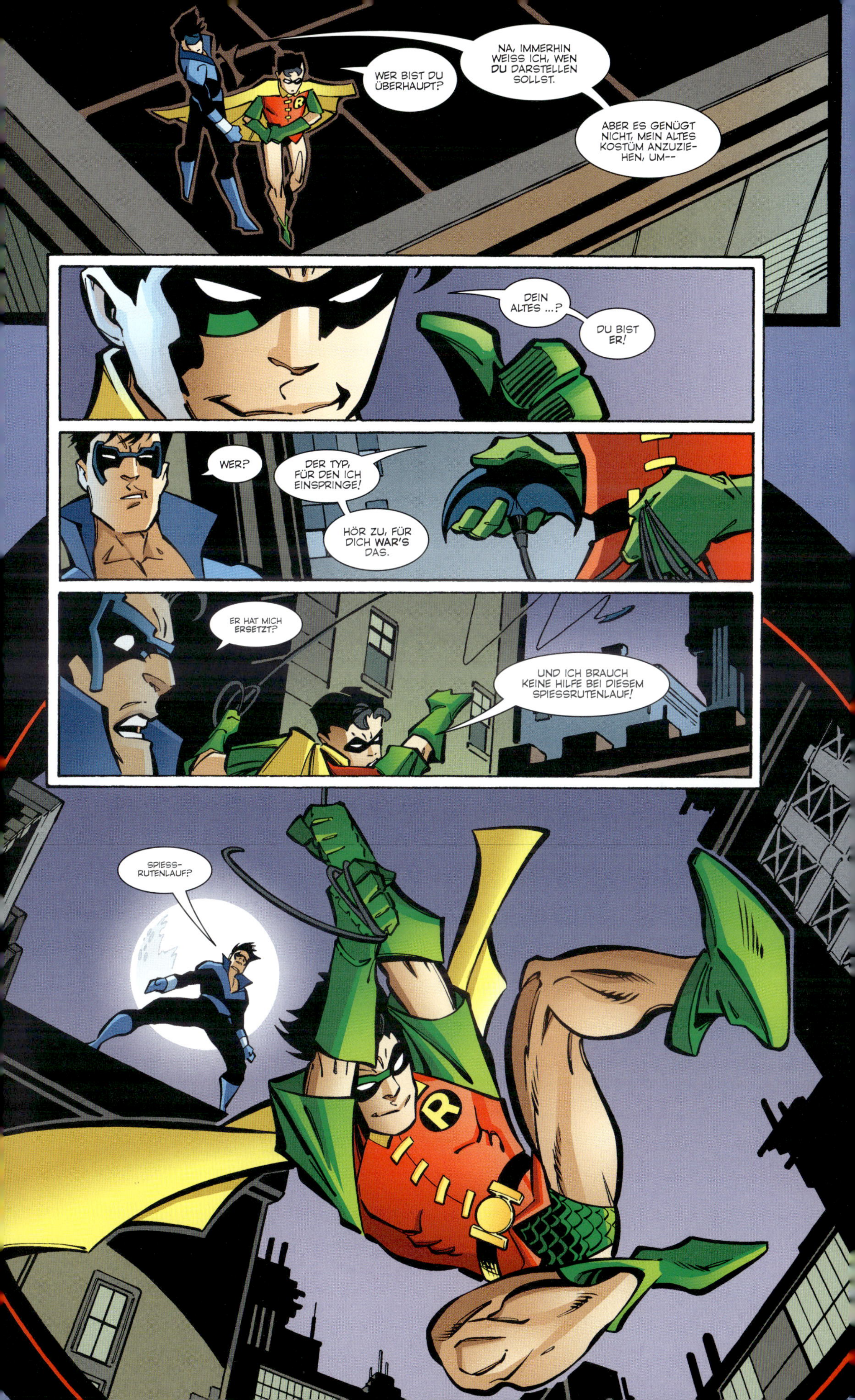
WER BIST DU ÜBERHAUPT?
NA, IMMERHIN WEISS ICH, WEN DU DARSTELLEN SOLLST.
ABER ES GENÜGT NICHT, MEIN ALTES KOSTÜM ANZUZIE-HEN, UM--
DEIN ALTES ...?
DU BIST ER!
WER?
DER TYP, FÜR DEN ICH EINSPRINGE!
HÖR ZU, FÜR DICH WAR'S DAS.
ER HAT MICH ERSETZT?
UND ICH BRAUCH KEINE HILFE BEI DIESEM SPIESSRUTENLAUF!
SPIESS-RUTENLAUF?

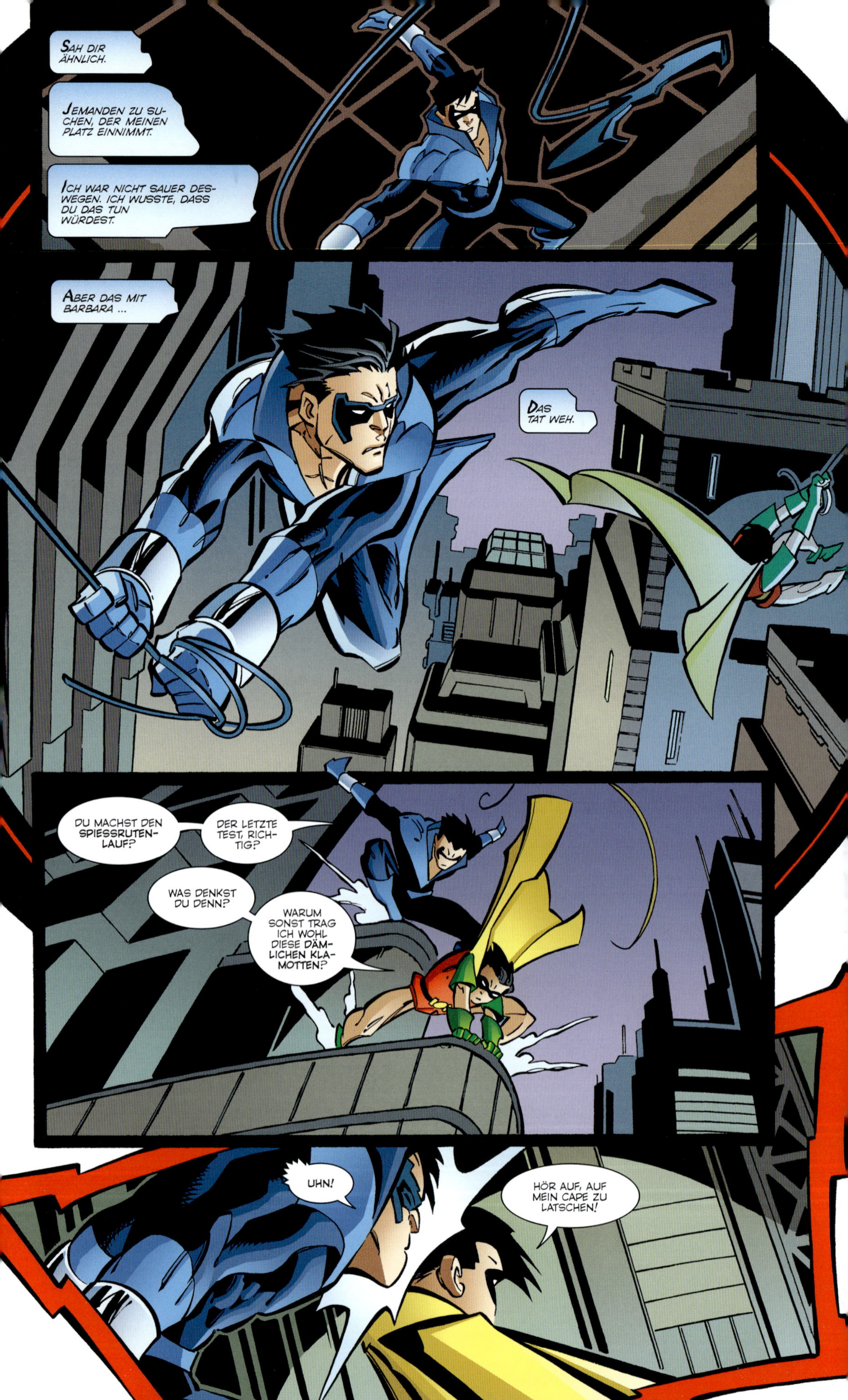

Sah dir ähnlich.
Jemanden zu suchen, der meinen Platz einnimmt.
Ich war nicht sauer deswegen. Ich wusste, dass du das tun würdest.
Aber das mit Barbara ...
Das tat weh.
Du machst den Spiessrutenlauf?
Der letzte Test, richtig?
Was denkst du denn?
Warum sonst trag ich wohl diese dämlichen Klamotten?
Uhn!
Hör auf, auf mein Cape zu latschen!

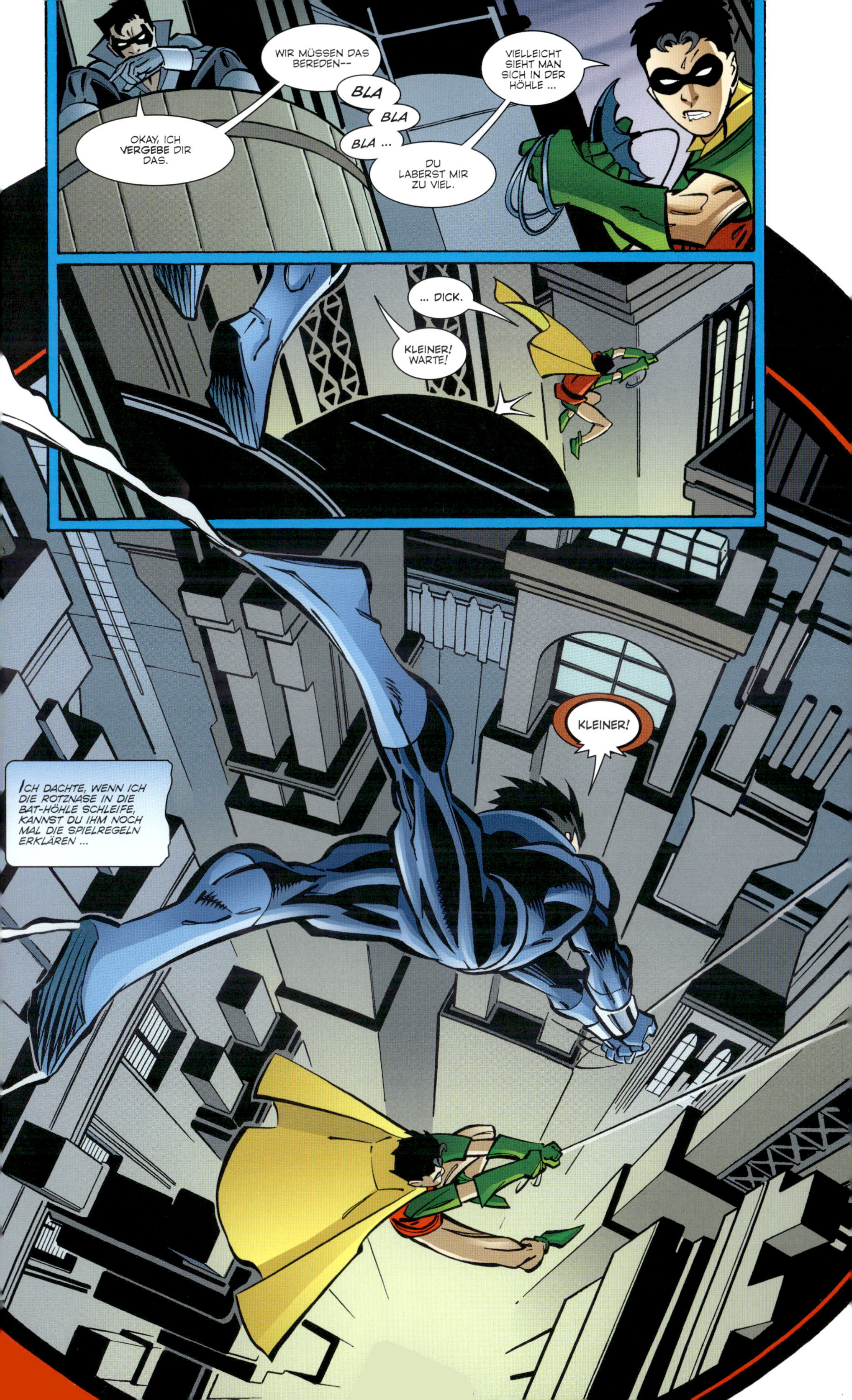
WIR MÜSSEN DAS BEREDEN--
BLA
BLA
BLA ...
OKAY, ICH VERGEBE DIR DAS.
VIELLEICHT SIEHT MAN SICH IN DER HÖHLE ...
DU LABERST MIR ZU VIEL.
... DICK.
KLEINER! WARTE!
KLEINER!
ICH DACHTE, WENN ICH DIE ROTZNASE IN DIE BAT-HÖHLE SCHLEIFE, KANNST DU IHM NOCH MAL DIE SPIELREGELN ERKLÄREN ...

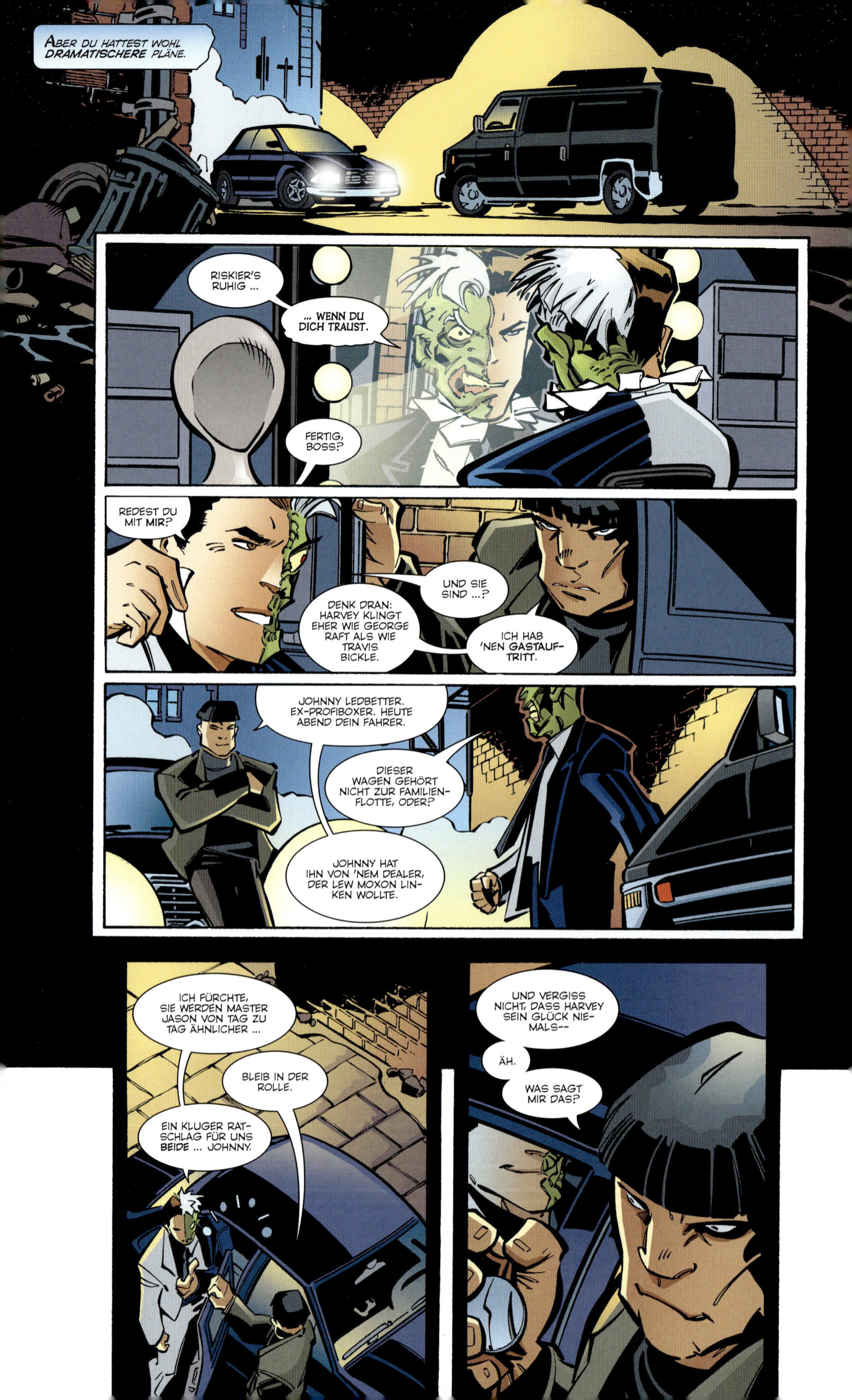

ABER DU HATTEST WOHL *DRAMATISCHERE* PLÄNE.

RISKIER'S RUHIG ...

... WENN DU DICH **TRAUST**.

FERTIG, BOSS?

REDEST DU MIT **MIR**?

UND SIE SIND ...?

ICH HAB 'NEN **GASTAUFTRITT**.

DENK DRAN: HARVEY KLINGT EHER WIE GEORGE RAFT ALS WIE TRAVIS BICKLE.

JOHNNY LEDBETTER. EX-PROFIBOXER. HEUTE ABEND DEIN FAHRER.

DIESER WAGEN GEHÖRT NICHT ZUR FAMILIENFLOTTE, ODER?

JOHNNY HAT IHN VON 'NEM DEALER, DER LEW MOXON LINKEN WOLLTE.

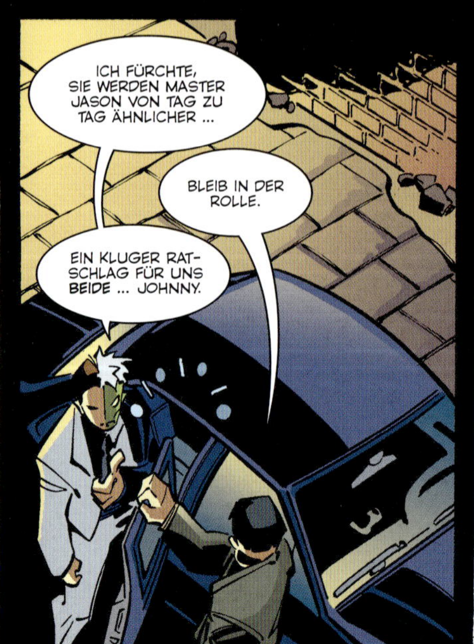


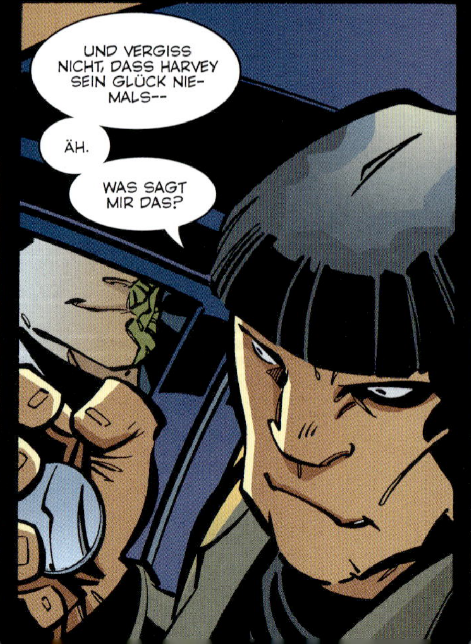

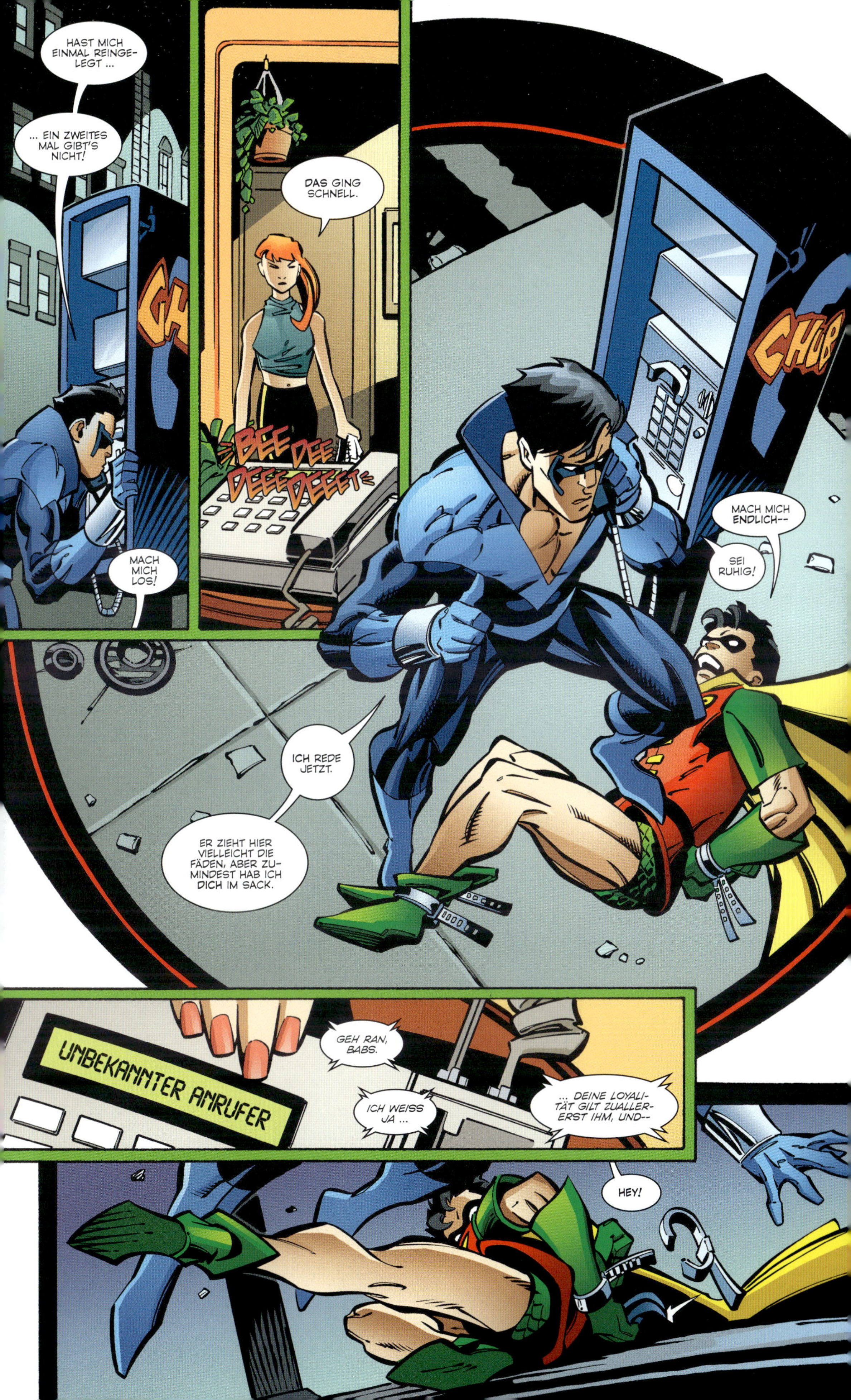

HAST MICH EINMAL REINGE-LEGT ...
... EIN ZWEITES MAL GIBT'S NICHT!
CHUB
MACH MICH LOS!
DAS GING SCHNELL.
BEE DEE DEEE DEEET
CHUB
MACH MICH ENDLICH--
SEI RUHIG!
ICH REDE JETZT.
ER ZIEHT HIER VIELLEICHT DIE FÄDEN, ABER ZU-MINDEST HAB ICH DICH IM SACK.
UNBEKANNTER ANRUFER
GEH RAN, BABS.
ICH WEISS JA ...
... DEINE LOYALI-TÄT GILT ZUALLER-ERST IHM, UND--
HEY!

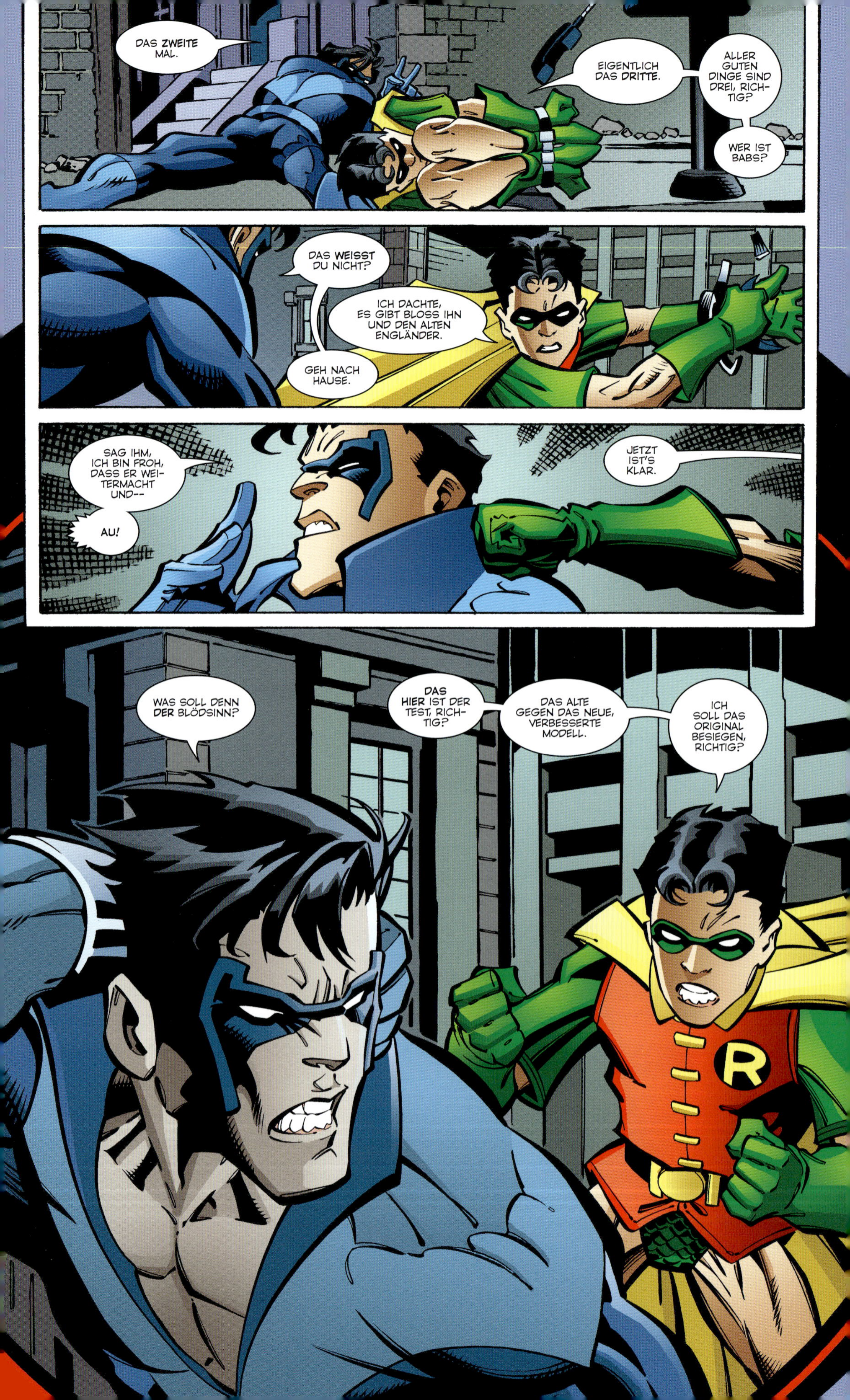

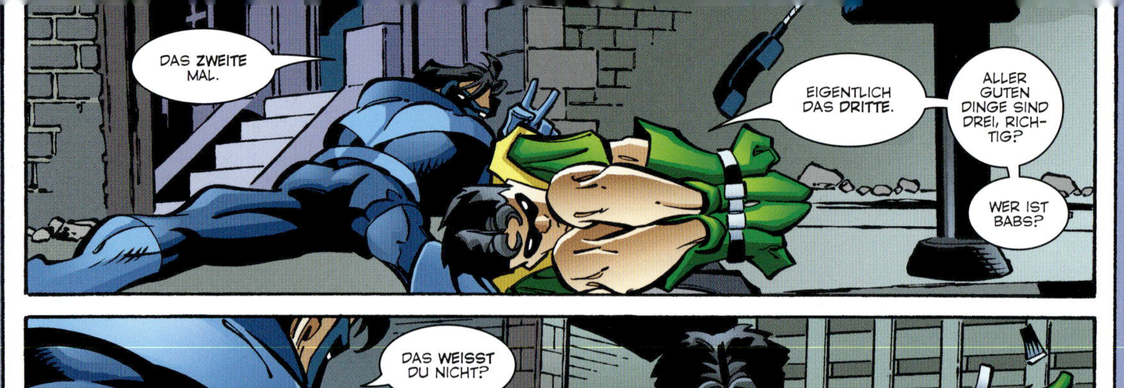
DAS ZWEITE MAL.
EIGENTLICH DAS DRITTE.
ALLER GUTEN DINGE SIND DREI, RICHTIG?
WER IST BABS?

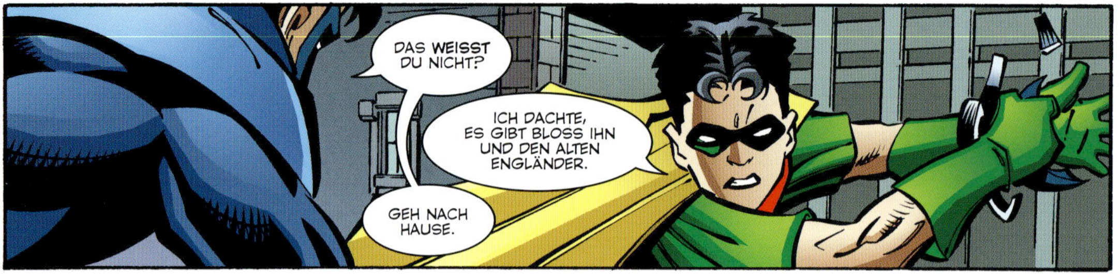
DAS WEISST DU NICHT?
ICH DACHTE, ES GIBT BLOSS IHN UND DEN ALTEN ENGLÄNDER.
GEH NACH HAUSE.

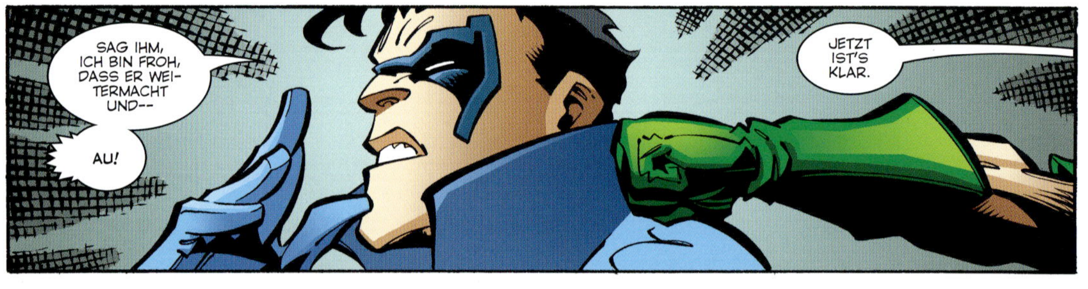
SAG IHM, ICH BIN FROH, DASS ER WEITERMACHT UND--
AU!
JETZT IST'S KLAR.

WAS SOLL DENN DER BLÖDSINN?
DAS HIER IST DER TEST, RICHTIG?
DAS ALTE GEGEN DAS NEUE, VERBESSERTE MODELL.
ICH SOLL DAS ORIGINAL BESIEGEN, RICHTIG?

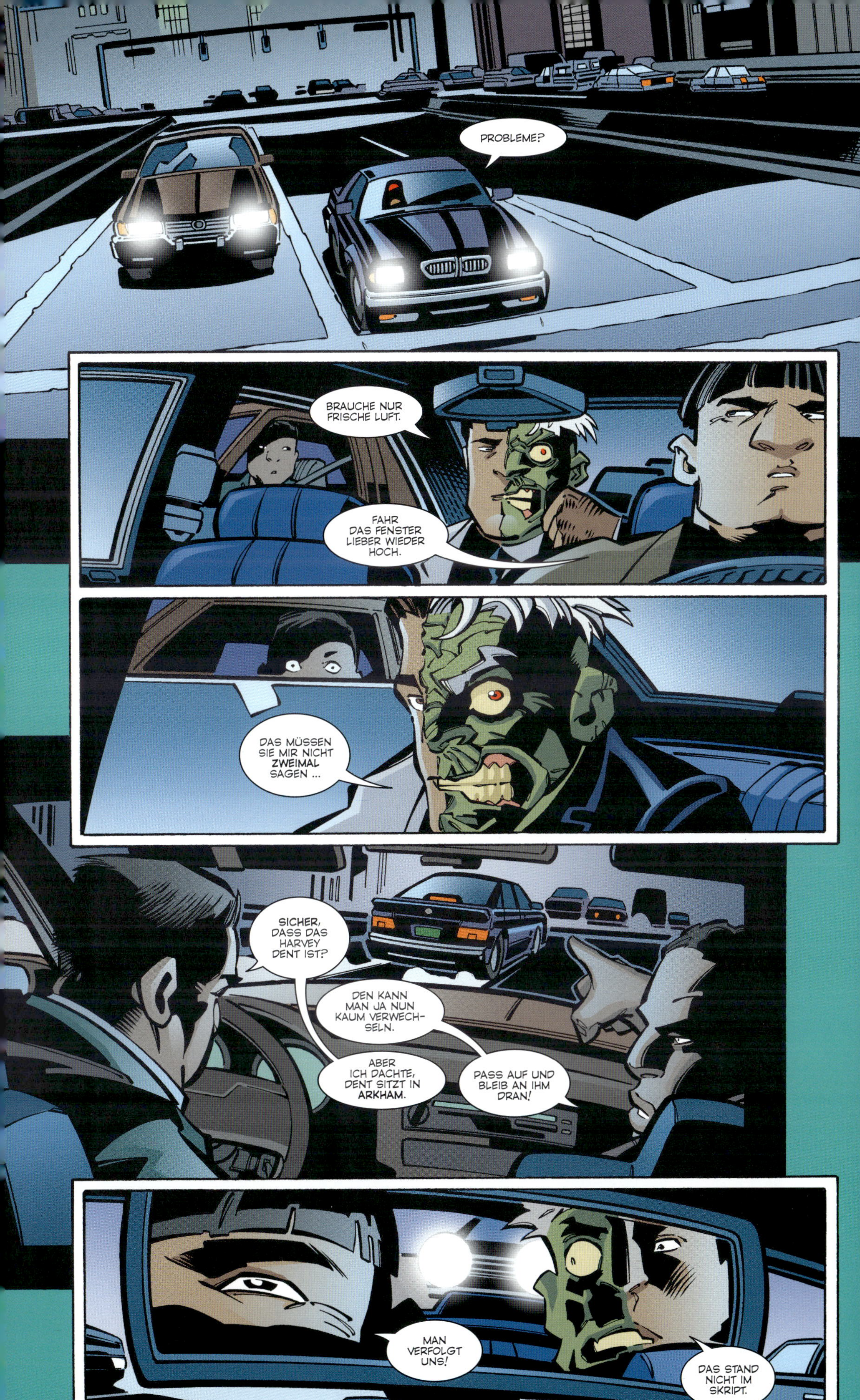
PROBLEME?
BRAUCHE NUR FRISCHE LUFT.
FAHR DAS FENSTER LIEBER WIEDER HOCH.
DAS MÜSSEN SIE MIR NICHT ZWEIMAL SAGEN ...
SICHER, DASS DAS HARVEY DENT IST?
DEN KANN MAN JA NUN KAUM VERWECH-SELN.
ABER ICH DACHTE, DENT SITZT IN ARKHAM.
PASS AUF UND BLEIB AN IHM DRAN!
MAN VERFOLGT UNS!
DAS STAND NICHT IM SKRIPT.

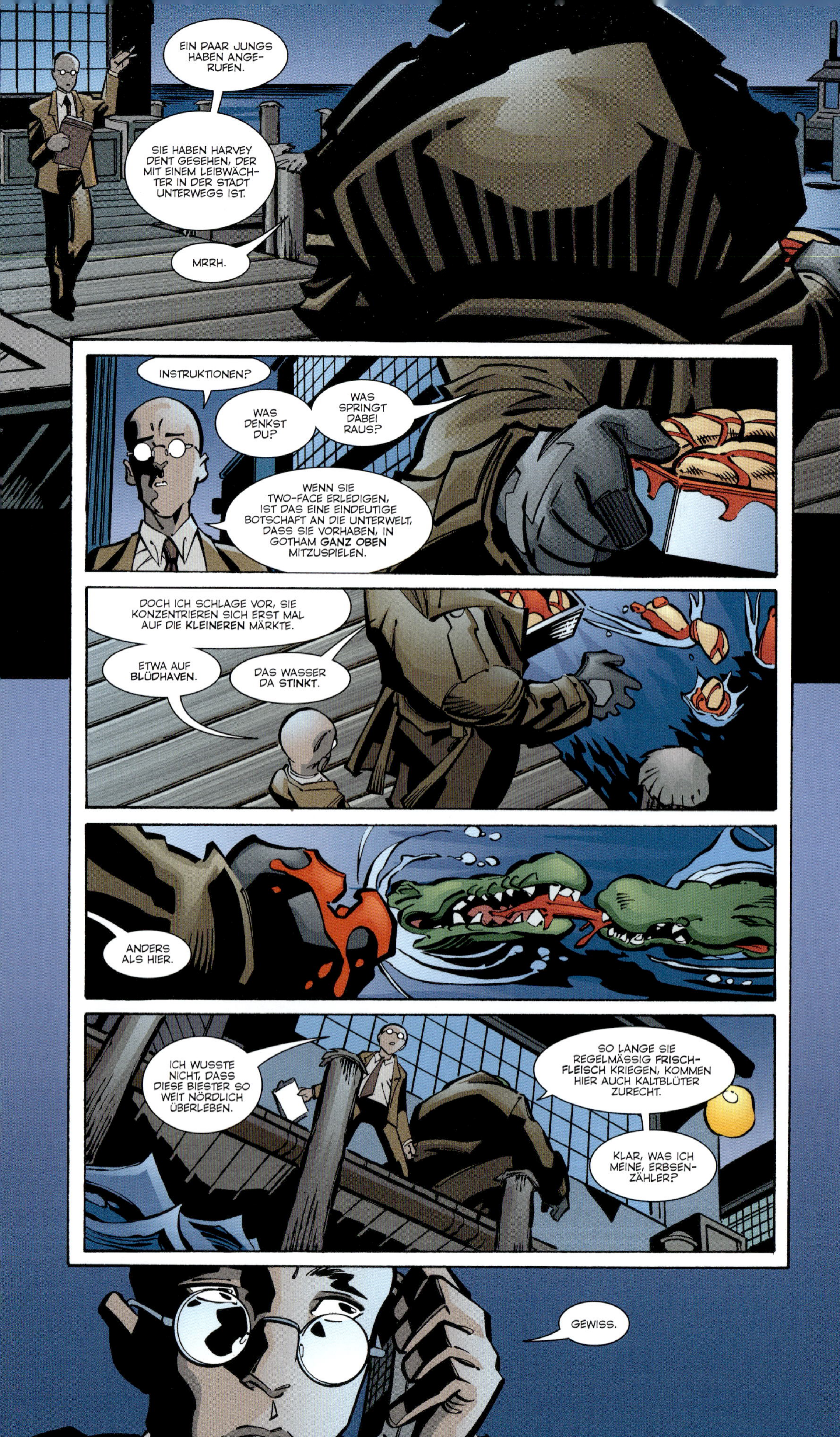
EIN PAAR JUNGS HABEN ANGE-RUFEN.
SIE HABEN HARVEY DENT GESEHEN, DER MIT EINEM LEIBWÄCH-TER IN DER STADT UNTERWEGS IST.
MRRH.
INSTRUKTIONEN?
WAS DENKST DU?
WAS SPRINGT DABEI RAUS?
WENN SIE TWO-FACE ERLEDIGEN, IST DAS EINE EINDEUTIGE BOTSCHAFT AN DIE UNTERWELT, DASS SIE VORHABEN, IN GOTHAM **GANZ OBEN** MITZUSPIELEN.
DOCH ICH SCHLAGE VOR, SIE KONZENTRIEREN SICH ERST MAL AUF DIE **KLEINEREN** MÄRKTE.
ETWA AUF **BLÜDHAVEN.**
DAS WASSER DA **STINKT.**
ANDERS ALS HIER.
ICH WUSSTE NICHT, DASS DIESE BIESTER SO WEIT NÖRDLICH ÜBERLEBEN.
SO LANGE SIE REGELMÄSSIG **FRISCH-FLEISCH** KRIEGEN, KOMMEN HIER AUCH KALTBLÜTER ZURECHT.
KLAR, WAS ICH MEINE, ERBSEN-ZÄHLER?
GEWISS.

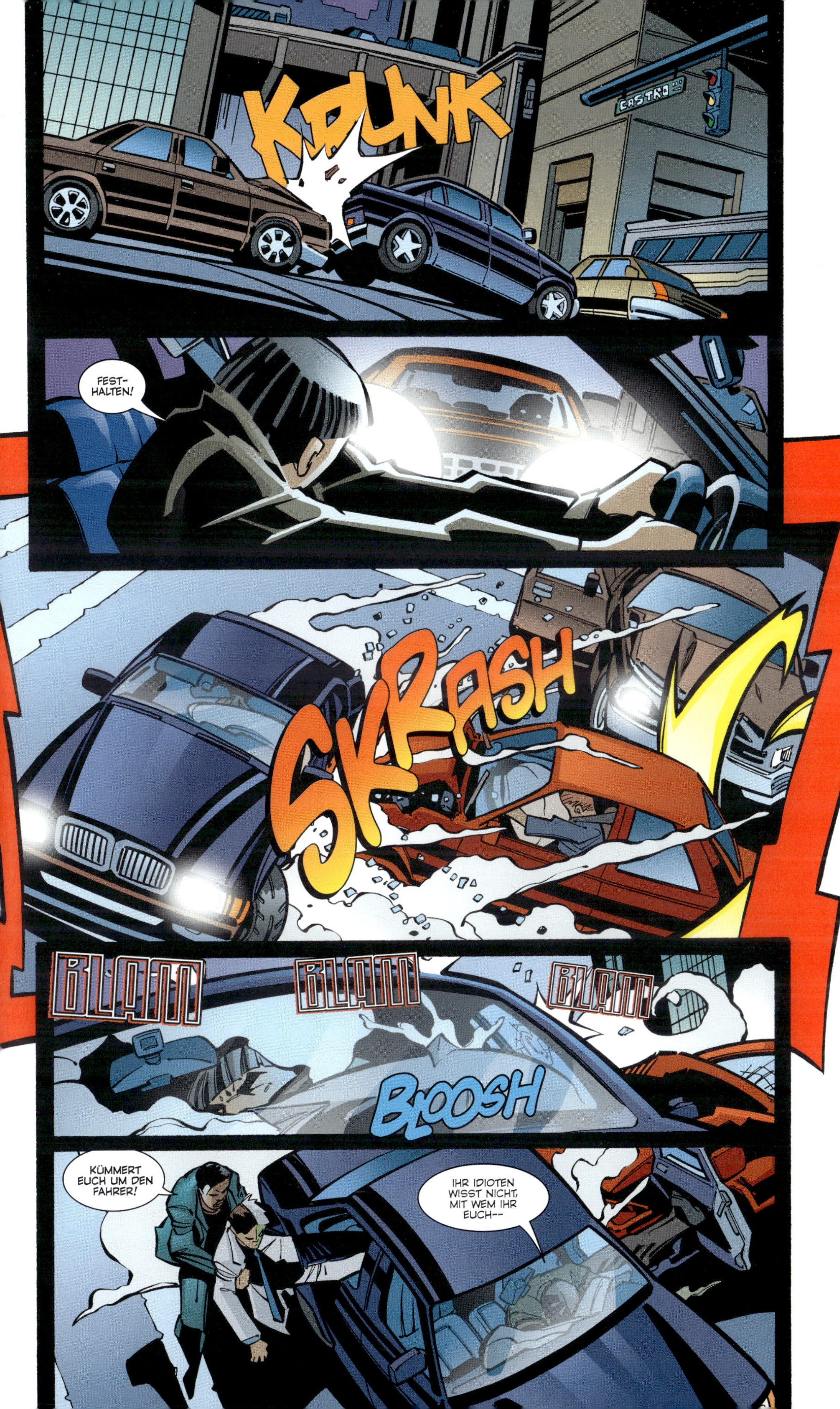
KRUNK
CASTRO
FEST-HALTEN!
SKRASH
BLAM
BLAM
BLAM
BLOOSH
KÜMMERT EUCH UM DEN FAHRER!
IHR IDIOTEN WISST NICHT, MIT WEM IHR EUCH--

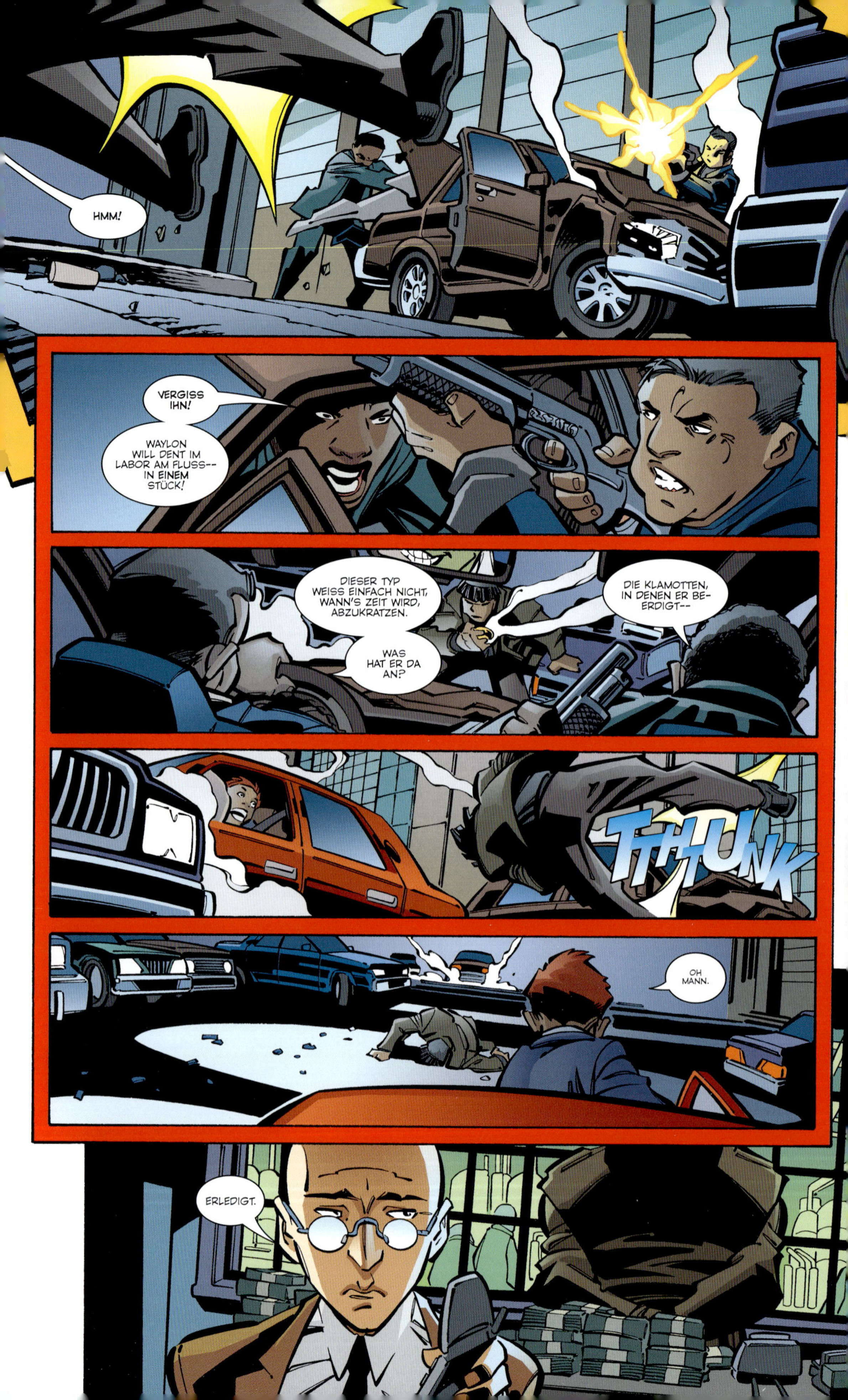
HMM!
VERGISS IHN!
WAYLON WILL DENT IM LABOR AM FLUSS-- IN EINEM STÜCK!
DIESER TYP WEISS EINFACH NICHT, WANN'S ZEIT WIRD, ABZUKRATZEN.
WAS HAT ER DA AN?
DIE KLAMOTTEN, IN DENEN ER BE- ERDIGT--
TTHTUNK
OH MANN.
ERLEDIGT.

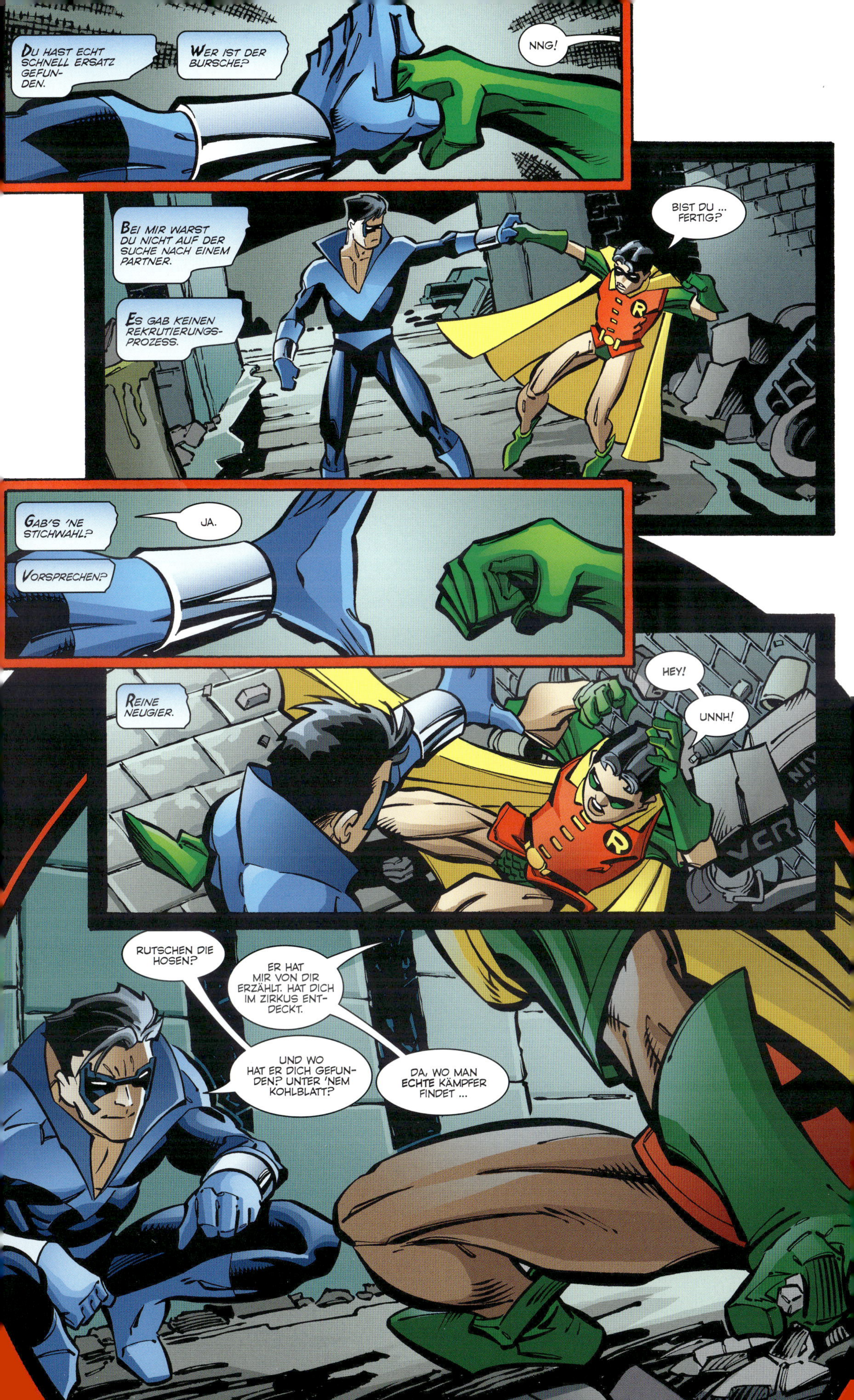
Du hast echt schnell Ersatz gefunden.
Wer ist der Bursche?
NNG!
Bei mir warst du nicht auf der Suche nach einem Partner.
Es gab keinen Rekrutierungsprozess.
Bist du ... fertig?
Gab's 'ne Stichwahl?
Ja.
Vorsprechen?
Reine Neugier.
Hey!
Unnh!
Rutschen die Hosen?
Er hat mir von dir erzählt. Hat dich im Zirkus entdeckt.
Und wo hat er dich gefunden? Unter 'nem Kohlblatt?
Da, wo man echte Kämpfer findet ...

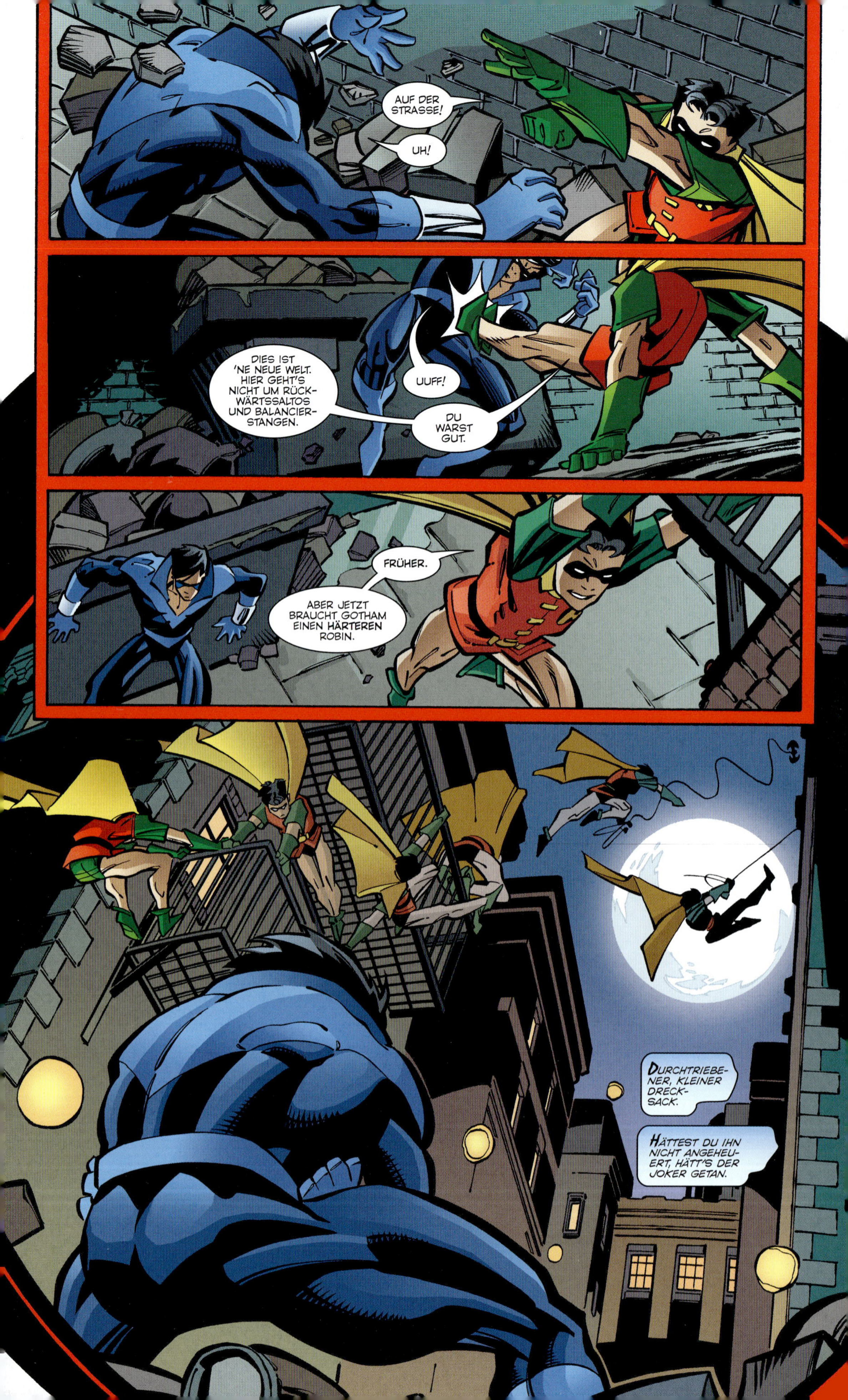
AUF DER STRASSE!
UH!
DIES IST 'NE NEUE WELT. HIER GEHT'S NICHT UM RÜCKWÄRTSSALTOS UND BALANCIERSTANGEN.
UUFF!
DU WARST GUT.
FRÜHER.
ABER JETZT BRAUCHT GOTHAM EINEN HÄRTEREN ROBIN.
DURCHTRIEBENER, KLEINER DRECKSACK.
HÄTTEST DU IHN NICHT ANGEHEUERT, HÄTT'S DER JOKER GETAN.

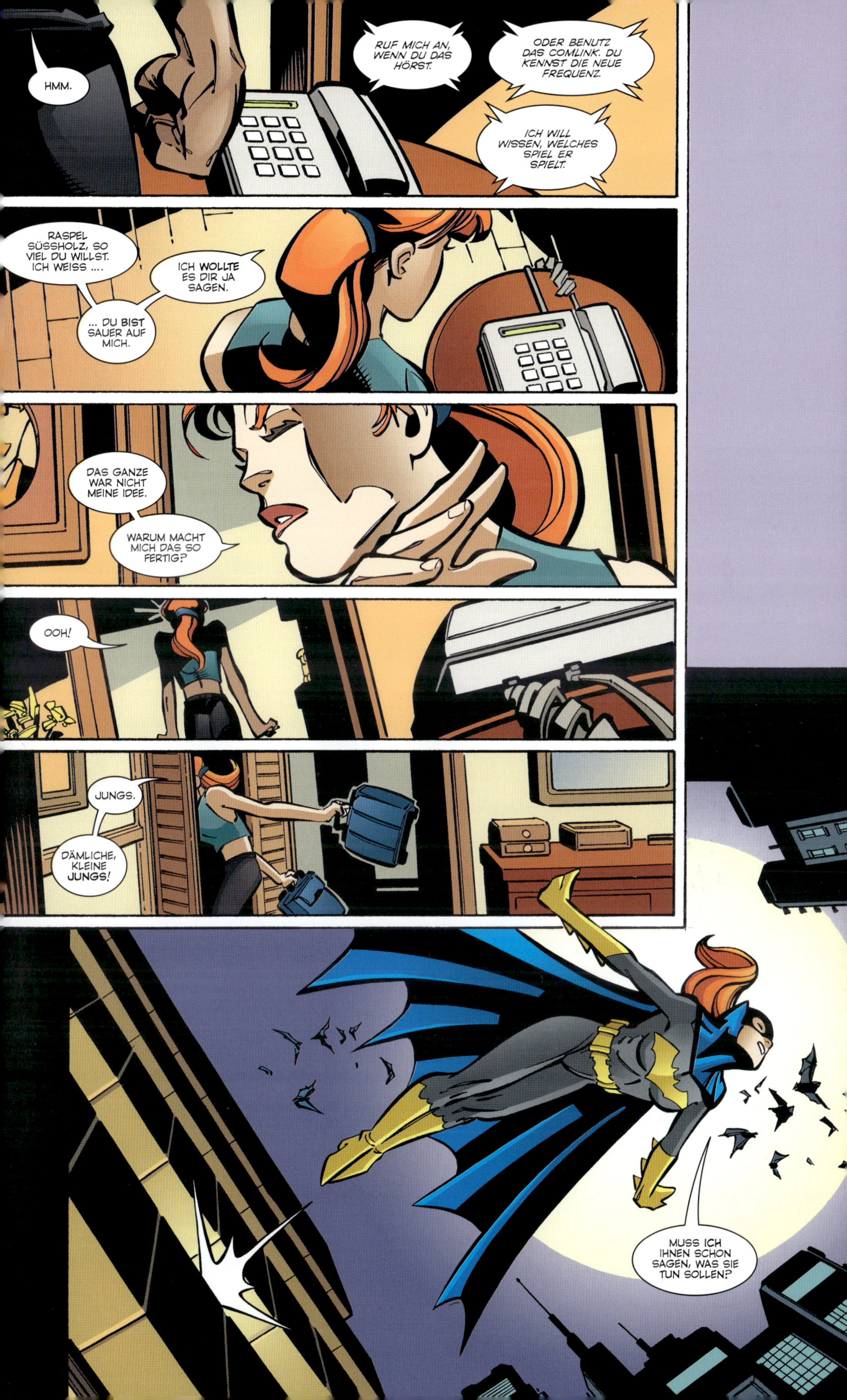
HMM.
RUF MICH AN, WENN DU DAS HÖRST.
ODER BENUTZ DAS COMLINK. DU KENNST DIE NEUE FREQUENZ.
ICH WILL WISSEN, WELCHES SPIEL ER SPIELT.
RASPEL SÜSSHOLZ, SO VIEL DU WILLST. ICH WEISS ....
... DU **BIST** SAUER AUF MICH.
ICH **WOLLTE** ES DIR JA SAGEN.
DAS GANZE WAR NICHT MEINE IDEE.
WARUM MACHT MICH DAS SO FERTIG?
OOH!
JUNGS.
DÄMLICHE, KLEINE **JUNGS**!
MUSS ICH IHNEN SCHON SAGEN, WAS SIE TUN SOLLEN?

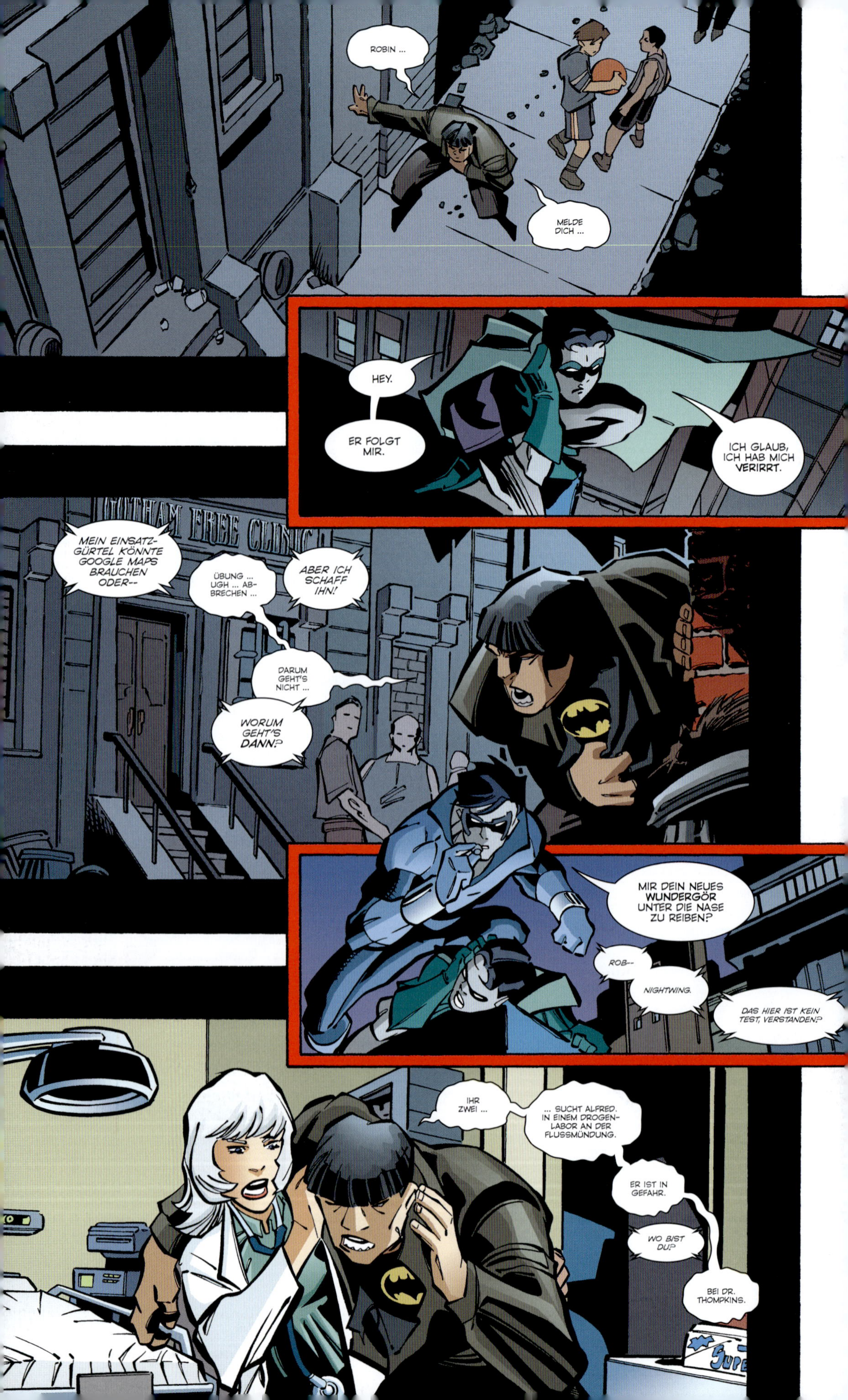
ROBIN ...
MELDE DICH ...
HEY.
ER FOLGT MIR.
ICH GLAUB, ICH HAB MICH VERIRRT.
GOTHAM FREE CLINIC
MEIN EINSATZ-GÜRTEL KÖNNTE GOOGLE MAPS BRAUCHEN ODER--
ÜBUNG ... UGH ... AB-BRECHEN ...
ABER ICH SCHAFF IHN!
DARUM GEHT'S NICHT ...
WORUM GEHT'S DANN?
MIR DEIN NEUES WUNDERGÖR UNTER DIE NASE ZU REIBEN?
ROB--
NIGHTWING.
DAS HIER IST KEIN TEST, VERSTANDEN?
IHR ZWEI ...
... SUCHT ALFRED. IN EINEM DROGEN-LABOR AN DER FLUSSMÜNDUNG.
ER IST IN GEFAHR.
WO BIST DU?
BEI DR. THOMPKINS.

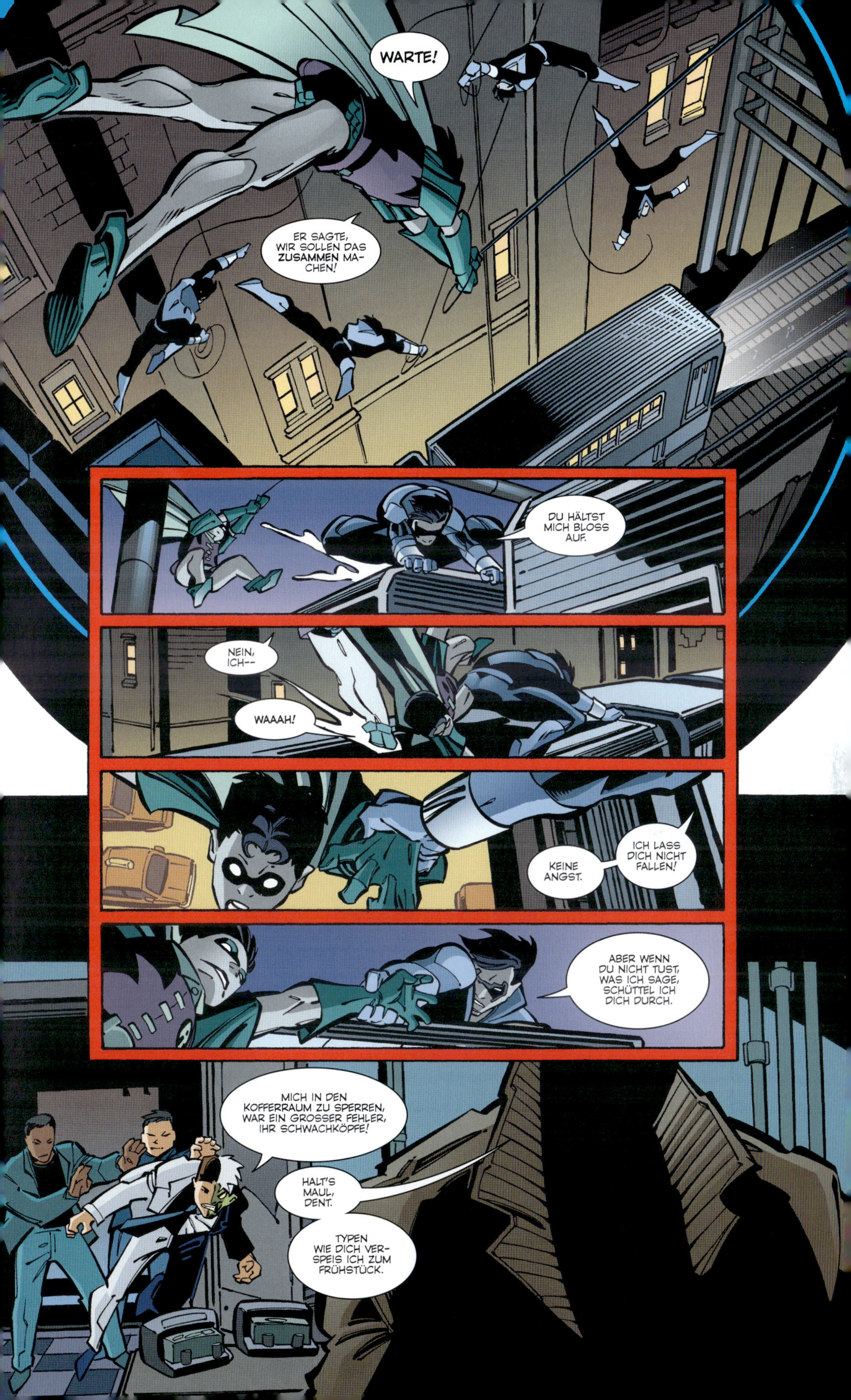
WARTE!
ER SAGTE, WIR SOLLEN DAS ZUSAMMEN MACHEN!
DU HÄLTST MICH BLOSS AUF.
NEIN, ICH--
WAAAH!
KEINE ANGST.
ICH LASS DICH NICHT FALLEN!
ABER WENN DU NICHT TUST, WAS ICH SAGE, SCHÜTTEL ICH DICH DURCH.
MICH IN DEN KOFFERRAUM ZU SPERREN, WAR EIN GROSSER FEHLER, IHR SCHWACHKÖPFE!
HALT'S MAUL, DENT.
TYPEN WIE DICH VERSPEIS ICH ZUM FRÜHSTÜCK.

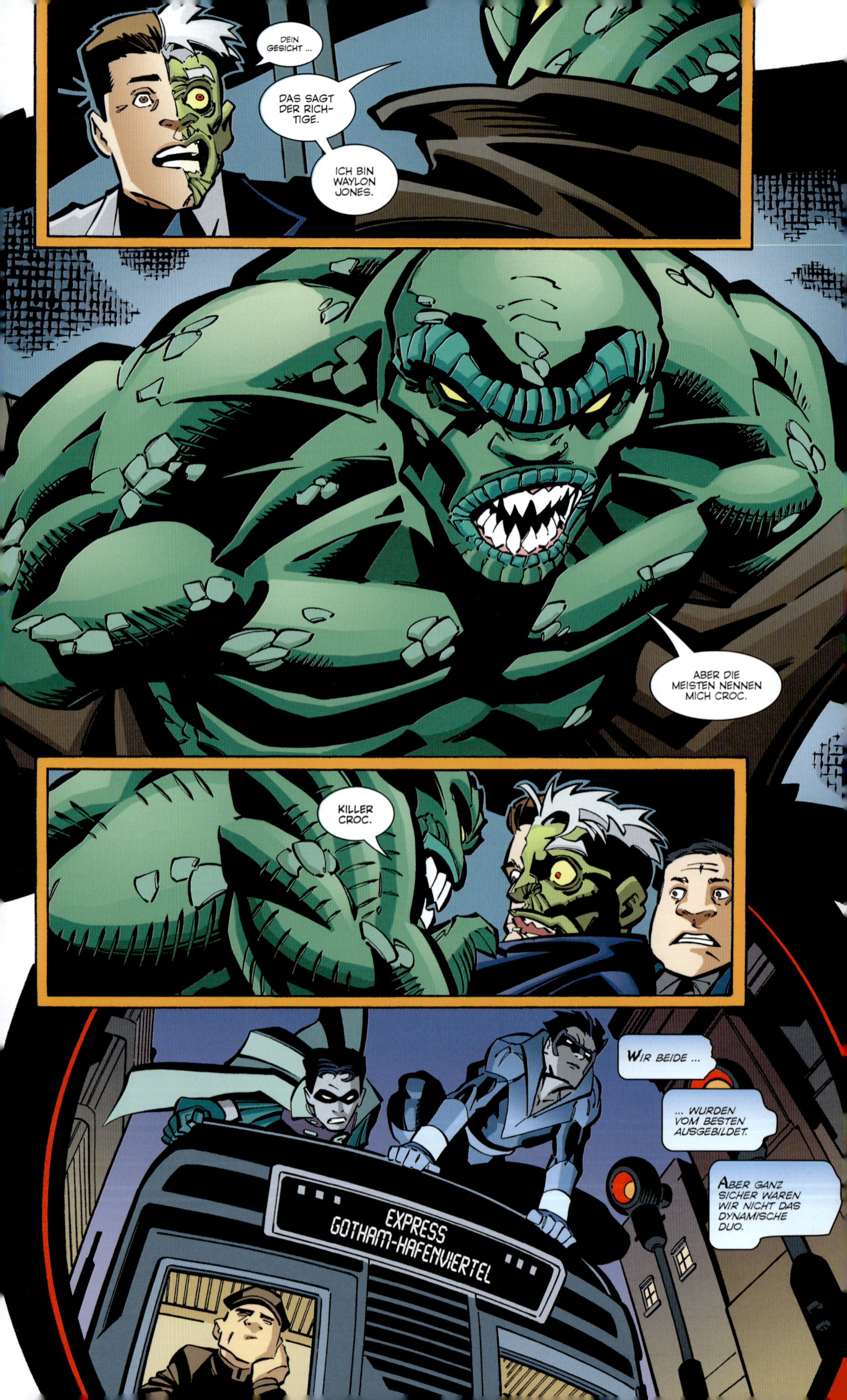
DEIN GESICHT ...
DAS SAGT DER RICH-TIGE.
ICH BIN WAYLON JONES.
ABER DIE MEISTEN NENNEN MICH CROC.
KILLER CROC.
WIR BEIDE ...
... WURDEN VOM BESTEN AUSGEBILDET.
ABER GANZ SICHER WAREN WIR NICHT DAS DYNAMISCHE DUO.
EXPRESS GOTHAM-HAFENVIERTEL

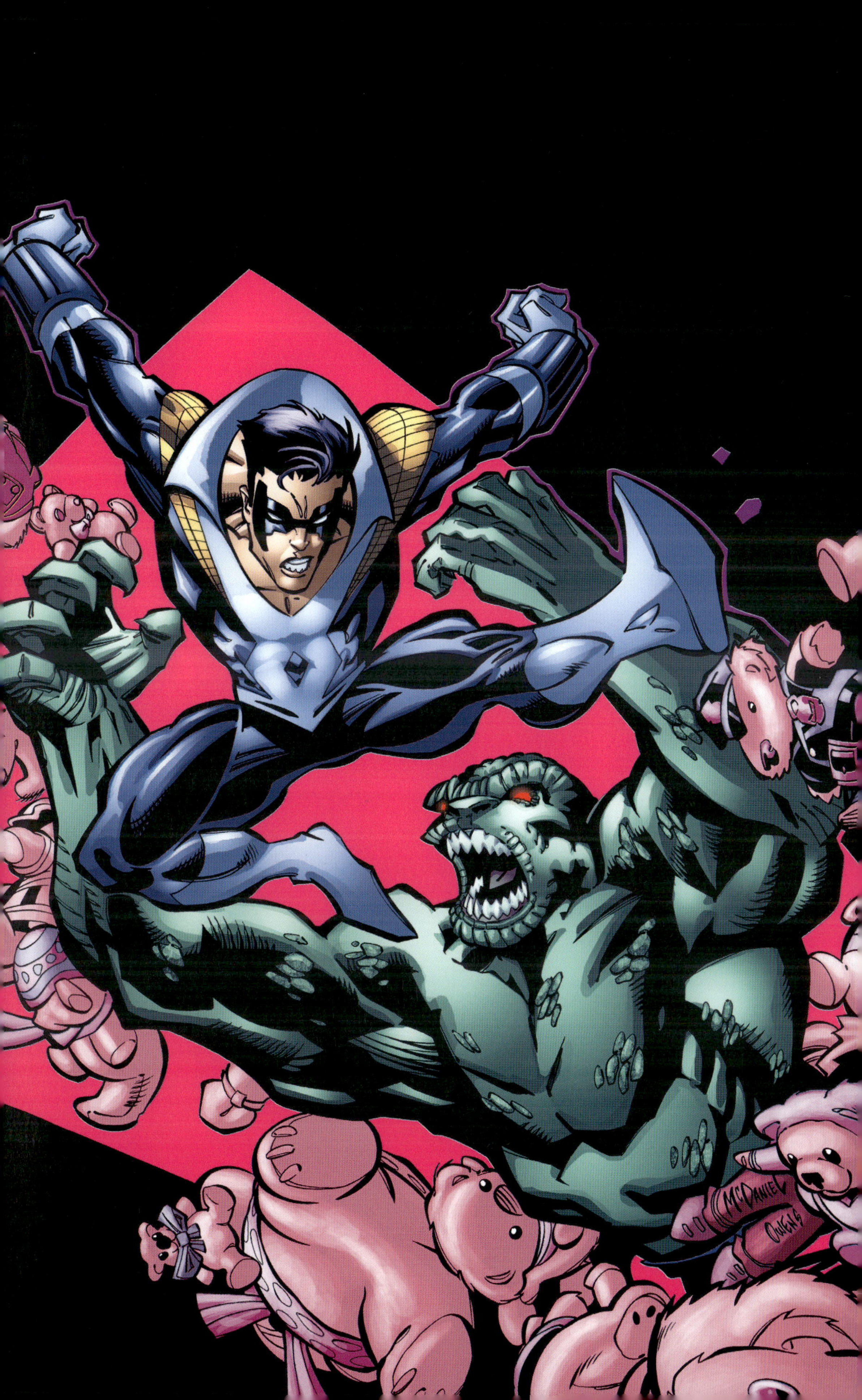
McDANIEL
OWENS

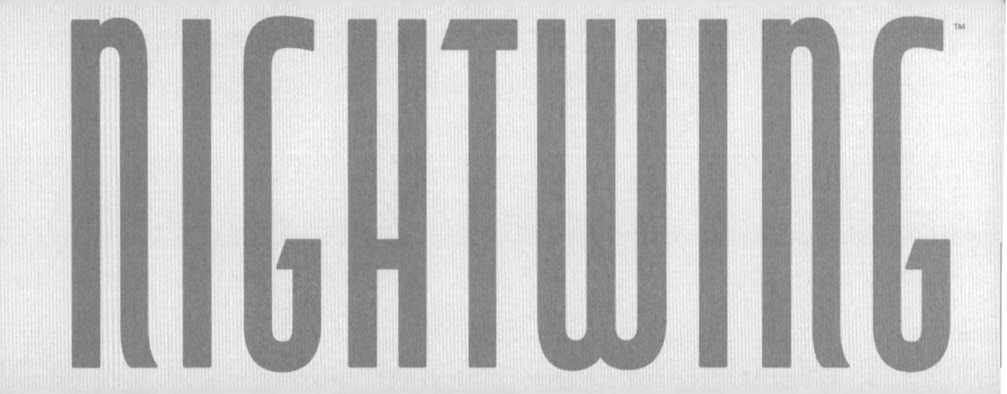
NIGHTWING™

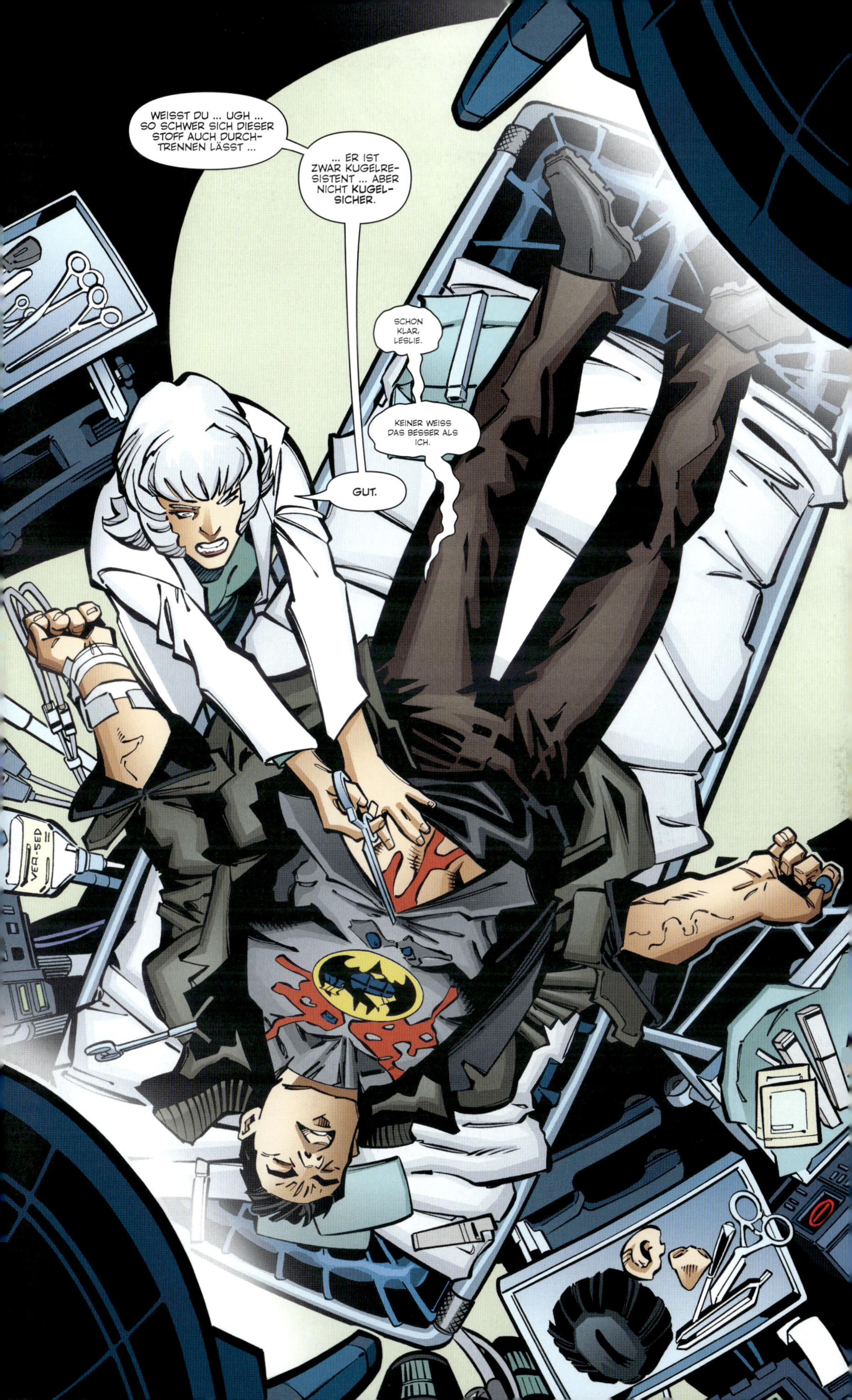
WEISST DU ... UGH ... SO SCHWER SICH DIESER STOFF AUCH DURCHTRENNEN LÄSST ...
... ER IST ZWAR KUGELRESISTENT ... ABER NICHT KUGELSICHER.
SCHON KLAR, LESLIE.
KEINER WEISS DAS BESSER ALS ICH.
GUT.
VER-SED

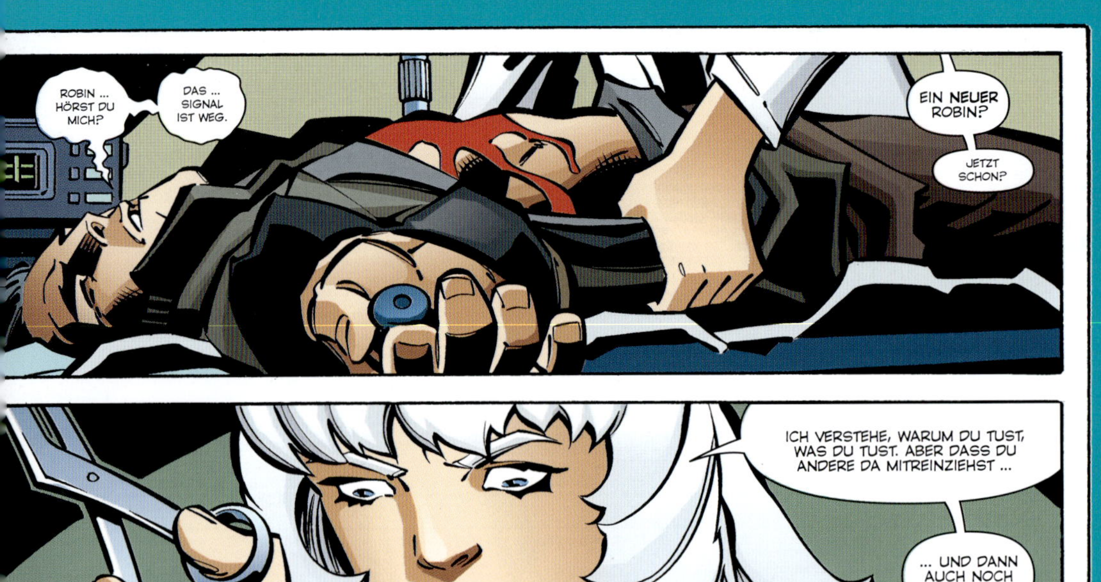
ROBIN ... HÖRST DU MICH?
DAS ... SIGNAL IST WEG.
EIN NEUER ROBIN?
JETZT SCHON?

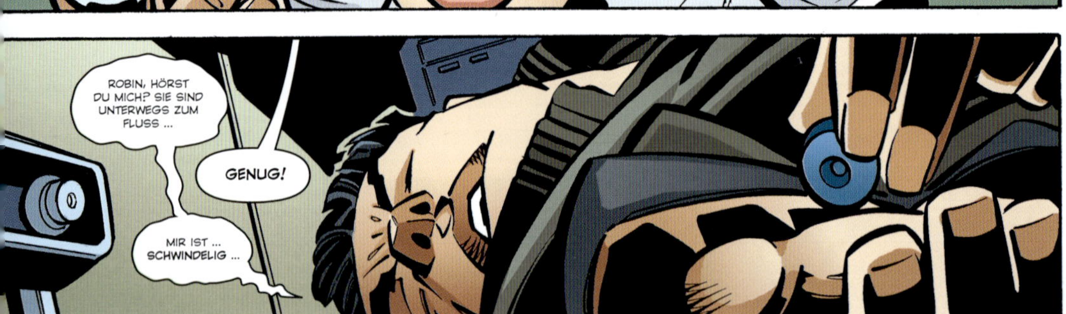
ICH VERSTEHE, WARUM DU TUST, WAS DU TUST. ABER DASS DU ANDERE DA MITREINZIEHST ...
... UND DANN AUCH NOCH KINDER ...

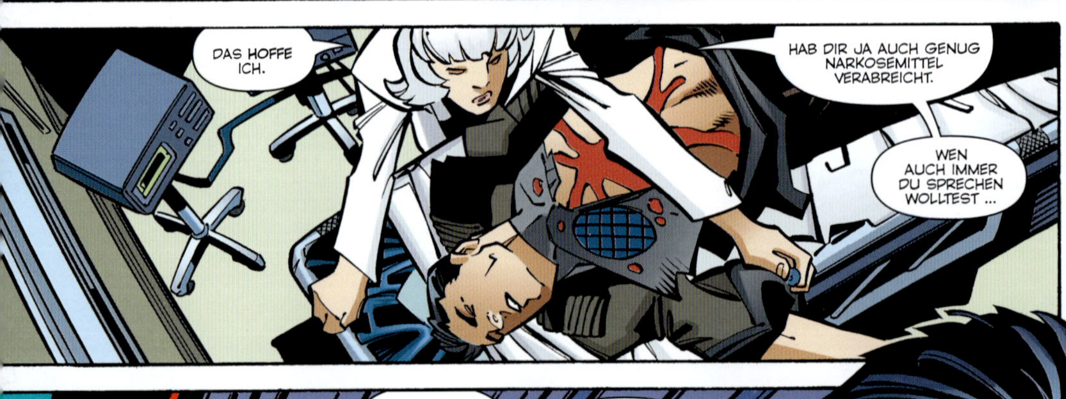
ROBIN, HÖRST DU MICH? SIE SIND UNTERWEGS ZUM FLUSS ...
GENUG!
MIR IST ... SCHWINDELIG ...

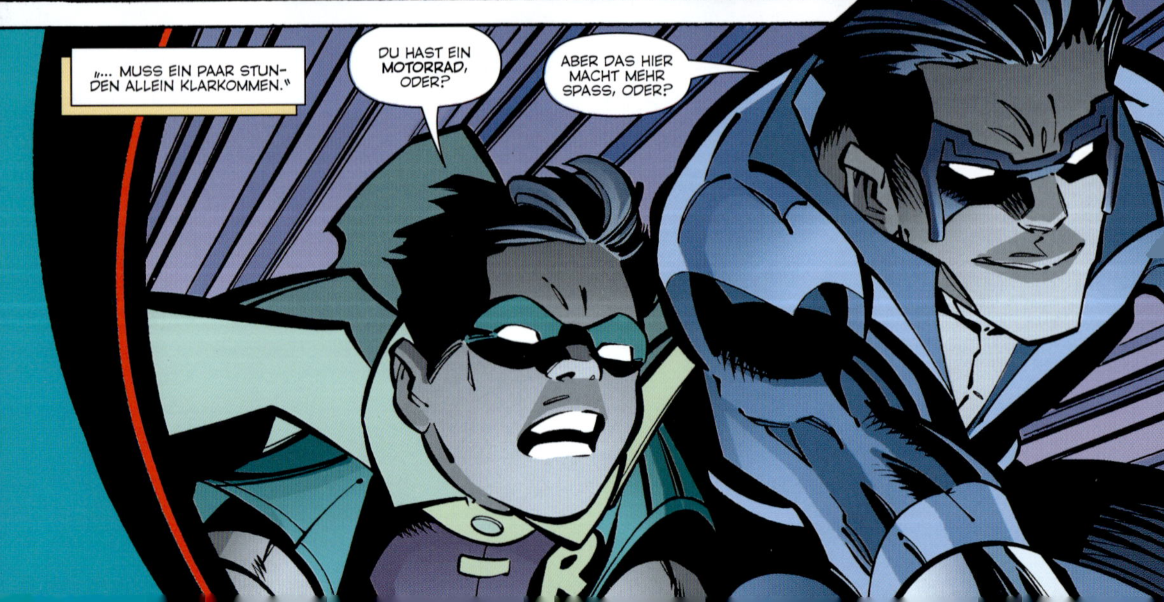
DAS HOFFE ICH.
HAB DIR JA AUCH GENUG NARKOSEMITTEL VERABREICHT.
WEN AUCH IMMER DU SPRECHEN WOLLTEST ...
„... MUSS EIN PAAR STUNDEN ALLEIN KLARKOMMEN."
DU HAST EIN MOTORRAD, ODER?
ABER DAS HIER MACHT MEHR SPASS, ODER?

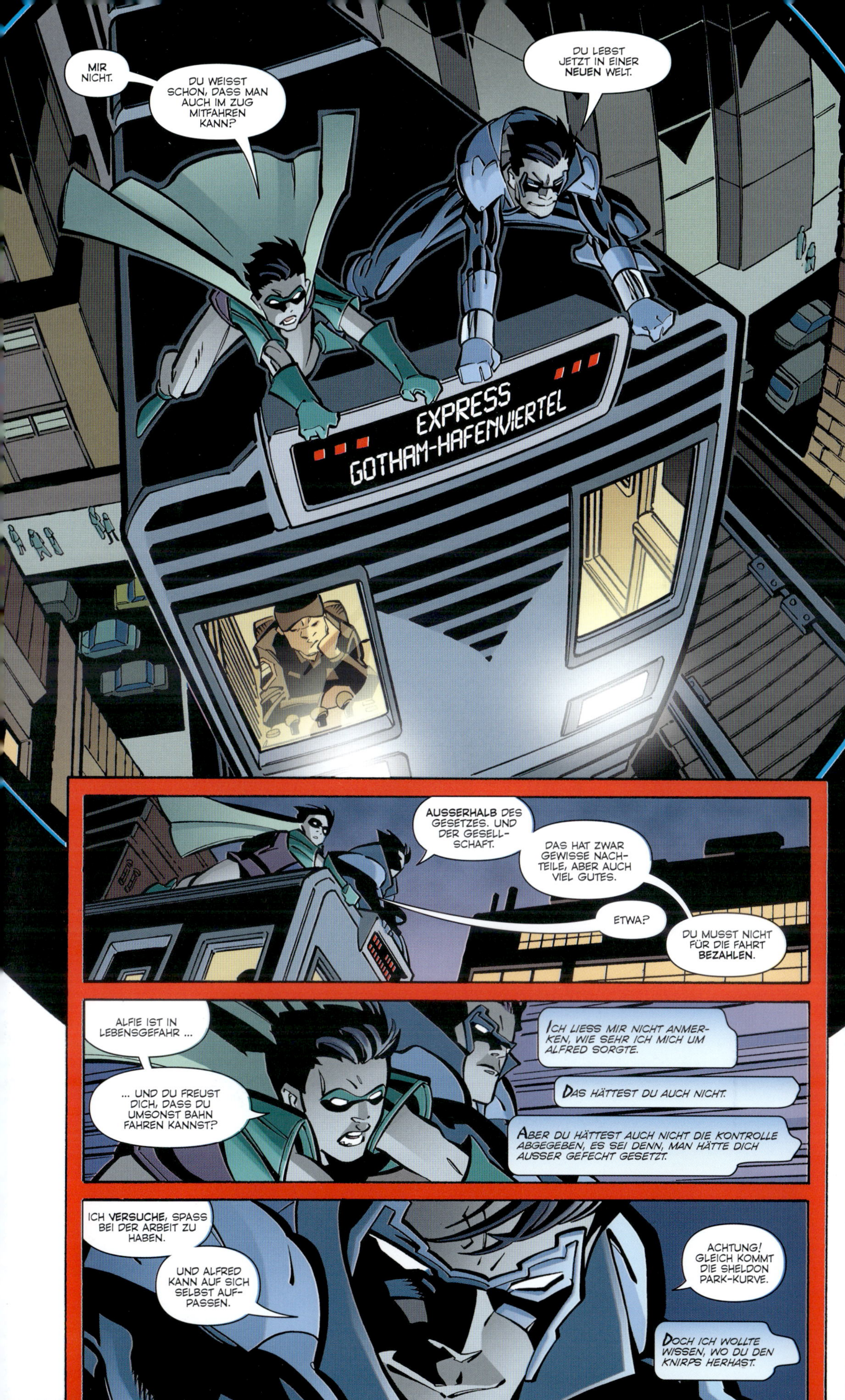
MIR NICHT.
DU WEISST SCHON, DASS MAN AUCH IM ZUG MITFAHREN KANN?
DU LEBST JETZT IN EINER NEUEN WELT.
EXPRESS GOTHAM-HAFENVIERTEL
AUSSERHALB DES GESETZES. UND DER GESELL-SCHAFT.
DAS HAT ZWAR GEWISSE NACH-TEILE, ABER AUCH VIEL GUTES.
ETWA?
DU MUSST NICHT FÜR DIE FAHRT BEZAHLEN.
ALFIE IST IN LEBENSGEFAHR ...
... UND DU FREUST DICH, DASS DU UMSONST BAHN FAHREN KANNST?
ICH LIESS MIR NICHT ANMER-KEN, WIE SEHR ICH MICH UM ALFRED SORGTE.
DAS HÄTTEST DU AUCH NICHT.
ABER DU HÄTTEST AUCH NICHT DIE KONTROLLE ABGEGEBEN, ES SEI DENN, MAN HÄTTE DICH AUSSER GEFECHT GESETZT.
ICH VERSUCHE, SPASS BEI DER ARBEIT ZU HABEN.
UND ALFRED KANN AUF SICH SELBST AUF-PASSEN.
ACHTUNG! GLEICH KOMMT DIE SHELDON PARK-KURVE.
DOCH ICH WOLLTE WISSEN, WO DU DEN KNIRPS HERHAST.

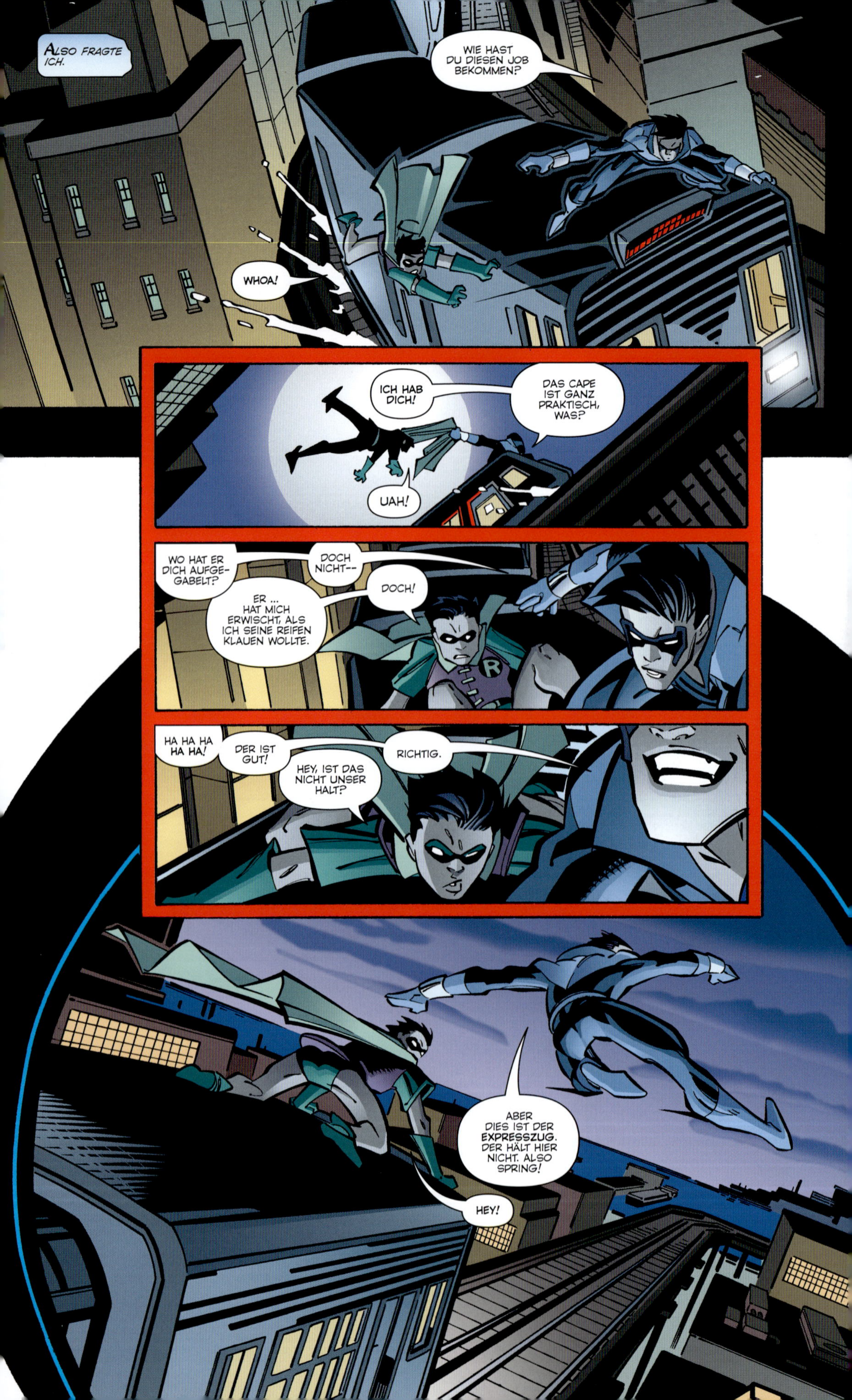

ALSO FRAGTE ICH.
WIE HAST DU DIESEN JOB BEKOMMEN?
WHOA!
ICH HAB DICH!
DAS CAPE IST GANZ PRAKTISCH, WAS?
UAH!
WO HAT ER DICH AUFGEGABELT?
DOCH NICHT--
ER ... HAT MICH ERWISCHT, ALS ICH SEINE REIFEN KLAUEN WOLLTE.
DOCH!
HA HA HA HA HA!
DER IST GUT!
RICHTIG.
HEY, IST DAS NICHT UNSER HALT?
ABER DIES IST DER EXPRESSZUG. DER HÄLT HIER NICHT. ALSO SPRING!
HEY!

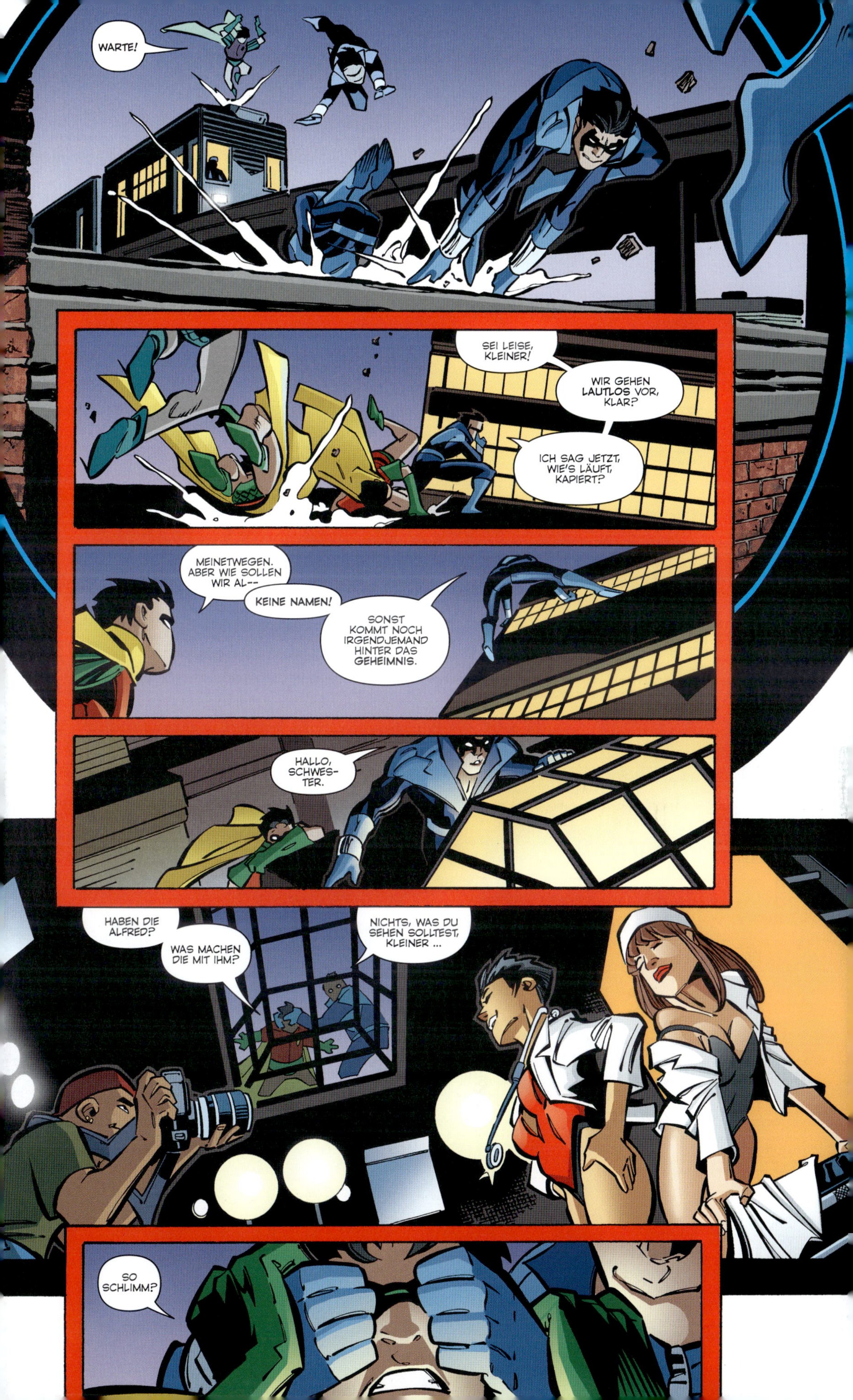
WARTE!
SEI LEISE, KLEINER!
WIR GEHEN LAUTLOS VOR, KLAR?
ICH SAG JETZT, WIE'S LÄUFT, KAPIERT?
MEINETWEGEN. ABER WIE SOLLEN WIR AL--
KEINE NAMEN!
SONST KOMMT NOCH IRGENDJEMAND HINTER DAS GEHEIMNIS.
HALLO, SCHWES-TER.
HABEN DIE ALFRED?
WAS MACHEN DIE MIT IHM?
NICHTS, WAS DU SEHEN SOLLTEST, KLEINER ...
SO SCHLIMM?

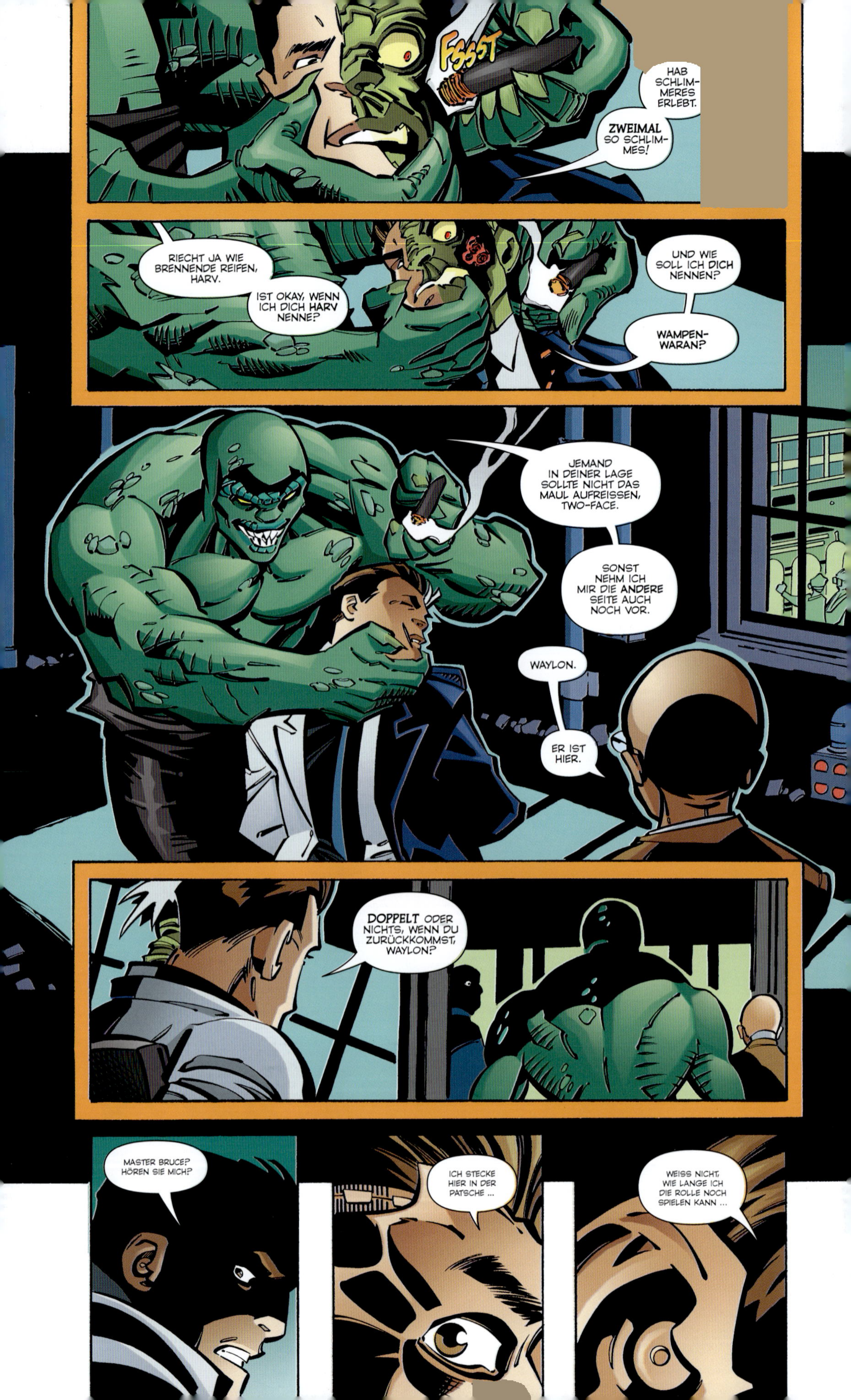

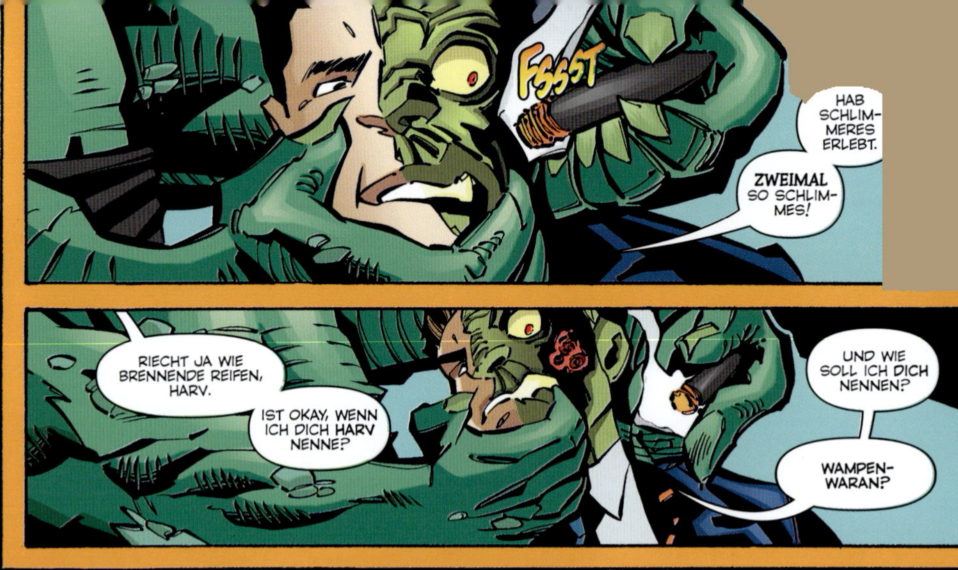
FSSST
HAB SCHLIMMERES ERLEBT.
ZWEIMAL SO SCHLIMMES!
RIECHT JA WIE BRENNENDE REIFEN, HARV.
IST OKAY, WENN ICH DICH HARV NENNE?
UND WIE SOLL ICH DICH NENNEN?
WAMPEN-WARAN?
JEMAND IN DEINER LAGE SOLLTE NICHT DAS MAUL AUFREISSEN, TWO-FACE.
SONST NEHM ICH MIR DIE ANDERE SEITE AUCH NOCH VOR.
WAYLON.
ER IST HIER.
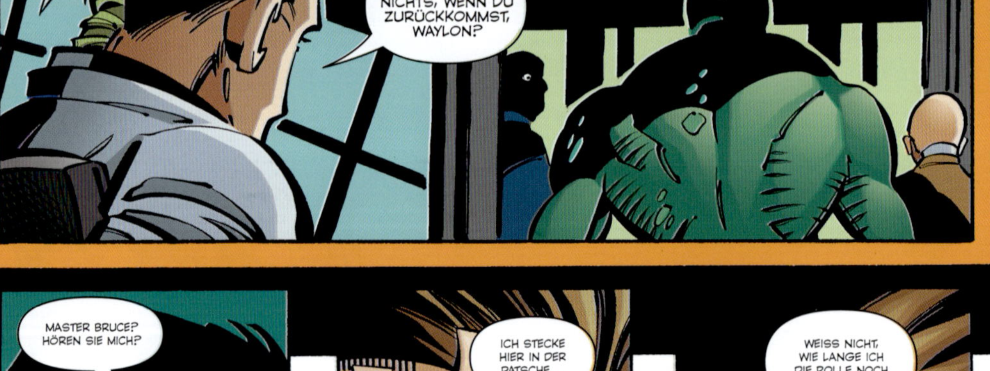
DOPPELT ODER NICHTS, WENN DU ZURÜCKKOMMST, WAYLON?
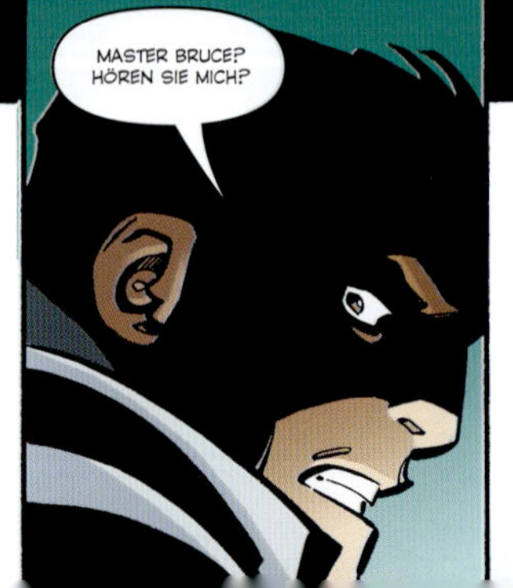
MASTER BRUCE? HÖREN SIE MICH?
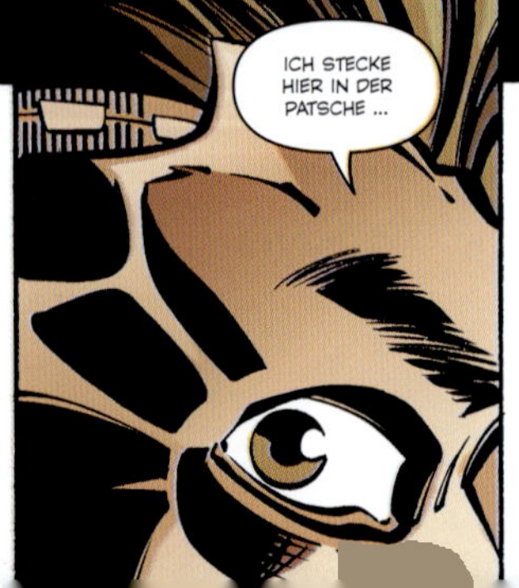
ICH STECKE HIER IN DER PATSCHE ...
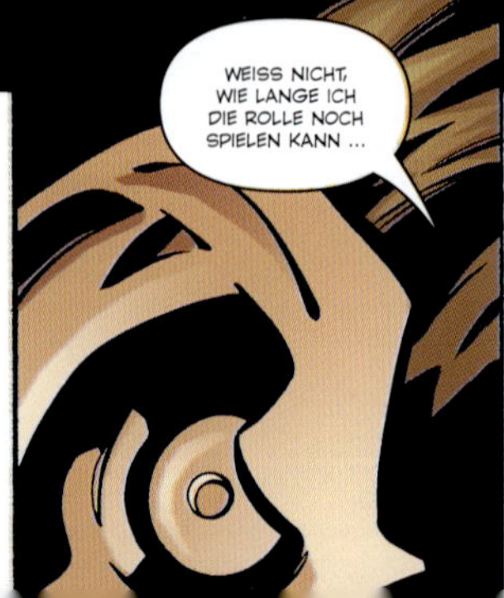
WEISS NICHT, WIE LANGE ICH DIE ROLLE NOCH SPIELEN KANN ...

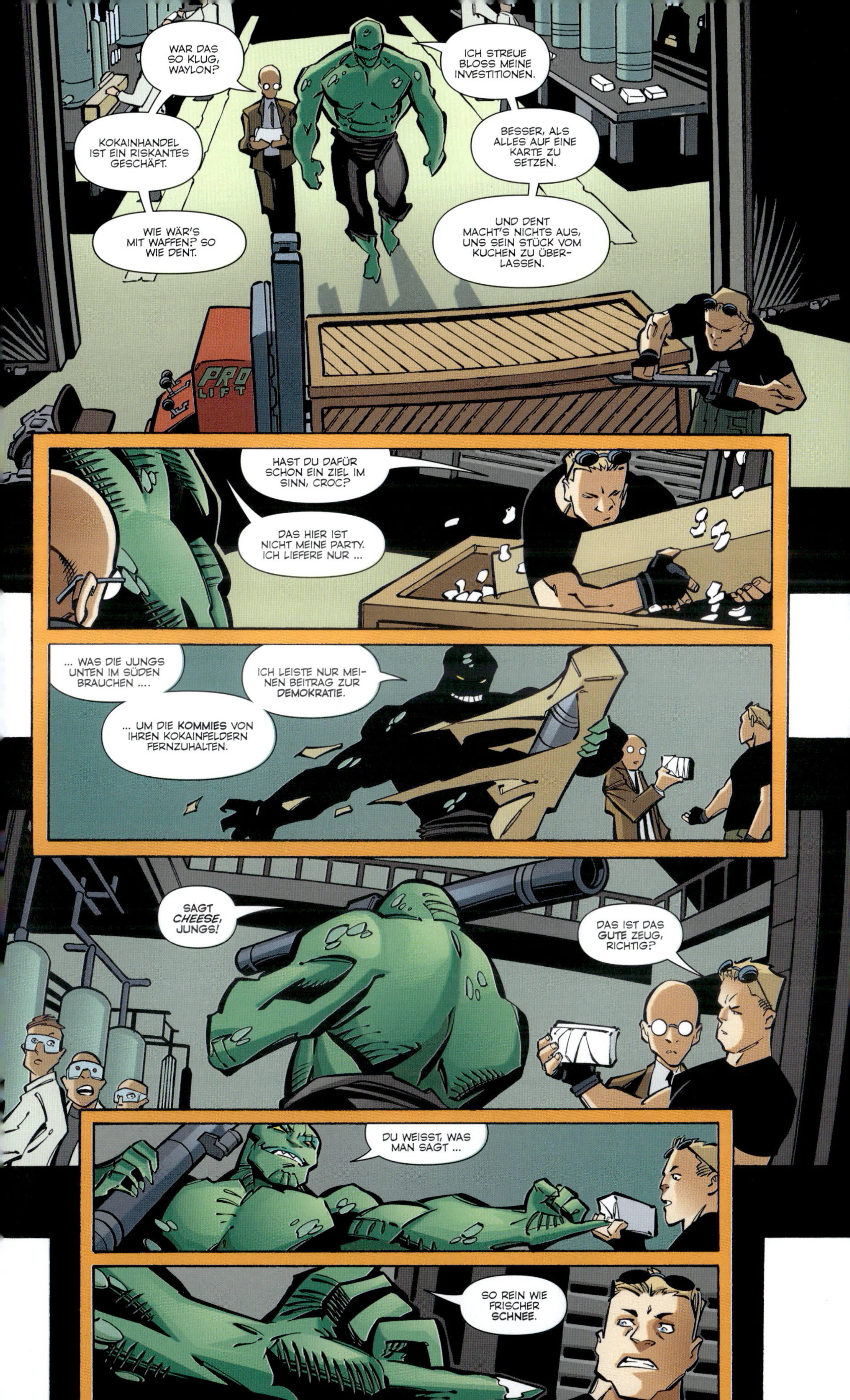
WAR DAS SO KLUG, WAYLON?
ICH STREUE BLOSS MEINE INVESTITIONEN.
KOKAINHANDEL IST EIN RISKANTES GESCHÄFT.
BESSER, ALS ALLES AUF EINE KARTE ZU SETZEN.
WIE WÄR'S MIT WAFFEN? SO WIE DENT.
UND DENT MACHT'S NICHTS AUS, UNS SEIN STÜCK VOM KUCHEN ZU ÜBER-LASSEN.
PRO LIFT
HAST DU DAFÜR SCHON EIN ZIEL IM SINN, CROC?
DAS HIER IST NICHT MEINE PARTY. ICH LIEFERE NUR ...
... WAS DIE JUNGS UNTEN IM SÜDEN BRAUCHEN ....
... UM DIE KOMMIES VON IHREN KOKAINFELDERN FERNZUHALTEN.
ICH LEISTE NUR MEI-NEN BEITRAG ZUR DEMOKRATIE.
SAGT CHEESE, JUNGS!
DAS IST DAS GUTE ZEUG, RICHTIG?
DU WEISST, WAS MAN SAGT ...
SO REIN WIE FRISCHER SCHNEE.

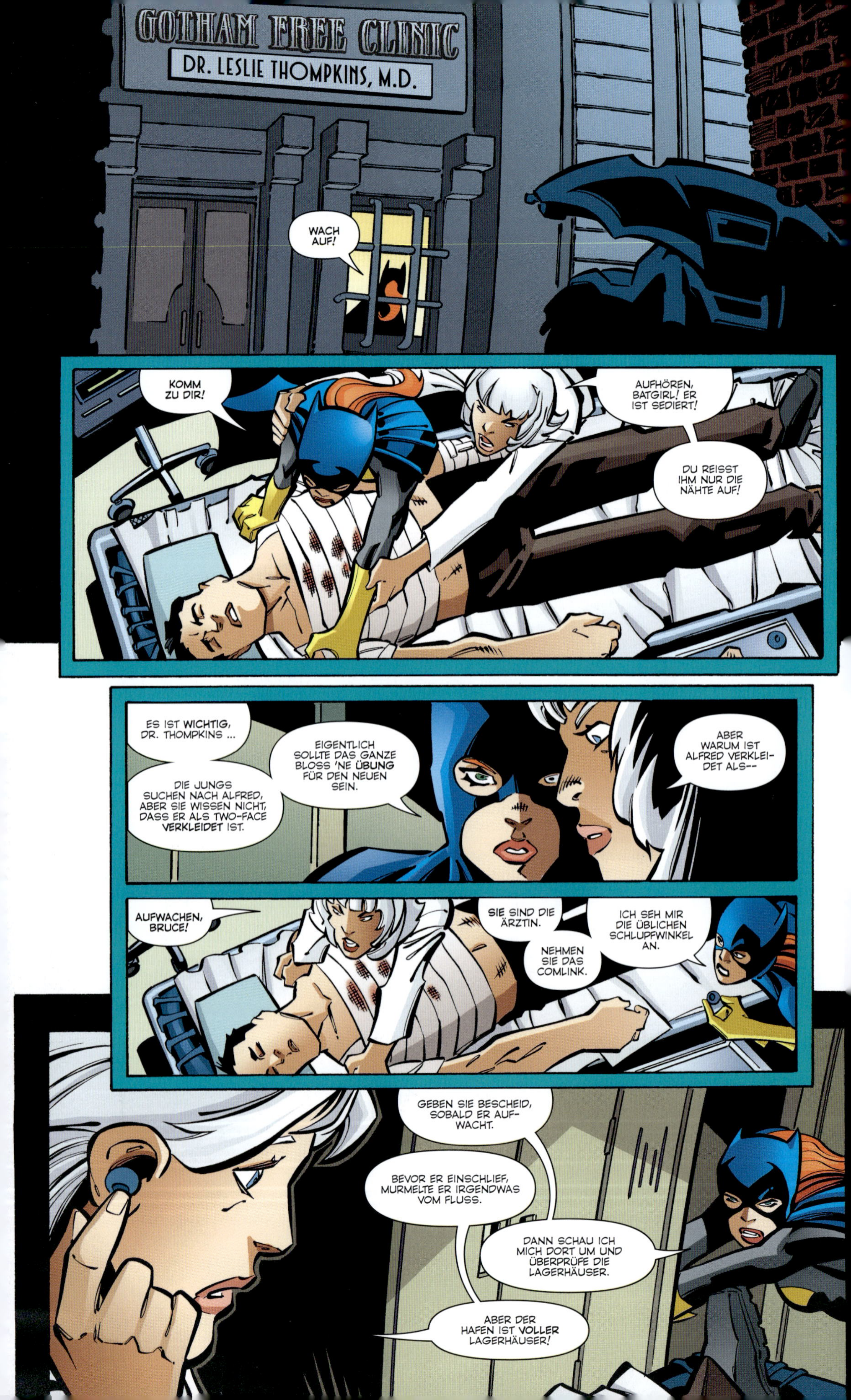

GOTHAM FREE CLINIC
DR. LESLIE THOMPKINS, M.D.

WACH AUF!

KOMM ZU DIR!
AUFHÖREN, BATGIRL! ER IST SEDIERT!
DU REISST IHM NUR DIE NÄHTE AUF!

ES IST **WICHTIG**, DR. THOMPKINS ...
DIE JUNGS SUCHEN NACH ALFRED, ABER SIE WISSEN NICHT, DASS ER ALS TWO-FACE **VERKLEIDET** IST.
EIGENTLICH SOLLTE DAS GANZE BLOSS 'NE **ÜBUNG** FÜR DEN NEUEN SEIN.
ABER WARUM IST ALFRED VERKLEIDET ALS--

AUFWACHEN, BRUCE!
**SIE** SIND DIE ÄRZTIN.
NEHMEN SIE DAS COMLINK.
ICH SEH MIR DIE ÜBLICHEN SCHLUPFWINKEL AN.

GEBEN SIE BESCHEID, SOBALD ER AUFWACHT.
BEVOR ER EINSCHLIEF, MURMELTE ER IRGENDWAS VOM FLUSS.
DANN SCHAU ICH MICH DORT UM UND ÜBERPRÜFE DIE LAGERHÄUSER.
ABER DER HAFEN IST **VOLLER** LAGERHÄUSER!

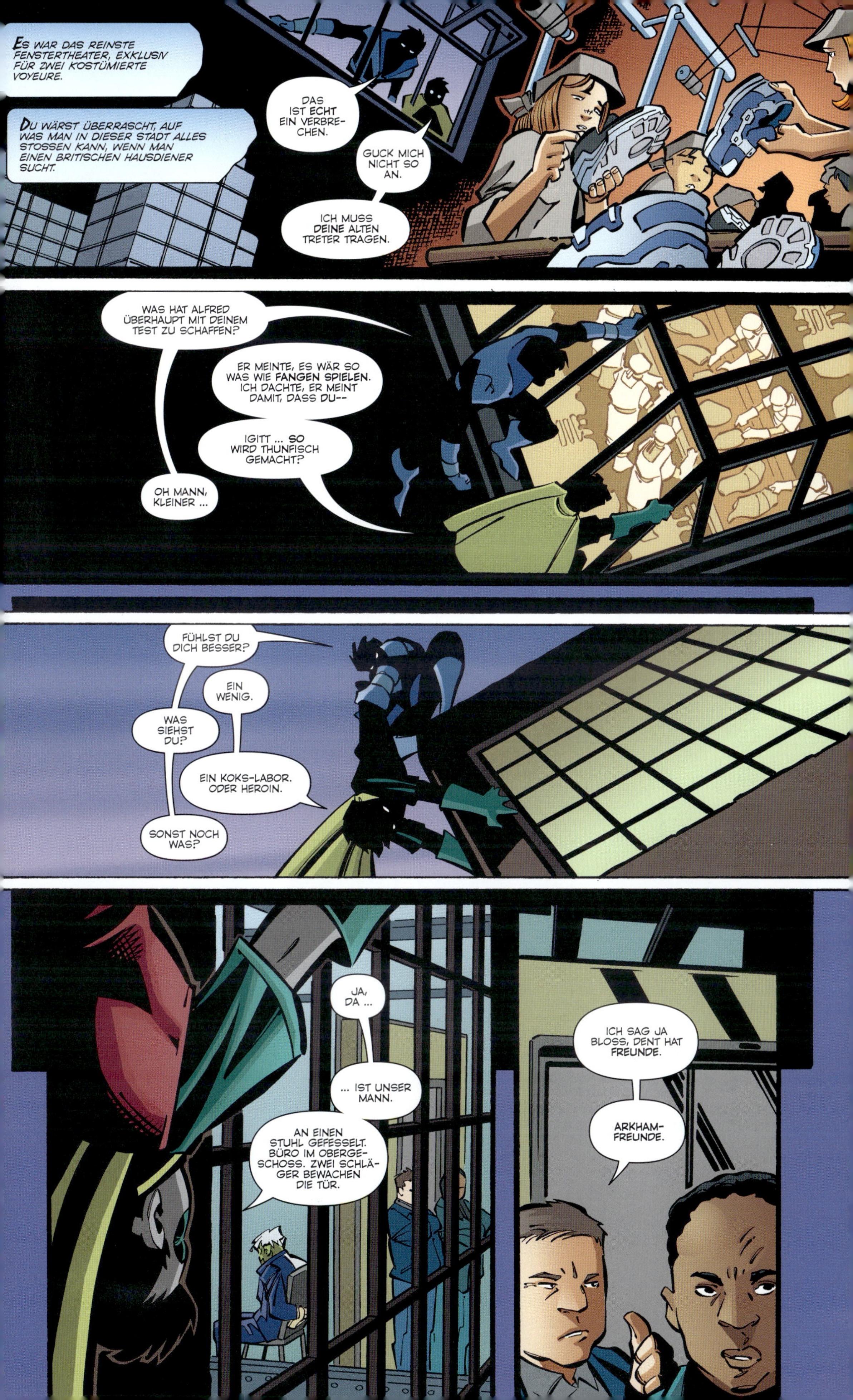

ES WAR DAS REINSTE FENSTERTHEATER, EXKLUSIV FÜR ZWEI KOSTÜMIERTE VOYEURE.

DU WÄRST ÜBERRASCHT, AUF WAS MAN IN DIESER STADT ALLES STOSSEN KANN, WENN MAN EINEN BRITISCHEN HAUSDIENER SUCHT.

DAS IST **ECHT** EIN VERBRECHEN.

GUCK MICH NICHT SO AN.

ICH MUSS **DEINE** ALTEN TRETER TRAGEN.

WAS HAT ALFRED ÜBERHAUPT MIT DEINEM TEST ZU SCHAFFEN?

ER MEINTE, ES WÄR SO WAS WIE **FANGEN SPIELEN**. ICH DACHTE, ER MEINT DAMIT, DASS **DU**--

IGITT ... SO WIRD THUNFISCH GEMACHT?

OH MANN, KLEINER ...

FÜHLST DU DICH BESSER?

EIN WENIG.

WAS SIEHST DU?

EIN KOKS-LABOR. ODER HEROIN.

SONST NOCH WAS?

JA, DA ...

... IST UNSER MANN.

AN EINEN STUHL GEFESSELT. BÜRO IM OBERGESCHOSS. ZWEI SCHLÄGER BEWACHEN DIE TÜR.

ICH SAG JA BLOSS, DENT HAT FREUNDE.

**ARKHAM-FREUNDE.**

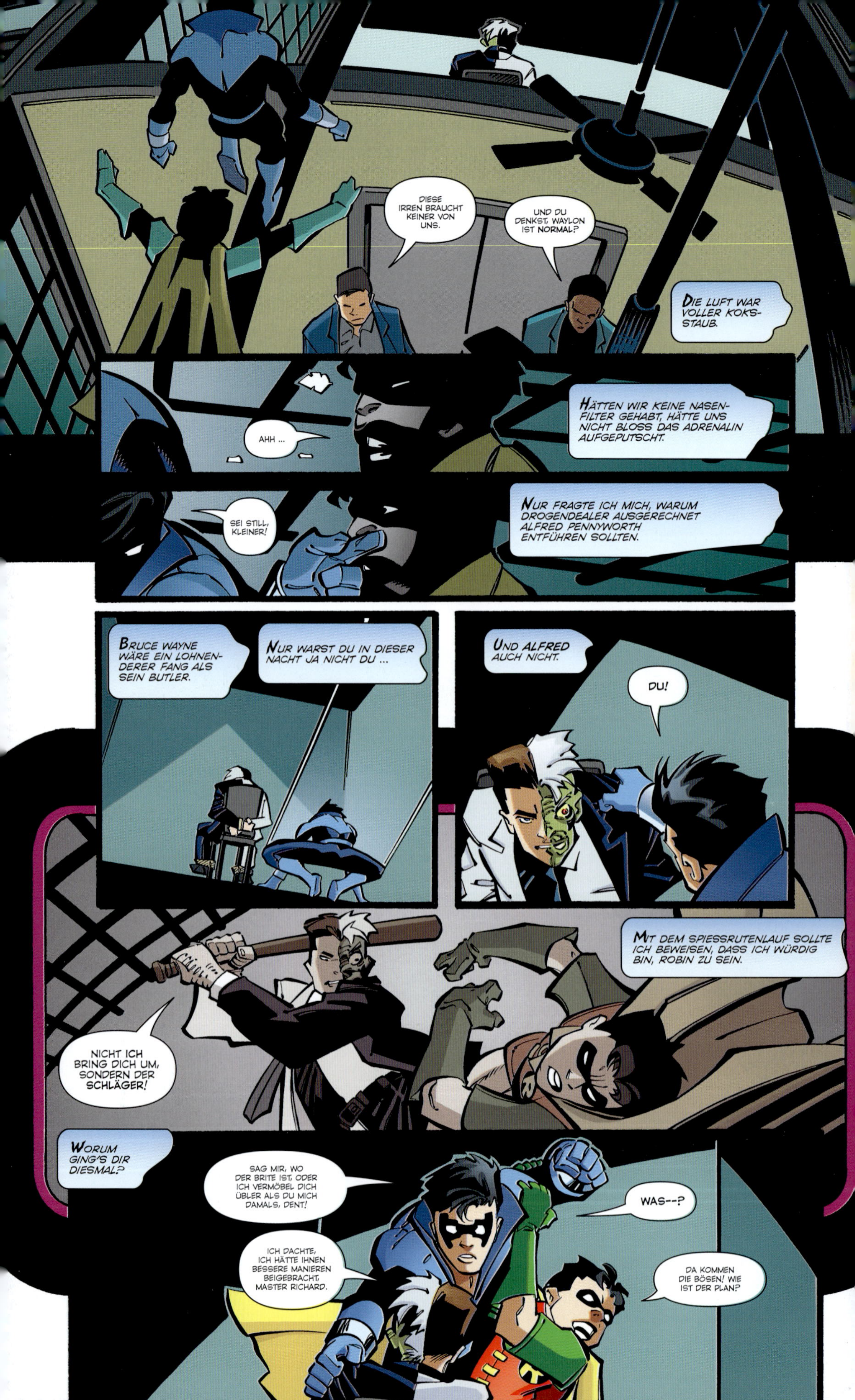
DIESE IRREN BRAUCHT KEINER VON UNS.
UND DU DENKST, WAYLON IST NORMAL?
DIE LUFT WAR VOLLER KOKS-STAUB.
AHH ...
HÄTTEN WIR KEINE NASEN-FILTER GEHABT, HÄTTE UNS NICHT BLOSS DAS ADRENALIN AUFGEPUTSCHT.
SEI STILL, KLEINER!
NUR FRAGTE ICH MICH, WARUM DROGENDEALER AUSGERECHNET ALFRED PENNYWORTH ENTFÜHREN SOLLTEN.
BRUCE WAYNE WÄRE EIN LOHNEN-DERER FANG ALS SEIN BUTLER.
NUR WARST DU IN DIESER NACHT JA NICHT DU ...
UND ALFRED AUCH NICHT.
DU!
MIT DEM SPIESSRUTENLAUF SOLLTE ICH BEWEISEN, DASS ICH WÜRDIG BIN, ROBIN ZU SEIN.
NICHT ICH BRING DICH UM, SONDERN DER SCHLÄGER!
WORUM GING'S DIR DIESMAL?
SAG MIR, WO DER BRITE IST, ODER ICH VERMÖBEL DICH ÜBLER ALS DU MICH DAMALS, DENT!
WAS--?
ICH DACHTE, ICH HÄTTE IHNEN BESSERE MANIEREN BEIGEBRACHT, MASTER RICHARD.
DA KOMMEN DIE BÖSEN! WIE IST DER PLAN?

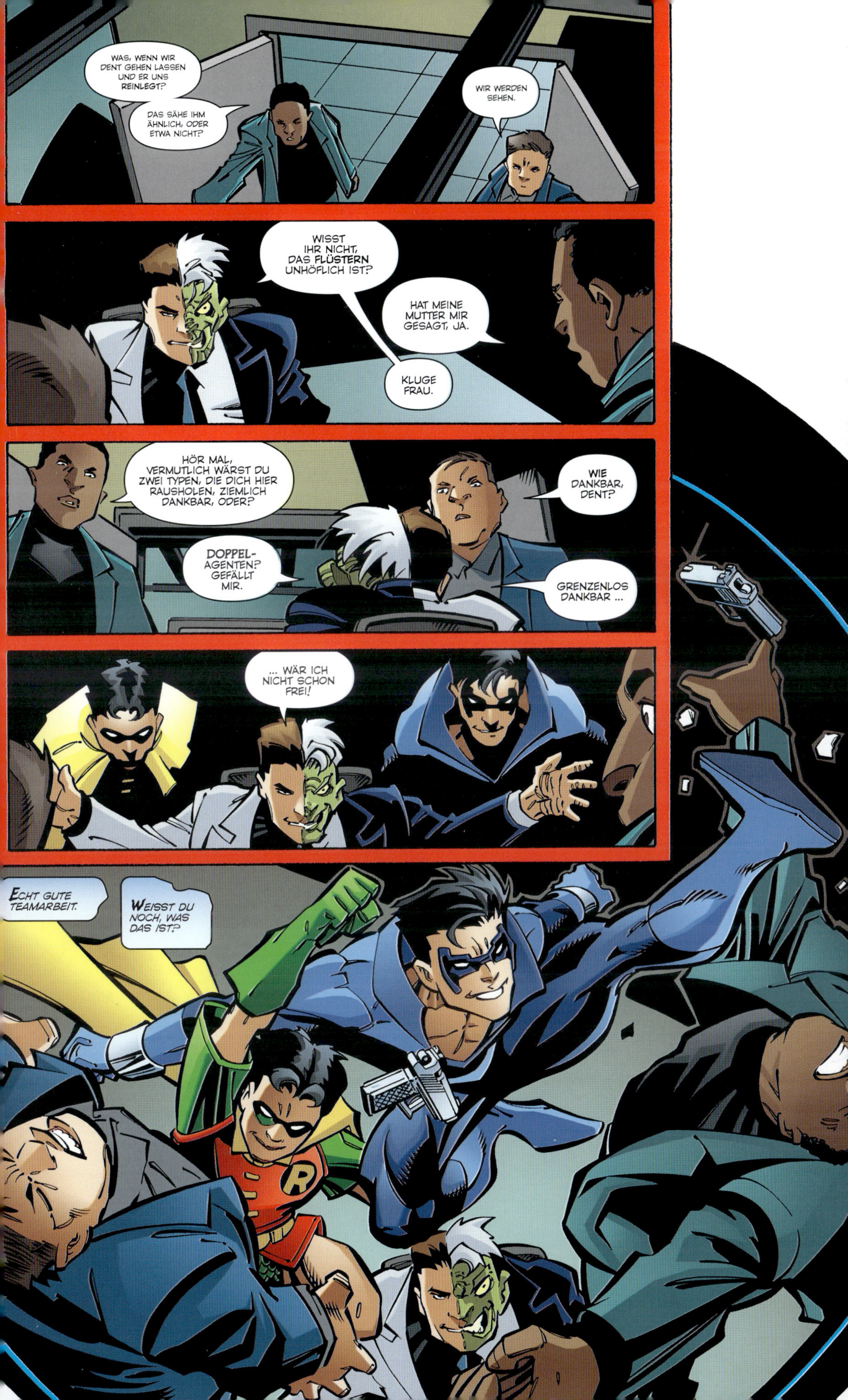
WAS, WENN WIR DENT GEHEN LASSEN UND ER UNS REINLEGT?
DAS SÄHE IHM ÄHNLICH, ODER ETWA NICHT?
WIR WERDEN SEHEN.
WISST IHR NICHT, DAS FLÜSTERN UNHÖFLICH IST?
HAT MEINE MUTTER MIR GESAGT, JA.
KLUGE FRAU.
HÖR MAL, VERMUTLICH WÄRST DU ZWEI TYPEN, DIE DICH HIER RAUSHOLEN, ZIEMLICH DANKBAR, ODER?
WIE DANKBAR, DENT?
DOPPEL-AGENTEN? GEFÄLLT MIR.
GRENZENLOS DANKBAR ...
... WÄR ICH NICHT SCHON FREI!
ECHT GUTE TEAMARBEIT.
WEISST DU NOCH, WAS DAS IST?

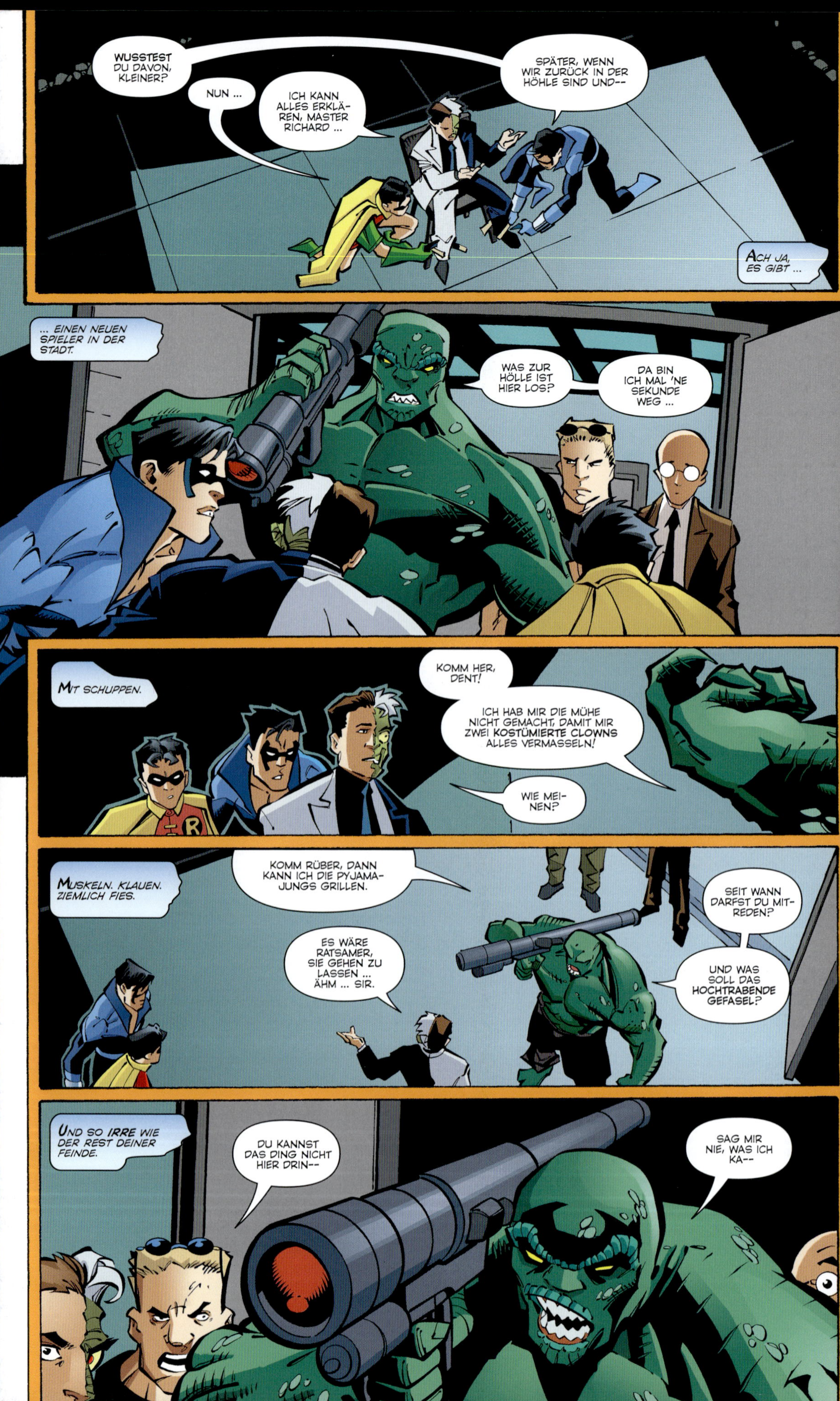
WUSSTEST DU DAVON, KLEINER?
NUN ...
ICH KANN ALLES ERKLÄ-REN, MASTER RICHARD ...
SPÄTER, WENN WIR ZURÜCK IN DER HÖHLE SIND UND--
ACH JA, ES GIBT ...
... EINEN NEUEN SPIELER IN DER STADT.
WAS ZUR HÖLLE IST HIER LOS?
DA BIN ICH MAL 'NE SEKUNDE WEG ...
MIT SCHUPPEN.
KOMM HER, DENT!
ICH HAB MIR DIE MÜHE NICHT GEMACHT, DAMIT MIR ZWEI KOSTÜMIERTE CLOWNS ALLES VERMASSELN!
WIE MEI-NEN?
MUSKELN. KLAUEN. ZIEMLICH FIES.
KOMM RÜBER, DANN KANN ICH DIE PYJAMA-JUNGS GRILLEN.
ES WÄRE RATSAMER, SIE GEHEN ZU LASSEN ... ÄHM ... SIR.
SEIT WANN DARFST DU MIT-REDEN?
UND WAS SOLL DAS HOCHTRABENDE GEFASEL?
UND SO IRRE WIE DER REST DEINER FEINDE.
DU KANNST DAS DING NICHT HIER DRIN--
SAG MIR NIE, WAS ICH KA--

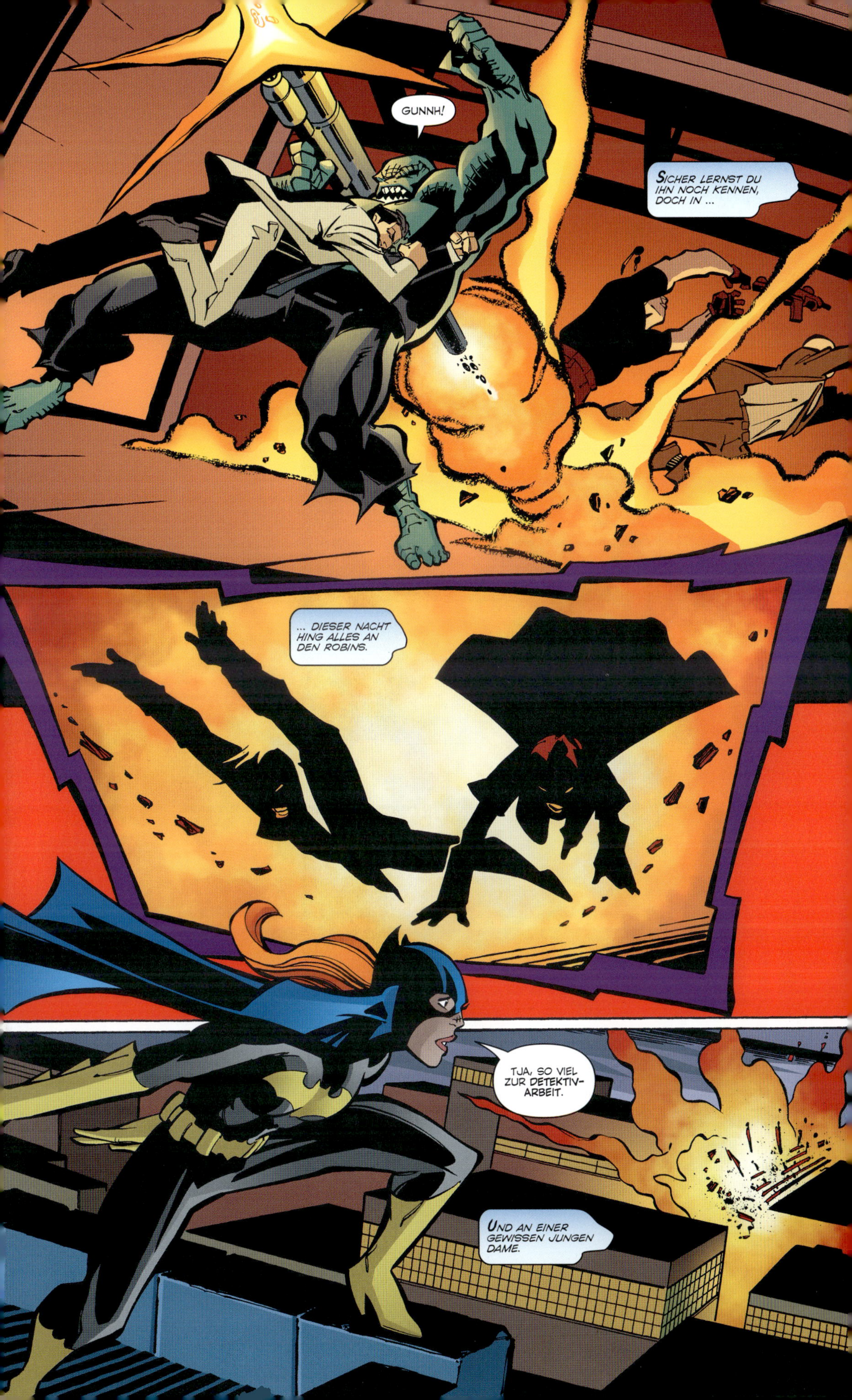
GUNNH!
SICHER LERNST DU IHN NOCH KENNEN, DOCH IN ...
... DIESER NACHT HING ALLES AN DEN ROBINS.
TJA, SO VIEL ZUR DETEKTIV-ARBEIT.
UND AN EINER GEWISSEN JUNGEN DAME.

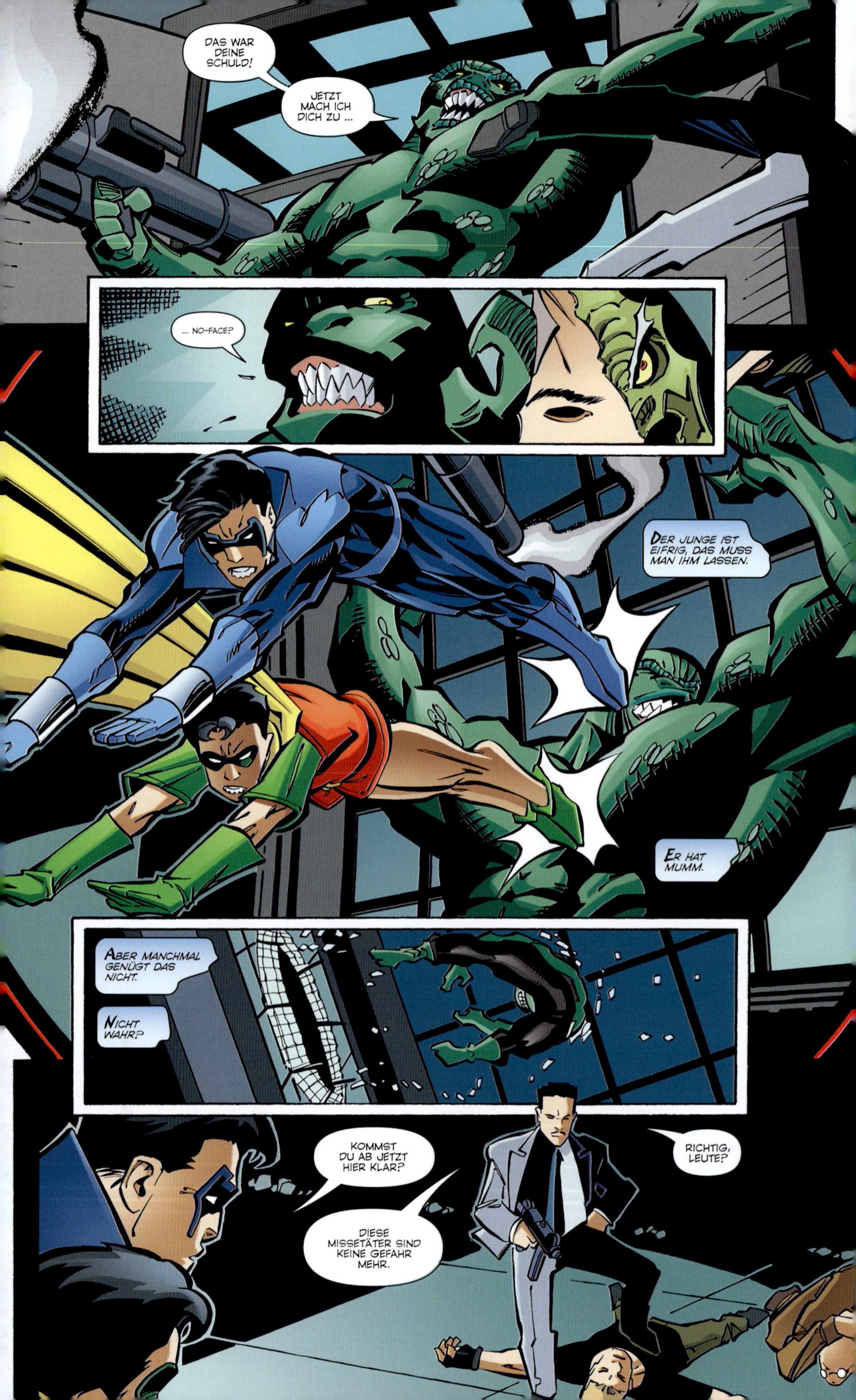
DAS WAR DEINE SCHULD!
JETZT MACH ICH DICH ZU ...
... NO-FACE?
DER JUNGE IST EIFRIG, DAS MUSS MAN IHM LASSEN.
ER HAT MUMM.
ABER MANCHMAL GENÜGT DAS NICHT.
NICHT WAHR?
KOMMST DU AB JETZT HIER KLAR?
DIESE MISSETÄTER SIND KEINE GEFAHR MEHR.
RICHTIG, LEUTE?

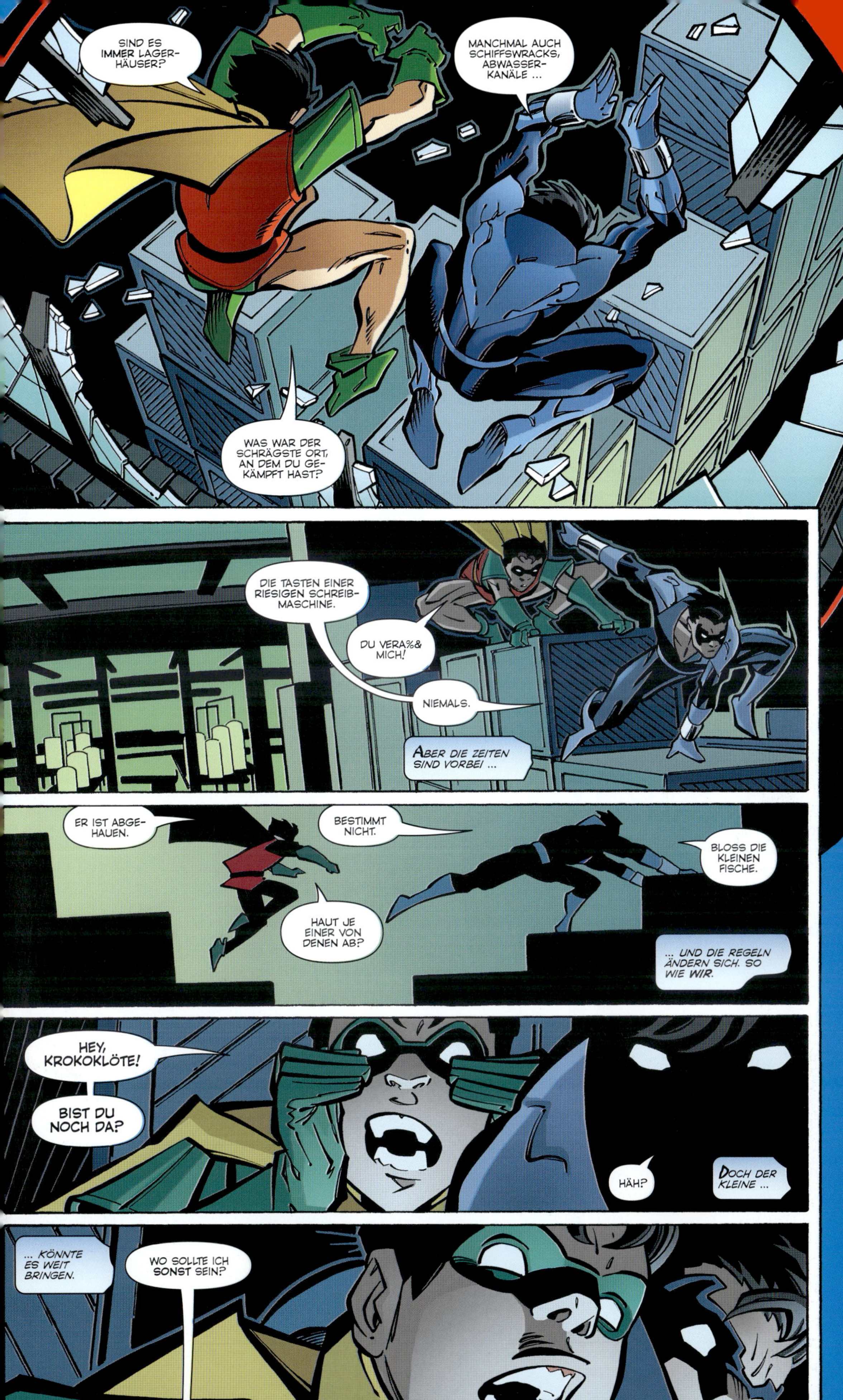
SIND ES IMMER LAGER-HÄUSER?
MANCHMAL AUCH SCHIFFSWRACKS, ABWASSER-KANÄLE ...
WAS WAR DER SCHRÄGSTE ORT, AN DEM DU GE-KÄMPFT HAST?
DIE TASTEN EINER RIESIGEN SCHREIB-MASCHINE.
DU VERA%& MICH!
NIEMALS.
ABER DIE ZEITEN SIND VORBEI ...
ER IST ABGE-HAUEN.
BESTIMMT NICHT.
HAUT JE EINER VON DENEN AB?
BLOSS DIE KLEINEN FISCHE.
... UND DIE REGELN ÄNDERN SICH. SO WIE WIR.
HEY, KROKOKLÖTE!
BIST DU NOCH DA?
HÄH?
DOCH DER KLEINE ...
... KÖNNTE ES WEIT BRINGEN.
WO SOLLTE ICH SONST SEIN?

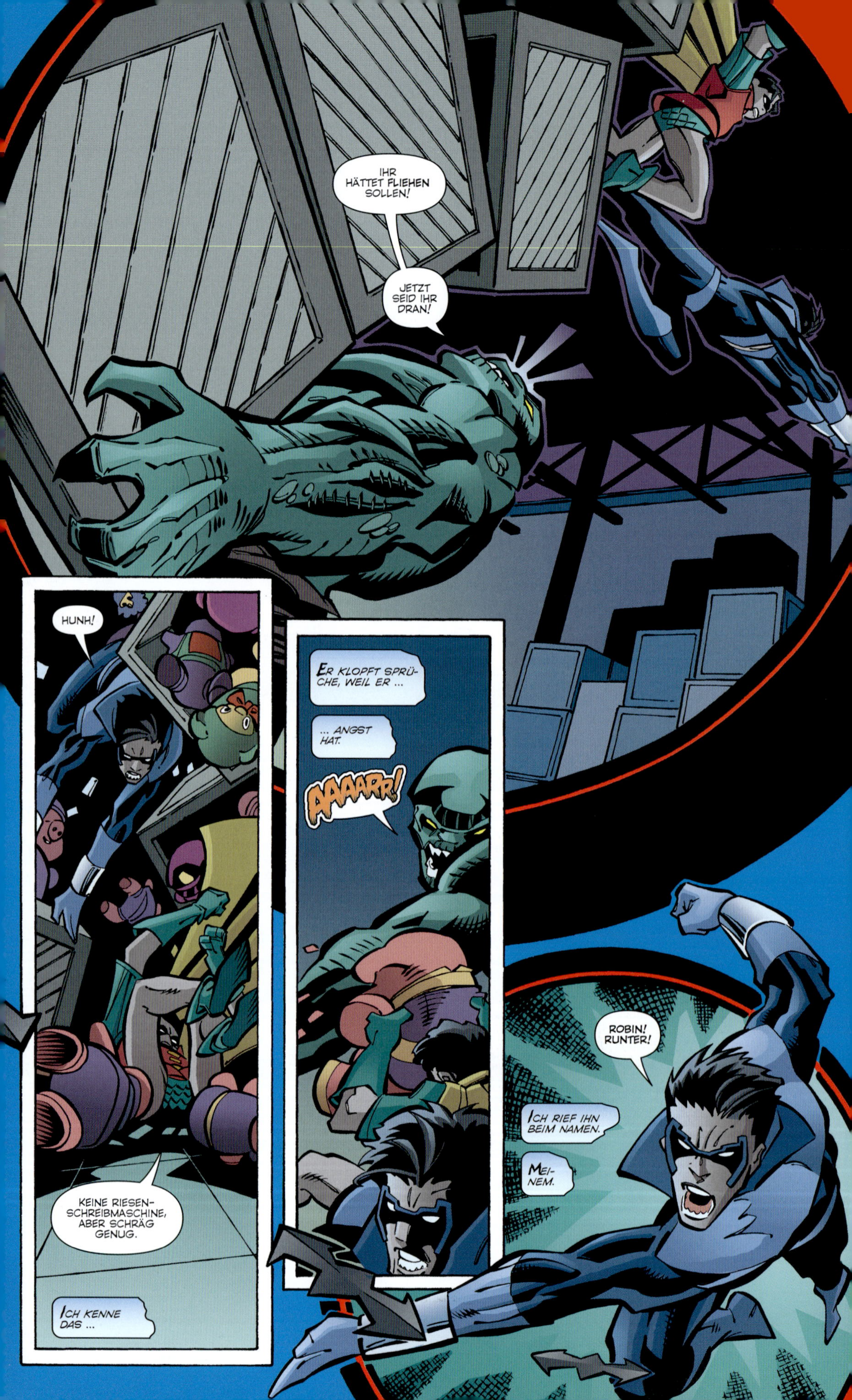
IHR HÄTTET FLIEHEN SOLLEN!
JETZT SEID IHR DRAN!
HUNH!
KEINE RIESEN-SCHREIBMASCHINE, ABER SCHRÄG GENUG.
ICH KENNE DAS ...
ER KLOPFT SPRÜCHE, WEIL ER ...
... ANGST HAT.
AAAARR!
ROBIN! RUNTER!
ICH RIEF IHN BEIM NAMEN.
MEINEM.

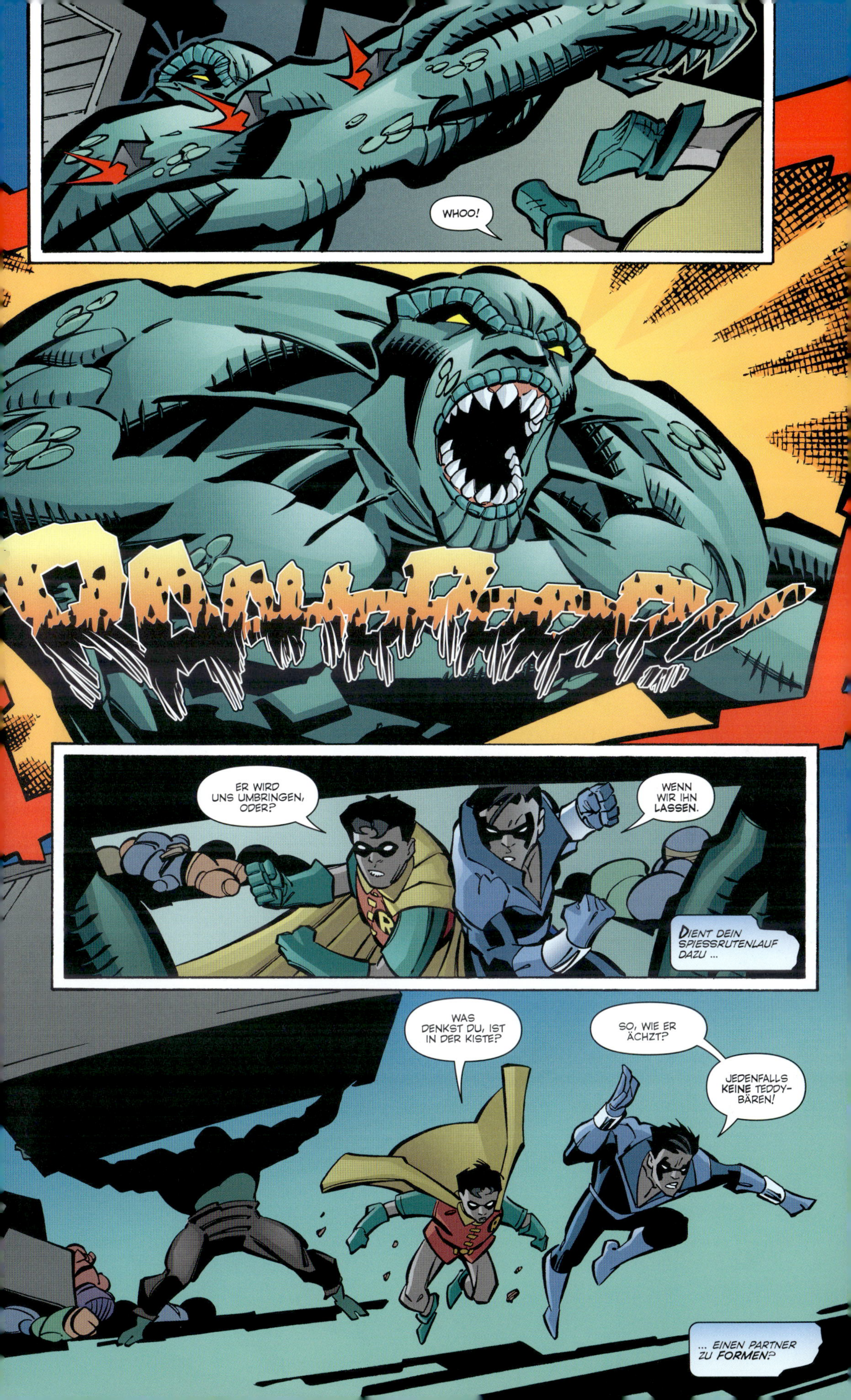
WHOO!
ER WIRD UNS UMBRINGEN, ODER?
WENN WIR IHN LASSEN.
DIENT DEIN SPIESSRUTENLAUF DAZU ...
WAS DENKST DU, IST IN DER KISTE?
SO, WIE ER ÄCHZT?
JEDENFALLS KEINE TEDDY-BÄREN!
... EINEN PARTNER ZU FORMEN?

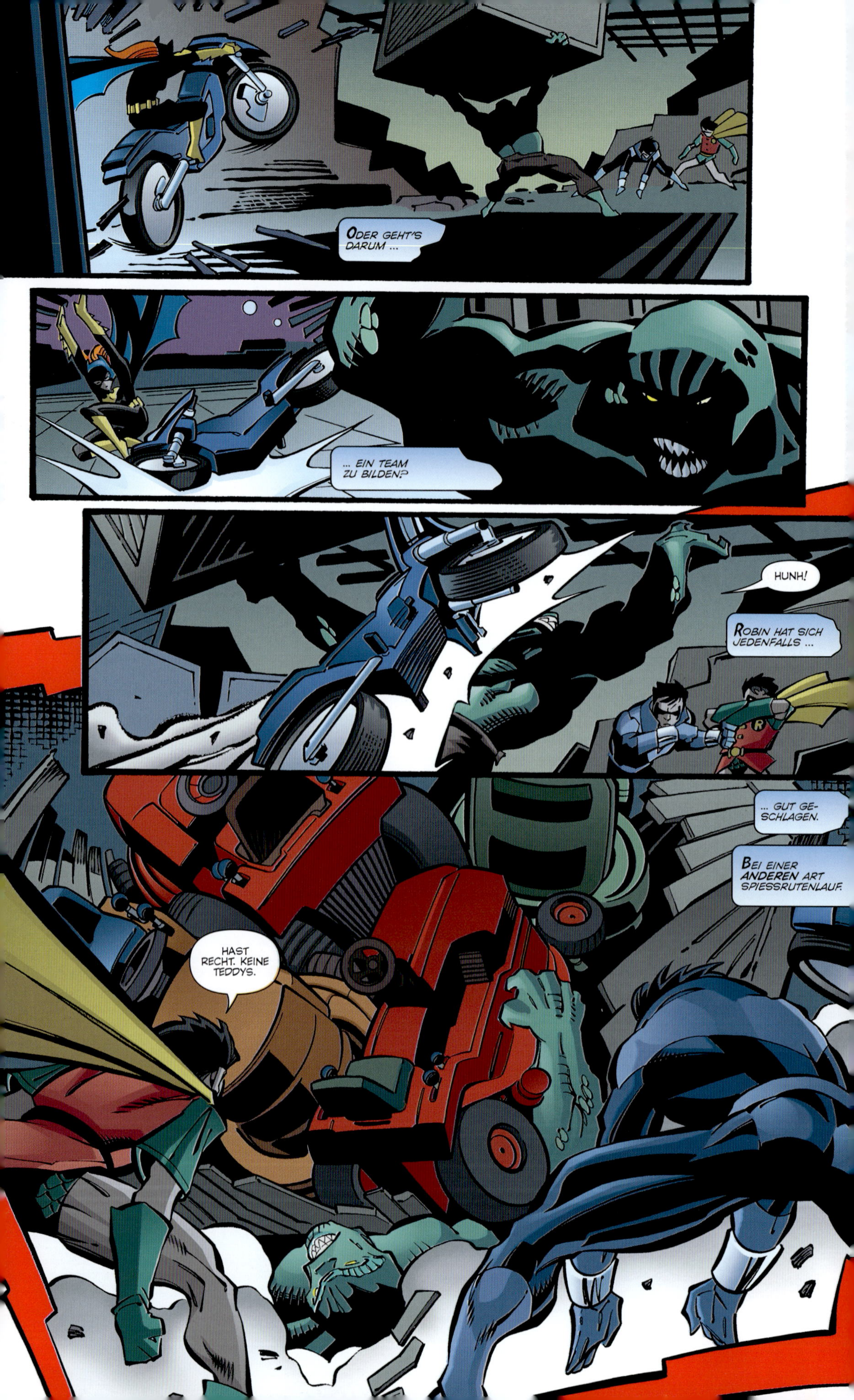

ODER GEHT'S DARUM ...
... EIN TEAM ZU BILDEN?
HUNH!
ROBIN HAT SICH JEDENFALLS ...
... GUT GE-SCHLAGEN.
BEI EINER ANDEREN ART SPIESSRUTENLAUF.
HAST RECHT. KEINE TEDDYS.

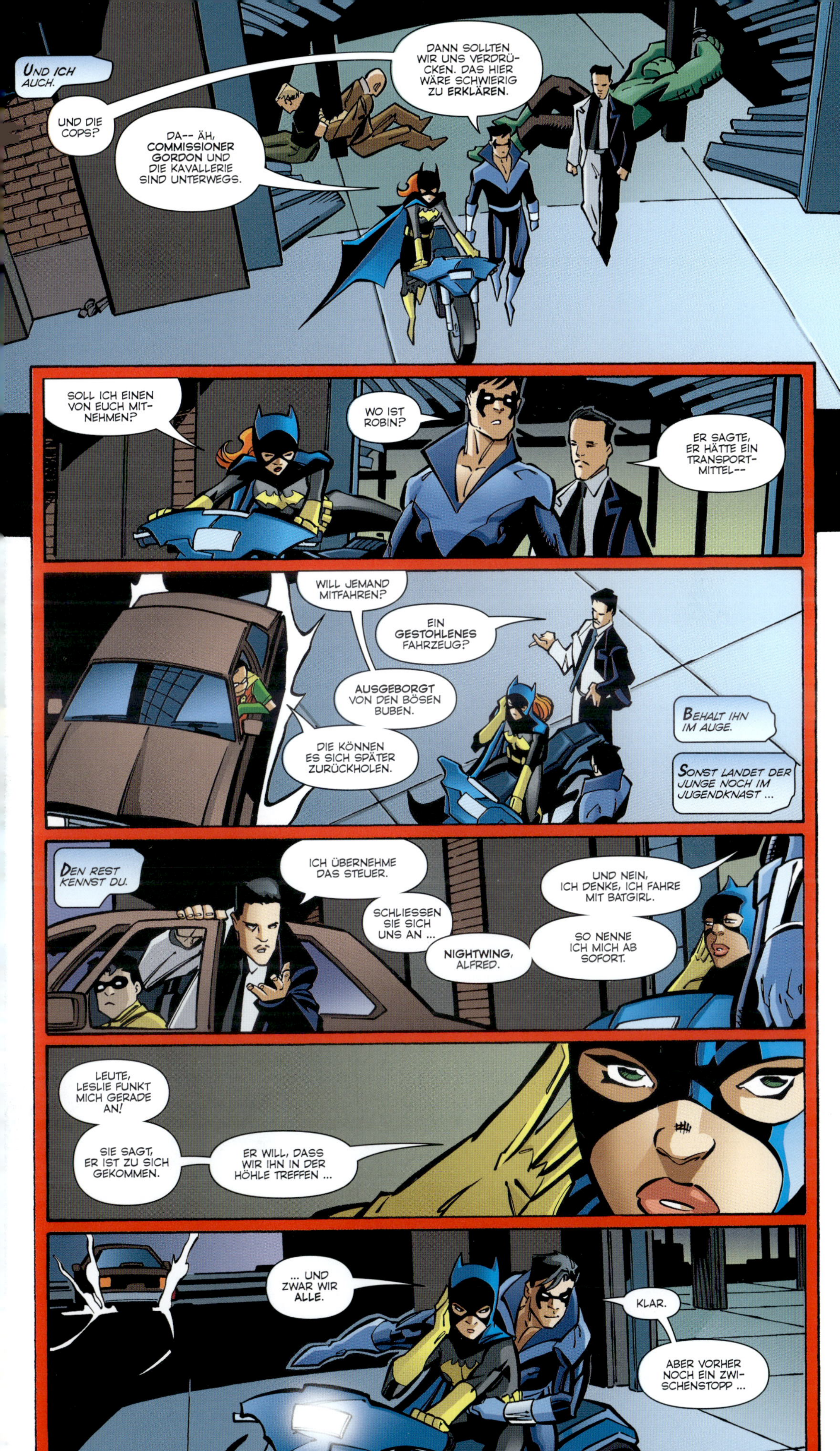

UND ICH AUCH.
UND DIE COPS?
DANN SOLLTEN WIR UNS VERDRÜCKEN. DAS HIER WÄRE SCHWIERIG ZU ERKLÄREN.
DA-- ÄH, COMMISSIONER GORDON UND DIE KAVALLERIE SIND UNTERWEGS.
SOLL ICH EINEN VON EUCH MITNEHMEN?
WO IST ROBIN?
ER SAGTE, ER HÄTTE EIN TRANSPORTMITTEL--
WILL JEMAND MITFAHREN?
EIN GESTOHLENES FAHRZEUG?
AUSGEBORGT VON DEN BÖSEN BUBEN.
DIE KÖNNEN ES SICH SPÄTER ZURÜCKHOLEN.
BEHALT IHN IM AUGE.
SONST LANDET DER JUNGE NOCH IM JUGENDKNAST ...
DEN REST KENNST DU.
ICH ÜBERNEHME DAS STEUER.
SCHLIESSEN SIE SICH UNS AN ...
NIGHTWING, ALFRED.
UND NEIN, ICH DENKE, ICH FAHRE MIT BATGIRL.
SO NENNE ICH MICH AB SOFORT.
LEUTE, LESLIE FUNKT MICH GERADE AN!
SIE SAGT, ER IST ZU SICH GEKOMMEN.
ER WILL, DASS WIR IHN IN DER HÖHLE TREFFEN ...
... UND ZWAR WIR ALLE.
KLAR.
ABER VORHER NOCH EIN ZWISCHENSTOPP ...

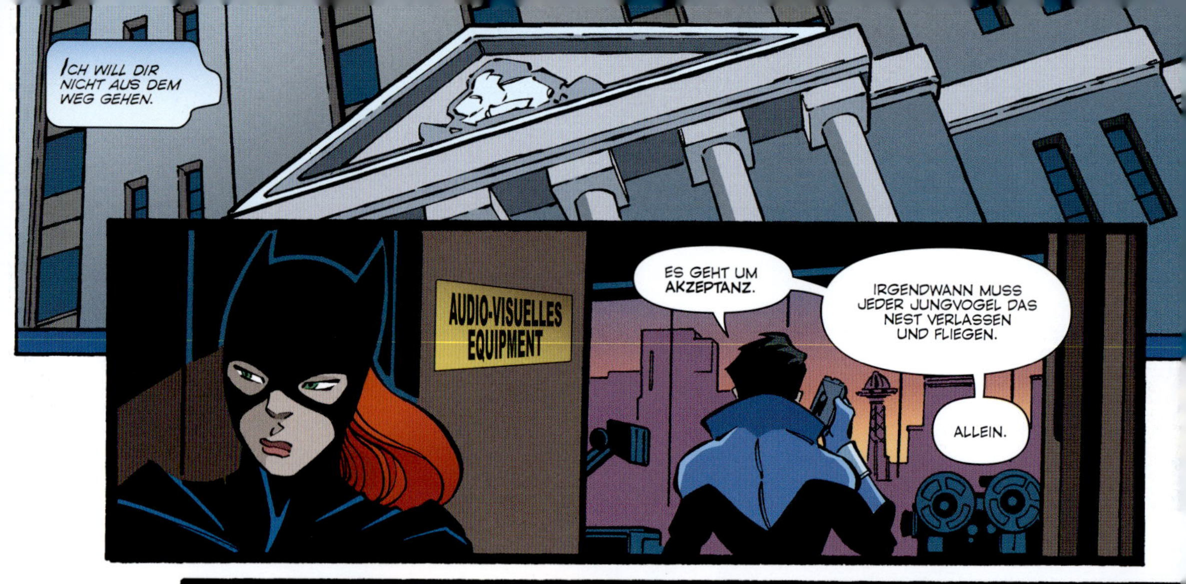
Ich will dir nicht aus dem Weg gehen.
AUDIO-VISUELLES EQUIPMENT
Es geht um Akzeptanz.
Irgendwann muss jeder Jungvogel das Nest verlassen und fliegen.
Allein.

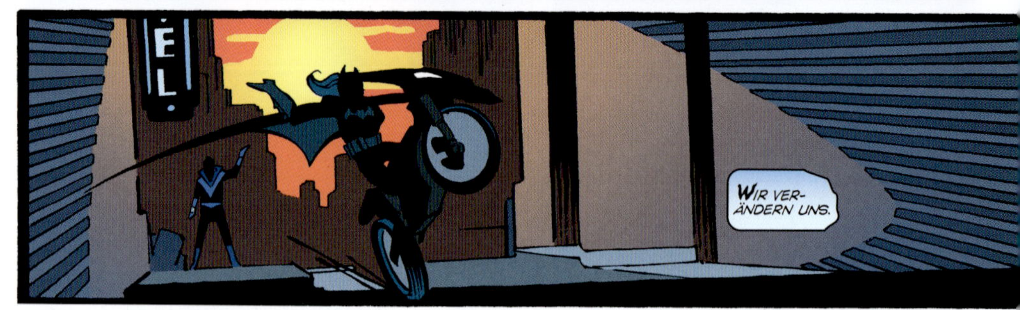
Wir verändern uns.

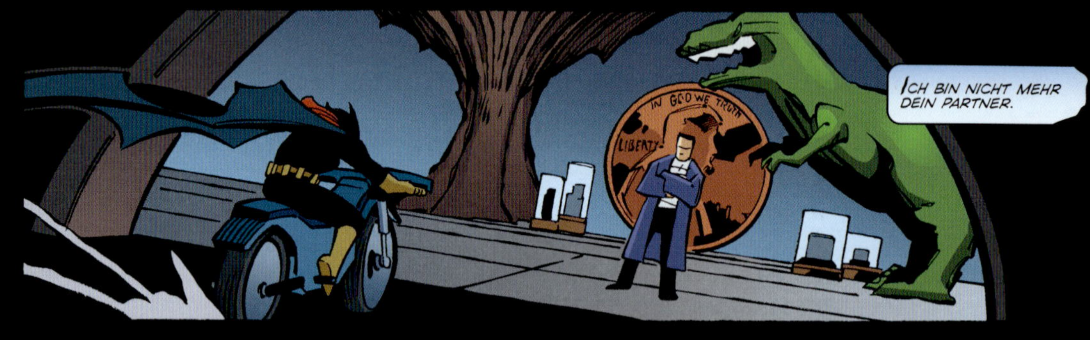
In God we trust
Liberty
Ich bin nicht mehr dein Partner.

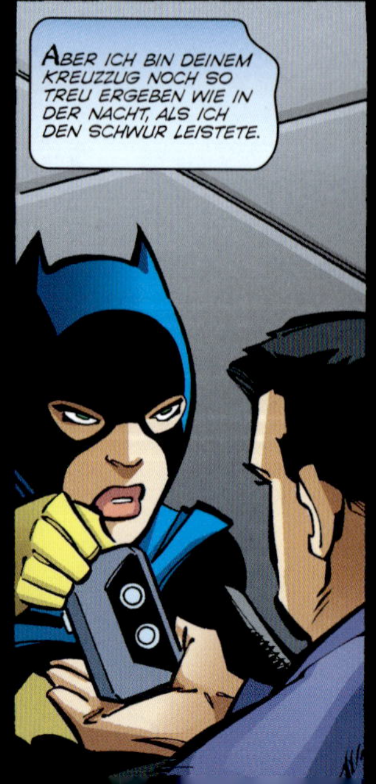
Aber ich bin deinem Kreuzzug noch so treu ergeben wie in der Nacht, als ich den Schwur leistete.

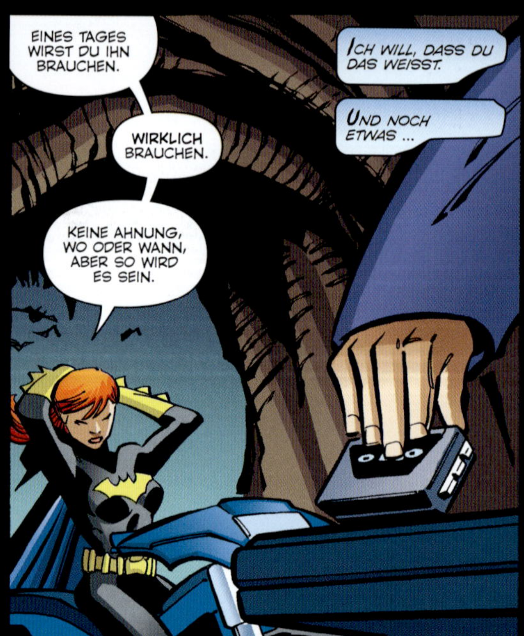
Eines Tages wirst du ihn brauchen.
Wirklich brauchen.
Keine Ahnung, wo oder wann, aber so wird es sein.
Ich will, dass du das weisst.
Und noch etwas ...

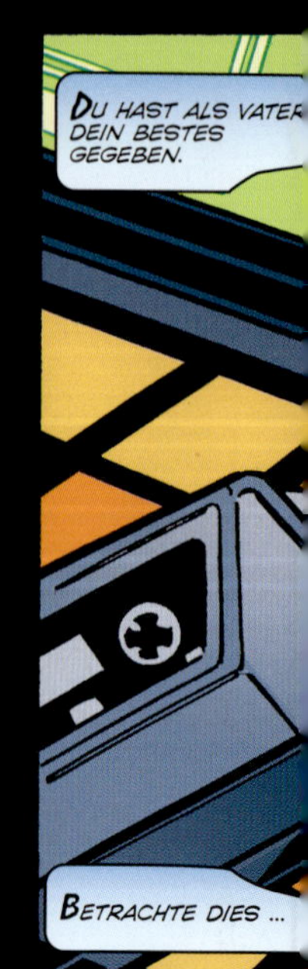
Du hast als Vater dein Bestes gegeben.
Betrachte dies ...

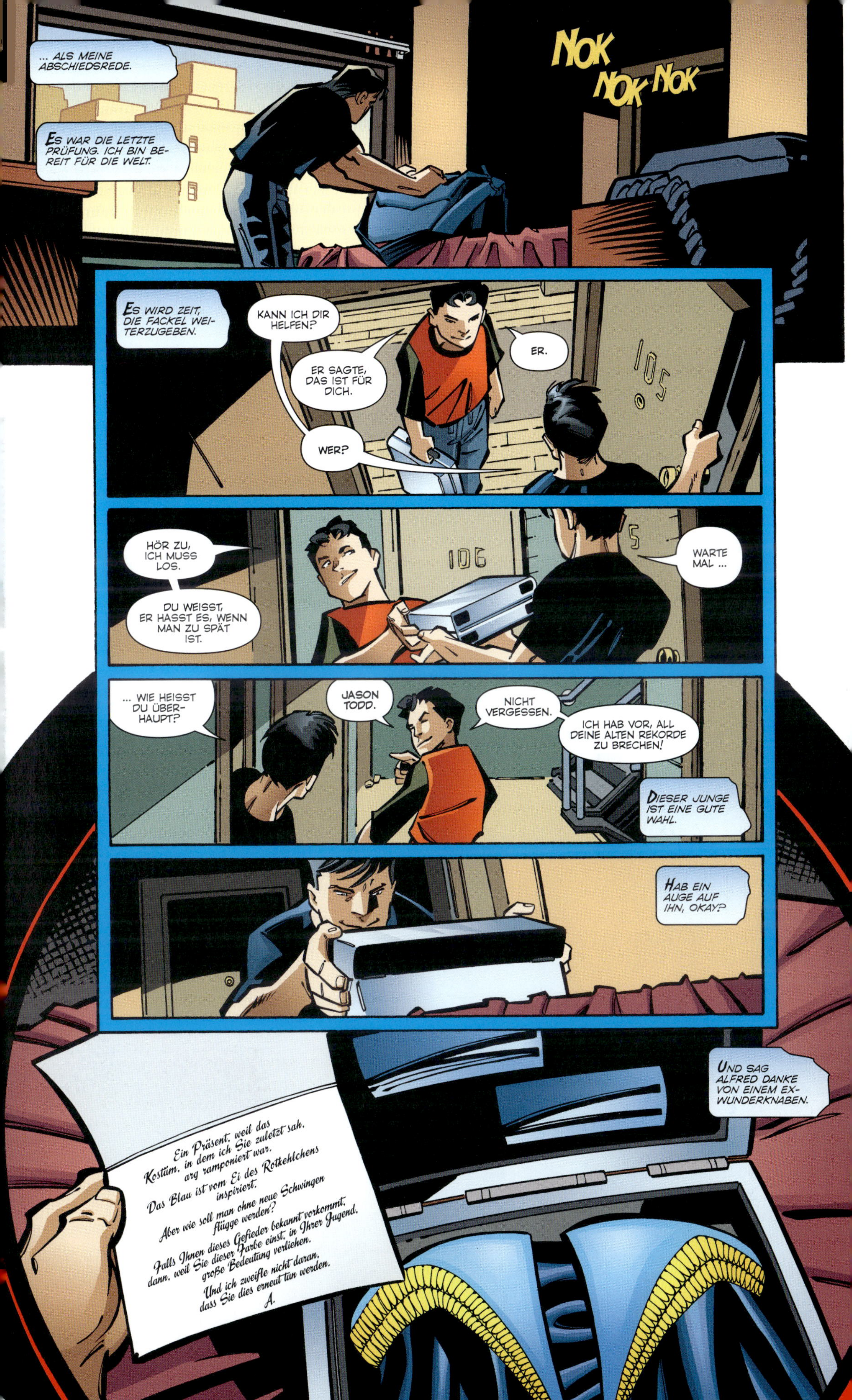
... ALS MEINE ABSCHIEDSREDE.
ES WAR DIE LETZTE PRÜFUNG. ICH BIN BEREIT FÜR DIE WELT.
NOK NOK NOK
ES WIRD ZEIT, DIE FACKEL WEITERZUGEBEN.
KANN ICH DIR HELFEN?
ER SAGTE, DAS IST FÜR DICH.
ER.
WER?
HÖR ZU, ICH MUSS LOS.
DU WEISST, ER HASST ES, WENN MAN ZU SPÄT IST.
WARTE MAL ...
... WIE HEISST DU ÜBERHAUPT?
JASON TODD.
NICHT VERGESSEN.
ICH HAB VOR, ALL DEINE ALTEN REKORDE ZU BRECHEN!
DIESER JUNGE IST EINE GUTE WAHL.
HAB EIN AUGE AUF IHN, OKAY?
UND SAG ALFRED DANKE VON EINEM EX-WUNDERKNABEN.
Ein Präsent, weil das Kostüm, in dem ich Sie zuletzt sah, arg ramponiert war.
Das Blau ist vom Ei des Rotkehlchens inspiriert.
Aber wie soll man ohne neue Schwingen flügge werden?
Falls Ihnen dieses Gefieder bekannt vorkommt, dann, weil Sie dieser Farbe einst, in Ihrer Jugend, große Bedeutung verliehen.
Und ich zweifle nicht daran, dass Sie dies erneut tun werden.
A.

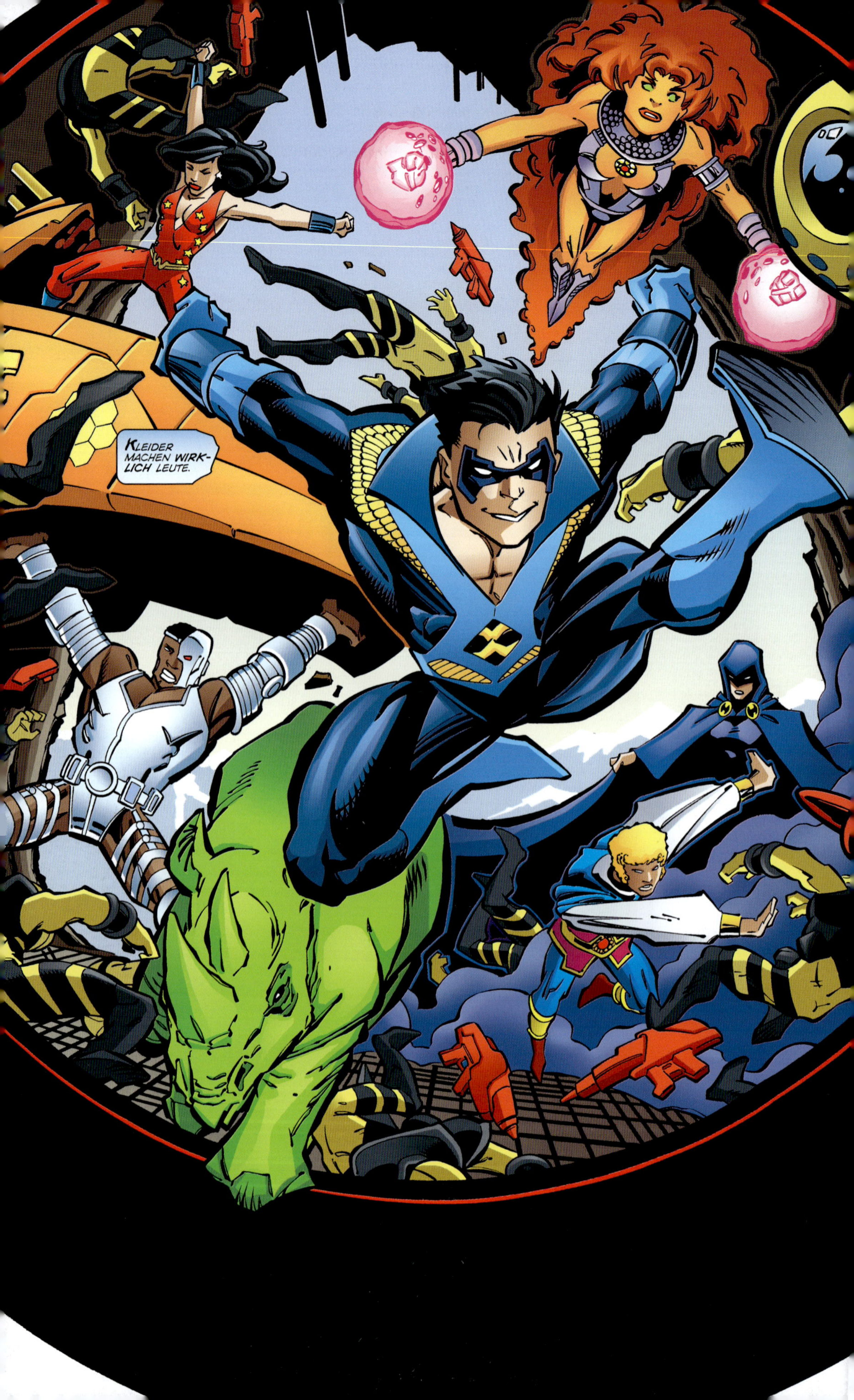
KLEIDER MACHEN WIRKLICH LEUTE.

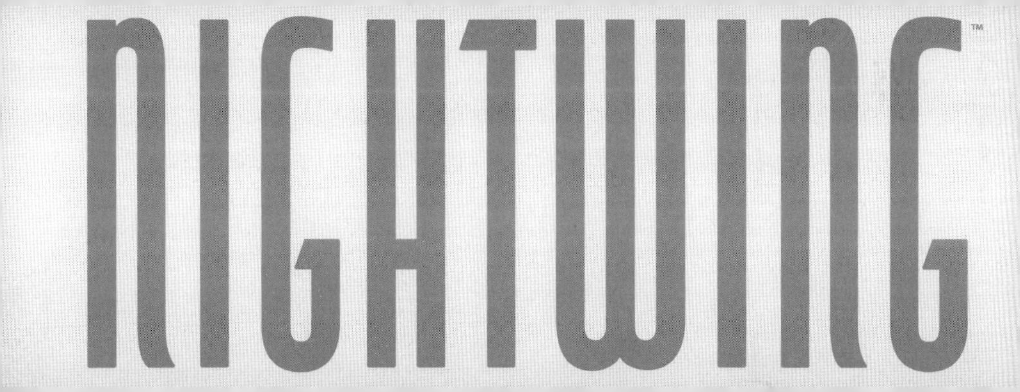
NIGHTWING™

# SKIZZENBUCH VON SCOTT McDANIEL

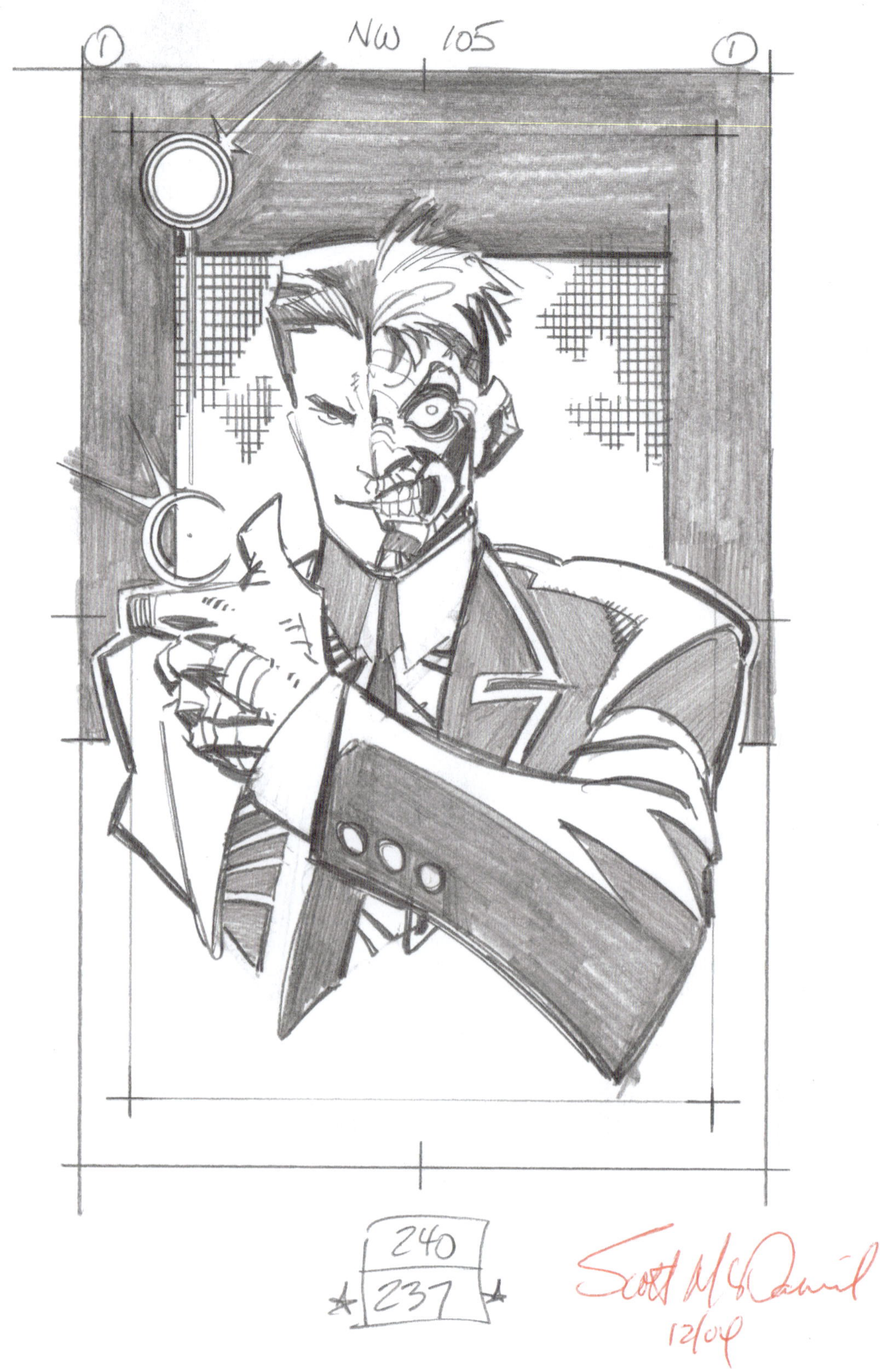


Entwurf für US-NIGHTWING 105, Seite 1

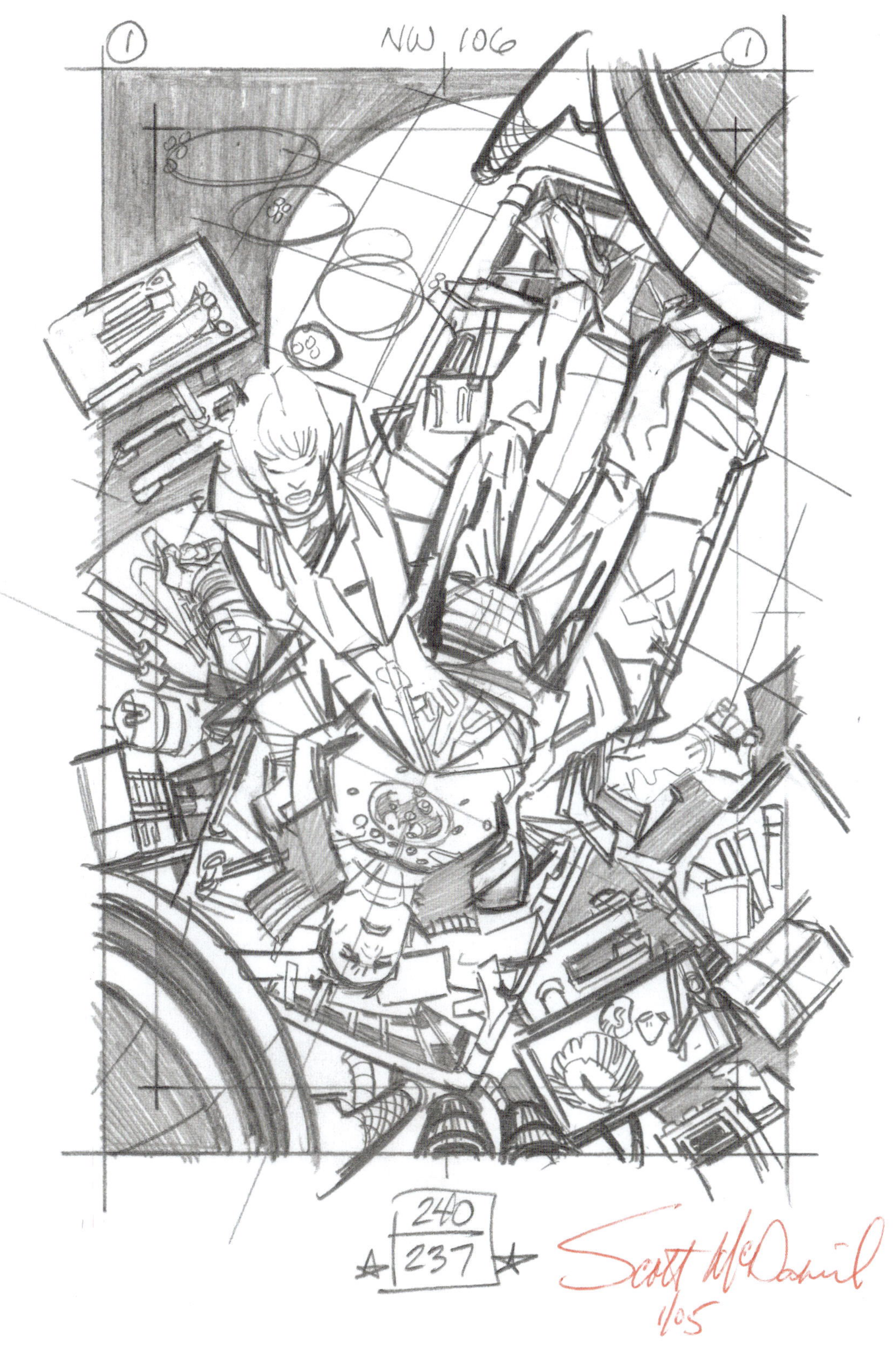


Entwurf für US-NIGHTWING 106, Seite 1

# DAS KREATIV-TEAM

**SCOTT BEATTY** schrieb zusammen mit Chuck Dixon u. a. noch Storys über die Anfänge von Dick Grayson als Robin und Barbara Gordon als Batgirl, nachzulesen in den modernen Klassikern ROBIN: DAS ERSTE JAHR und BATGIRL: DAS ERSTE JAHR. Aber die beiden texteten auch BATMAN/JOKER: WER ZULETZT LACHT und Geschichten zum Crossover BATMAN: NIEMANDSLAND. Außerdem verfasste Beatty alleine einige Hefte der Serie COUNTDOWN, BATMAN: GOTHAM KNIGHTS, SON OF VULCAN, die WildStorm-Titel REVELATIONS und NUMBER OF THE BEAST, *The Last Phantom* und eine Neuinterpretation des Science-Fiction-Kulthelden Buck Rogers. Daneben schrieb er fast ein Dutzend Sachbücher zu den größten Helden von DC Comics, darunter mehrere Batman-Enzyklopädien.

**CHUCK DIXON** gilt als einer der wichtigsten Superhelden-Comic-Autoren der 1990er, der diese Ära durch seine vielen Geschichten über Nightwing, Batman, Green Arrow, die Birds of Prey und Robin maßgeblich prägte. Dixon war auch an der Erschaffung von Batmans Gegner Bane beteiligt. Ferner wirkte er als einer der Hauptautoren an den legendären Bat-Events BATMAN: KNIGHTFALL – DER STURZ DES DUNKLEN RITTERS und BATMAN: NIEMANDSLAND mit, die nicht zuletzt die *Dark Knight*-Filme von Christopher Nolan inspirierten. Für andere Verlage schrieb er *Punisher War Journal*, *Moon Knight*, *G. I. Joe*, *Airboy*, *Alien Legion*, *SpongeBob* und *Die Simpsons*. Zudem textete er die Panel-Adaption von J. R. Tolkiens *Der Hobbit* und schuf eigenständige Comics wie *Winterwelt*. Dixon schrieb mehr als 40.000 Comic-Seiten und ist damit wohl der produktivste Comic-Autor aller Zeiten.

**SCOTT McDANIEL** machte Abschlüsse in Chemie, Englisch und Psychologie. Zu Beginn seiner Comic-Karriere arbeitete er tagsüber als Elektroingenieur und nachts als Zeichner. Für Marvel zeichnete er in der ersten Hälfte der 1990er viele *Daredevil*-Comics, aber auch Geschichten mit Elektra, Spider-Man und dem Green Goblin. Zwischen 1996 und 2000 legte McDaniel mit Chuck Dixon eine 40 US-Hefte umfassende erste NIGHTWING-Saga hin, ehe das Team 2005 für die Story im vorliegenden Band zurückkehrte. Mit Dixon realisierte er auch die Serien RICHARD DRAGON und ROBIN. Darüber hinaus visualisierte der Amerikaner den BATMAN-Run von Ed Brubaker, das Crossover DAREDEVIL/BATMAN, GREEN ARROW von Judd Winick, SUPERMAN von Steven T. Seagle und BIRDS OF PREY von Christy Marx.